KB234309

기업과 정부

한국 하이에크 소사이어티 엮음

자유주의 시리즈 3

기업과 정부

한국 하이에크 소사이어티 편

평민사

기업과 정부
차 례

서 문

　한 사회가 기초하고 있는 지식체계는 그 사회의 흥망성쇠를 가늠하는 가장 중요한 요소이다. 자유주의 시장경제 체제를 추구했던 사회는 번영을 구가하고 있는 반면, 획일적인 중앙계획 경제체제에 의존했던 사회는 모두 몰락의 길을 걸었다는 사실이 이를 여실히 증명하고 있다. 두 차례의 세계 대전 이후 라인강의 기적을 이룬 독일은 유럽은 물론 세계경제의 견인차 역할을 해 왔다. 그러나 사회민주당이 분배우선 정책을 채택한 후 최근에는 미증유의 실업과 불황의 늪에 빠져 있다. 커다란 부(富)도 잘못된 지식체계에 의해 언제라도 무너질 수 있다는 사실, 즉 한 사회가 자유를 추구하면 자유와 형평을 모두 얻을 수 있지만, 형평을 추구하면 자유와 형평을 모두 잃는다는 사실을 잘 보여주는 사례라고 할 수 있다.

　한국은 1인당 소득 1만 불에 발목이 잡힌 지 이미 9년째로 접어들고 있다. 향후 10년에 걸쳐 소득 2만 불을 달성하기 위해서는 연평균 7.18%의 고도성장을 해야만 한다. 한국경제의 성장 잠재력에 준하는 수준이다. 그러나 요즈음의 한국 사회는 개인의 자유를 지향하는 사조와는 달리 정부의 역할이 강조되어 비대화되는 현상을 보이고 있다. 특히 현 정부가 출범과 함께 내건 분배우선 정책과 시장개혁 의지는 자유와 책임 의식의 고취가 아니라 정부가 인위적인 소득분배를 획책하고 시장의 진화를 가로막고 있어, 자유와 번영을 약속하는 자본주의와 시장경제에 역행하고 있다. 그 결과 한국 역사상 그 유래를 찾아보기 어려운 반자본주의 심리와 반기업 정서로 나타나고 있다. 자칫 독일과 일부 남미 국가의 전철을 밟게 되지 않을까 하는 위기 상황에 이르렀다.

　이와 같이 한 사회의 위기는 다름 아닌 지식의 위기에서 연유한다. 따라서 개인은 물론 사회 전체의 번영을 위해서는 올바른 지식체계를 세우고 널리 전파하는 일이 매우 중요하다. 한국 하이에크 소사이어티는 한국 사회의 현안에 대해 자유주의와 시장 경제적 시각에서 진단하고 토론함으로써 자유주의적 정책 대안을 모색하는 학회이다. 2003년 '제3회 자유주의 정책 심포지엄'에서는 가장 뜨거운 현안으로 떠올랐던 SK문제와 노사문제를 주요 의제로 삼았다. 이제 각 의제별로 발표된 6편의 논문과 이에 대한 토론 내용을 수정·보완한 것들과 자유 논문을 모아 『기업과 정부』라는 이름으로 발간한다. 아무쪼록 이 책이 지식인들의 공론의 장이 되어, 한국이 자유주의를 지향하는 사회로 진입하는 데 도움이 되기를 희망한다.

2003년 12월
한국 하이에크 소사이어티 회장
김영용

한국의 자유주의, 새로운 활로의 개척

신일철
(고려대 명예교수, 철학)

Ⅰ. 한국의 시장경제·시민사회적 성과가
      자유주의의 기반이다.

  인간의 '자유' 온갖 속박, 강제, 구속 등에서 벗어나 자기의 삶을 살고 자기의 자율적 선택과 결정으로 살려는 자아의 자각에서 비롯된다. 그러나 이런 인간다운 인간생활의 기본조건인 자유가 개인의 기본권인 인권으로 인식된 것은 근대시민사회의 소산이다.

  고대에나 중세 전통사회에도 개인적 자유의 싹이 전혀 없었다고 할 수는 없다. 그러나 서구의 자유주의 사상, 특히 개화기에 일본, 중국, 한국에 루소의 「민약론」과 J. S 밀의 「자유론」이 소개되기 이전에는 자유주의적 자유의 개념은 없었다. J. S. 밀의 「자유론」은 일본에서 처음 번역할 때 Liberty를 '자유'(自由)라고 번역했으나 청나라 말에 영국에 유학하고 돌아온 엄복(嚴復)은 그 자유론의 '자유'(自由)란 일어 번역이 마음에 들지 않아 '군기권계론(群己權界論)'이라 의역했다. 이 책의 제목은 군집(群集) 속에서 개인의 권한의 경계의 뜻이다. '군'은 무리 즉 사회와 집단의 뜻이요 기(己)는 개인이다. 동아시아의 세계관은 '修身齊家治國平天下'의 유교이념에 나타난 바와 같이 '身'-'家'-'國'-'天下'의 계층적 질서 속에서 '家'가 기본이고 자아도 사회도 국가의 개념도 없었다. 그런 전통적 중화주의의 개념의 배경으로 인해 한국의 자유주의도 집단주의 정서에서 자기정체성을 세우는데 많은 고난을 겪었다.

  개화기의 우리민족이 근대국가의 형성기에 청말의 변법자강파 양계초의 영향으로 먼저 '家'와 '國'과는 다른 서구적 '국가'의 관념이 도입되고 독립협회운동과 개화기 서구사상의 수용으로 왕권에 대한 '민권'의 관념이 싹트게 되었다. 19세기 말 동학도들의 보은집회, 교조신원의 집단적 상소를 보고 조정의 일각에서는 이러한 새로운 현상에 대해 서양의 '民會'와 같다고 보기도 했다. 안창호와 같은 연설군들이 군중 앞에 나서서 웅변을 하기 시작한 '민회'가 '만민공동회'였다. 한국근대사의 여명기에 제왕권에 대한 '민권'의 각성이 시작되어 이를 시민사회의 초기 모습으로 볼 수 있겠다. 1907년의 '신민회'의 '신민'(新民)이나 1906년의 대한자강회가 '자강술'을 내세워 국제적인 권력질서에서 민족국가간의 경쟁관계를 진화론적 생존경쟁으로 인식했으나 그 '경쟁'은 국가단위의 약육강식의 경쟁이요 나라 안의 시민사회내적 경쟁이나 경쟁시장 시스템과는 거리가 먼 것이었다. 그러나 왕권과 같은 중앙권력에 대한 '민권'의 싹이 튼 것이다.

20세기 초부터 한국의 자유민권의 싹은 생겼으나 일제강점으로 다시 자생적 자유주의 사상은 억압되고 항일 독립운동의 근대 민족주의 속에서 민족주권을 앞세우게 되어 우리민족 사회 내의 자유민권의 자유주의는 뒷전으로 밀려나지 않을 수 없었다. 일제하의 한국의 사상계는 대체로 우익의 민족주의, 좌익의 사회주의의 단순 이분법에서 샌드위치 되어 자유주의의 담론이 자기의 마땅한 공간을 확보하기 힘들었다.

1920, 30년대 한국의 독립운동과 민족주의가 그 민족의 공적을 설정할 때 반제국주의, 항일이데올로기가 주종이었다. 왕정복고의 복벽주의와는 다른 새 시대의 한국의 이념좌표는 시민적 민주주의, 특히 자유민권의 자유주의의 '자유'였다. 그러나 1926년 단재 신채호도 그의 '조선혁명선언'에서 애너키즘적인 '반강권'의 자유연합사회의 비전을 내놓았다. 볼세비르적 강권사회와는 다른 자유시민사회를 지향하기 위해 단재는 국제주의적 애너키즘의 담론으로 편협한 민족주의를 극복하고 민중의 반강권적 애너키즘적 자유주의의 구상을 내놓은 바 있다. 그러나 단재는 개인의 자유권보다 민족주권을 앞세우는 역시 민족주의자였다.

우리 한민족이 근대적 시민사회의 자유사상을 모색하는데는 그 자생적 성장의 여건이 얼마나 험난하고 가혹했는가를 말해준다.

근대적 자유주의의 가치관과 제도는 주로 절대왕권 등 중앙권력의 억압에 대한 시민적 저항의 산물인 점에서 일제하에 자유주의 운동을 민족주의가 대행하는 동안에 자유민권의 자유사상이 그 정체성을 확보하기 힘들었다. 자유주의는 이데올로기이기 이전에 시민 사회적 자생적 질서에 기초를 두고 있다.

그러나 20세기 초 개화기에 싹튼 자유주의 이념은 3·1독립운동에서 '제국'을 '민국'으로, 군왕제를 탈피한 민주공화제의 잠재적 기반을 만들고 1920년 상해 대한민국 임시정부의 헌장에서 자유주의적 이념과 제도가 명문화되었다. 해방 후 한국의 사상풍토에서 '민주주의'의 추상적 이념이 정립되었으나 그 기반은 지난 200여 년간 인류문명사회가 이룩한 자유민권의 이념과 제도틀로서 권력분립, 입헌주의, '법의 지배' 의회민주주의, 복수정당제, 자유시장경제, 자유언론 등의 자유주의적 전통이었다.

서유럽이나 미국정치에서 '리버럴'(liberal)이나 리버럴리즘이 '콘서버티브(consevative)'와의 대개념으로 현신과 보수의 구분법이 유행하게 되었다. 현대의 리버럴리즘도 역시 아무리 '리버럴'해도 시민사회적 자유주의의 전통적 토대를 벗어나지는 않는다. '리버럴'이 보수주의와의 대결에서 극좌파로 밀려 사회주의의 범주에 들어가면 어느덧 평등주의적 개혁을 위해서는 국가권력의 비대화를 용인하게 되고 '자유사회의 적'이 되는 것이 말하자면 '진보주의의 변증법'이다. 구사회·공산주의의 진보주의는 어느 덧 '예종에의 길'에 들어서게 된 것을 하이에크는 이미 1940년에 간파했다.

'민주주의'는 자유주의적 시민질서의 토대 위에 서야 한다. 민주주의가 평화적 정권교체의 정치제도로는 위대한 유산이지만 대중민주주의 시대에 와서 주로 다수결주의의 선거로 왜소화되고 득표를 위해 집단 이기주의와 쉽게 결탁함으로써 전체주의적 파시즘을 초래했다. 독일에 서 히틀러의 나치스 집권은 대중선동의 게르만 민족주의와 다수의 대 중적 폭력이 그 야간의 길을 열어주었다. 이 뼈저린 역사적 경험에서 하이에크는 민주주의보다 자유주의적 시민사회의 자유질서가 토대요 우선적 가치임을 간파했다. 20세기의 좌우파 '전체주의'에 대한 비판 적 대안은 민주주의가 아니라 자유주의임을 누누이 밝혔다. 따라서 '리 버럴 데모크라시'의 리버럴의 참뜻은 자유주의 없는 민주주의는 '예종 의 길'로 타락함을 경고한 것이 하이에크의 탁견이다.

1990년 구세기 말에 구사회주의 70년, 50년간의 역사적 실험이 대 실패로 판명되었을 때 전세계적인 이데올로기의 종언과 더불어 국가주 의적 '사회'관이 시민사회 중심의 자유주의로의 뒤늦은 발상전환이 진 행되는 역사적 경험을 가지게 되었다.

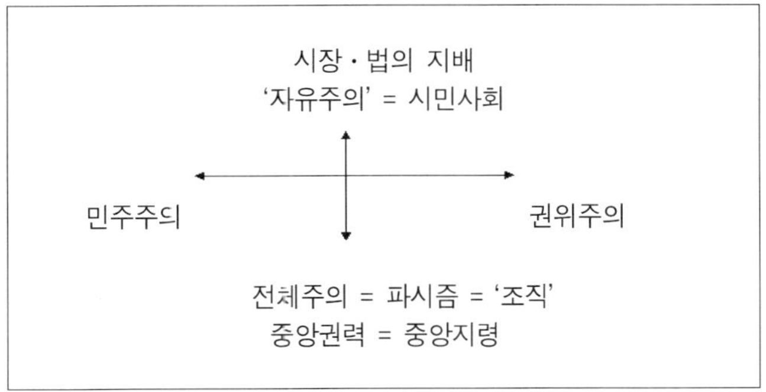

우리 한국의 사회사상과 교육은 이 엄청난 세계사적인 사건에 대한 역사적 의미를 실감 있게 이론적으로 설명해 주지 못했다. '인류사회의 진보'를 표방한 '큰 이야기'(리오타르)인 구사회주의의 결정적 실패의

근본원인이 200년 간의 인류가 이룩한 자유주의적 유산을 부정한 다음, '허공에 유토피아'를 그리려 했던 설계주의적 이성의 교만이 저지른 과오였음을 우리 젊은 세대들에게 제대로 인식시키지 못했다.

지난 20세기의 갖가지 이데올로기의 난립 속에서 민족주의, 맑스·레닌주의, 사회주의, 파시즘, 모택동주의 등의 각종 '주의'의 대청소와 청산으로 21세기 글로벌세계화의 시민정치의 시대, 신시장의 자유주의 질서의 부흥을 널리 알려줄 수 있어야 했다. 그러나 사상적 혼란의 정리 작업이 불철저하고 미진했던 것이다.

냉전체제 속에서 주로 1960년대를 전후해서 프랑스의 5월 학생반란, 미국의 과격주의 학생반항, 독일의 과격주의 학생반항 등에서 반문명적 과격주의가 '신좌익' 등의 운동권을 이룩했다. 마오저뚱 치하 중국의 홍위병 난동도 중국의 시민사회의 싹을 퇴보시켰다. 뒤늦게 1970년대의 한국의 유신독재에 대한 '반독재 민주화' 운동에서도 군사주의 정치에 대한 반작용으로 좌파적 도그마가 일부 친북정서적인 '진보주의'로 민주화운동의 궤도를 이탈했다. 여기서 다시 '진보의 변증법'은 북한의 김 부자 독재가 민주화의 대안인 듯이 착각하는 이데올로기적 도착이 생긴 것이다.

명백히 '반독재 민주화'의 이념적 좌표는 자유민주주의이어야 하며 자유주의적 가치의 신장이어야 했다. 그런데 일부 좌파운동권은 시장적 자유주의를 부정한 스탈린주의의 아류인 북한체제를 유토피아적 대안으로 보려는 치명적 오류를 범하게 된 것이다. 이는 탈이데올로기 속에서 역사지각으로 생긴 사상적 빈곤의 한국적 후진성이기도 하다.

그런 학생 반란기에 서독에서 과격학생운동에 동조했던 프랑크푸르트 학파의 제2세대 하버마스도 시민적 자유질서를 파괴하려는 과격주의 폭력에 대해 이를 '좌익파시즘'이라고 비판하기에 이르렀다. 하버마스는 1981년 '공공성의 구조전환'에서 부르주아적 시민사회가 만든

‘공공성’, 자유로운 대화·토론·비판의 공론적 공간에 열려진 ‘자유사회’의 전통을 재긍정하게 되었다. 특히 미국에 망명한 유태계 여류 정치철학자 한나 아렌트는 레닌주의적 의식화가 ‘파블로프의 개’와 같이 전인민을 전체주의의 조건반사적 로보트로 만든다고 비판했다. 아렌트는 구사회주의의 이데올로기 정치가 공공권(公共圈)을 질식시켜 ‘정치의 죽음’을 가져왔다고 신랄하게 비판하고 구사회주의와 같이 정치를 계급주의적 적대관계로 규정함으로써 정치가 죽음에 이르는 사투가 되었다는 것이다. 이런 적대적 사투를 무해화(無害化)하기 위해서는 공공권의 갱성으로 정치를 스포츠게임 모델의 ‘애고널리티’(agonality)로 승화시킬 것을 제안했다.

오늘의 한국의 ‘보혁’ 이념논쟁에서 한국의 자유주의는 어디에 속하느냐의 물음 앞에 다시 섰다. 진정한 의미의 자유주의는 닫혀진 이데올로기가 아니며 이념투쟁을 위해 자유주의를 이데올로기화 할 때 오히려 자기왜소화를 결과하는 잘못을 범하게 된다. 하이어크는 합리주의의 거부, 자생적 질서의 사회에서의 자연선택적인 ‘룰’의 진화를 주장한 점에서 진화적 자유주의이다. 그는 관습과 전통이 문명을 창조했고 그것과의 단절은 인간을 부도덕하게 만들고 이성적 고만을 저지른다고 지적한 점에서 진보와 보수의 이분법으로 분류할 스 없게 한다. 특히 그는 권위와 권력을 절대시하는 보수주의자는 아니다.

한국의 자유주의는 이미 지난 100년 특히 8·15해방 후의 건국 도상에서 대한민국의 가치관과 제도, 실천 속에서 그 최상의 성취물이 자연 선택되고 축적된 시민사회, 자유시장질서의 전통의 대명사이다. 한국 현대사에 대한 진보주의의 편파적 역사왜곡은 특히 대한민국 55년의 반세기를 정치권력 중심의 정권사 측면에 초점을 그정시켜 대한민국의 부정을 획책하는 ‘제2건국’의 발상에서 노정된 바와 같이 마치 우리 한국사회 55년은 보수할 가치가 아무것도 없다는 담론으로 과거

허무주의의 허위의식에 사로잡혀 있다. 하이에크가 비판하는 좌파적 설계주의의 교만은 한국의 시민사회의 시민생활과 시장경제, 비판언론이 이룩한 자생적 질서의 피땀어린 유산을 전면 무시하려는 진보패권의 오만에도 그대로다. 이렇듯 '무로부터의 진보'의 환상은 그 인재선택이나 경제개혁에서 대단히 위험하고 소모적인 아마추어리즘으로 한국경제의 또 하나의 '한국병'을 만들고 있다고 보여진다. 소위 출신성분에 의한 좌파적인 인간분류, 편가르기는 국민통합을 저해하고 정치를 계급주의적 파벌분쟁으로 오도하게 된다. 종언된 '이데올로기'는 어떤 종파, 정파, 계급 등의 '존재피구속'을 가진 허위의식이다. 만일 '자유주의'가 자유방임적일 때 좌파가 비판하는 바와 같은 '자본가의 경제적 자유'를 옹호하는 '닫혀진 이데올로기'가 된다. 그러나 탈이데올로기 시대에도 건재한 자유주의는 '열려진 이데올로기'에 속한다고 할 수 있다.

오늘날 한국의 자유민주주의와 자유시장경제가 쌓아온 자유민권적 자유의 가치관은 그 재발견이 시급해졌다. 이미 역사의 심판으로 대실패가 드러난 사회주의적인 중앙계획, 중앙지령의 좌파패권이 오히려 좌파보수주의가 되고 대한민국의 자유사회적 질서가 한국의 진보·발전의 도약대임을 깨우치게 하는 사상적 계몽이 시급하게 되었다.

거듭된 시련과 곡절 속에서도 우리 한국이 꾸준히 추구하고 축적해온 자유주의적 시민사회의 유산은 앞으로도 우리 한국의 자유사회 발전의 토대로서 그 어떤 반자유세력 앞에서도 끝내 수호되어야 할 소중한 가치이다. 우리 한국의 자유주의적 기본질서는 '노이라트의 배'의 비유와 같이 전면적으로 변혁할 수 있는 그 어떤 도크도 없고 다만 부분적 수정·보완을 거듭하면서 항해하는 배와 같이 우리 자유사회 질서의 전통 위에서 '미완의 프로젝트'를 꾸준히 보완하는 계속적인 노력이 있을 뿐이다.

1945년 해방 후, 한국의 사상적 빈곤의 풍토에서 '자본주의와 사회주의'의 단순 이분법이 진보·보수의 통념적 기준이 되었다. 1930년대에 들어서면서 고전적 자유주의는 자본가의 이익을 옹호하는 이데올로기로 왜소화되고 '진보주의'가 제멋대로 부르주아 시민사회의 부르주아계급 이데올로기로 계급주의의 틀에 집어넣어 '보수주의'의 일종으로 자유주의의 정체성을 왜곡시켰다.

하이에크는 이런 이데올로기화 당한 '자유주의'의 오명에서 구출하기 위해 '자유방임주의'와는 구별되고 불공정한 특권적 이익옹호가 아닌 '목적 독립적인 자생적 질서'의 자유시장원리를 분명히 했다. 이로서 '자유주의'는 특정한 계급의 이데올로기가 아닌 공정한 정의의 지임질서로서, 자유시민질서의 토대로 자리 잡게 되었다. 우리 한국의 지적 풍토에서도 시민사회적인 자유주의 전통의 문명적 가치관으로서 자유주의의 개념이 복권되어야 할 것이다. 중앙권력의 비대화에 의한 설계주의적인 '인위적' 개혁이나 공정한 시장적 정의를 무시하려는 '진보주의'의 패권을 물리치기 위해 오늘의 한국 풍토에서 하이에크가 개척한 자유주의와 '법의 지배'가 자유주의적 문명의 대헌장으로 뿌리내려야 할 것이다.

한국자유주의의 새로운 활로는 '진보주의' 정서가 대안이 아니라 보다 성숙된 자유주의 시민질서의 윤리적 시민정신의 개발에 있다.

II. 한국사회의 성장, 발전은 '자유주의 패러다임' 에 기초해야 한다

지난 50년간의 냉전시대에 한국사회에는 '색깔논쟁'이란 유행어가 생겼다. 특히 6·25전쟁 후 한국사회는 자유진영에 속한다고 자부하고 반정부, 반체제 세력에 대해 반공주의의 색안경으로 사상분류를 해왔다. 그것은 성숙한 자유주의적 가치관의 정도는 아니었다. 그러나 문민정치시대에 들어서면서 다시 지역감정과 '역색깔' 논쟁으로 좌파적 편가르기가 생겼다. 이는 국민통합의 민주주의와 자유주의에 대한 위협으로 나타났다. 특히 한국의 자유언론에 대한 좌파적 패권의 목조르기는 자유시민질서의 기저를 뒤흔드는 표퓰리즘 동원적 도전이기도 하다.

이런 좌우파의 두 가지 색깔논쟁을 극복할 수 있는 '제3의 길'은 덩샤오핑의 실용주의에서 시사를 얻을 수 있다. 덩샤오핑은 1962년에 '先富論'과 '자유시장, 자유경영 등의 4자(自)'노선, 특히 '흑묘백묘론'을 제창했다. 흰고양이 검은고양이식 보혁논란은 문제해결에 도움이 되지 않는다는 신중국적 역사경험의 깨우침이다. 이데올로기 색깔보다는 어느 것이 더 실용적 가치가 있고 어느 것이 경제적 번영의 길이냐의 보다 건강한 성공·실패의 판단이 앞서야 한다.

이미 세계사의 역사적 실험과 한국의 남북한 간의 체제경쟁으로 구사회주의적 개혁모델은 실패했다. 자유시장, 경제적 자유주의의 길이 '쥐를 잡는 고양'이라는 것이 명백해졌다. 하이에크의 진화적 자유주의의 가장 큰 공헌은 자생적 질서의 이론이다. 자생적 질서는 개인들의 자유로운 선택과 공정한 룰의 준수에서 자연선택의 진화가 일어난다. 이런 자유사회, 자유시장의 토대가 되는 질서는 중앙권력의 계획, 명령이 아니라 어느 룰이 '성공'이냐 그리고 어느 룰이 실패냐로 자연 선택된다. 덩샤오핑의 실용주의는 구사회주의 이데올로기의 실패에 눈뜨고 자유기업제도의 성공의 룰을 택한 것이다.

하이에크는 인간이 어떻게 행동하면 좋으냐에 대한 지식은 중앙권력의 지령이 아니라 수많은 개인들에게 소유되어 있는 자유시민사회형사회만이 보다 많은 정보를 만들고 활용할 수 있다는 시장시스템적 지식론에 기초하고 있었다. 이런 자유사회의 룰은 사회전체의 통제·관리가 아니라 다만 많은 개인들이 준수해야 할 게임룰의 심판기능에 국한되어야 한다. 중앙권력의 명령일하에 움직이는 병영국가형 '조직' 만들기는 역(逆) 유토피아이다.

이렇게 사회관에서 일사불란한 지령의 '조직' 패러다임에 사로잡히면 자유민주주의와 '법의 지배', 시장경제에서 개인주의적 자유가 무질서한 혼란을 결과한다고 단정하고 참다운 사회적 진보와 성숙이 이룩되는 수많은 사건과 사실들마저 거의 눈에 보이지 않게 된다.

신과학철학의 개척자 쿤(Kuhn)은 과학사의 연구에서 '패러다임' 개념을 내놓았다. 비근한 예로 천동설과 지동설은 서로 다른 패러다임이다. 이렇게 패러다임이 서로 다르면 같은 태양도 전혀 다르게 관찰된다. 천동설은 매일 아침해가 떴다 지는 엄연한 '관찰사실'을 내세워 지동설에의 패러다임 전환을 오랫동안 지연시켰다. 근대 시민사회의 '위대한 사회'(Great Society) 출현 이전에는 자생적 질서의 시장모델은 이해하기 힘들고 발상할 수 없었다.

쿤은 패러다임이 다르면 서로가 전혀 다른 세계에 살고 있는 것과 같다고 했다. 천동설의 통념이 굳어지면 그와 다른 세계관인 태양을 중심으로 지구가 돈다는 지동설적 사실이 전혀 관찰되지 않는다. 쿤은 낡은 패러다임에서 새로운 패러다임에의 이론전환이 마치 종교적 개종과 같은 게슈탈트 전환의 발상전환이 필요하다는 것이다. 좌파의 집단주의적 패러다임은 근대사회 이전의 왕조적 권력지령의 공동체의 노스탈지아에 바탕을 둔 점에서 전근대적이며 자본주의적 시장경제의 사 패러다임에 대한 거부감만 가진 일종의 종교적 신조에 가깝다. 구사회주의는 스탈린이나 마오쩌뚱, 북한에서 군대모델과 1인독재의 '대용종교'(代用宗敎)가 된 내원을 알 수 있다.

이미 20세기 후반에 와서는 구소련 등의 일당독재, 중앙계획, 중앙지령의 사회주의 패러다임이 실패한 것이 1980년대에는 판명되었으나 아직도 좌파 패러다임은 발상전환을 못하고 있는 일종의 대용종교현상을 우리 한국의 정치현실에서 보게 되었다.

쿤은 과학사 속에서 여러 가지 이론들이 경쟁하다가 마침내 하나의 지배적인 패러다임이 과학자 공동체에서 수용되면 그것이 '정상과학'(normal science)이라고 불렀다. '정상과학'에서는 과학자들이 그 기본적 이론틀이나 세계관에 대해 의문을 제기하지 않고 그 게임룰에 따라 연구를 진행하여 그 '정상과학'의 시기에 과학의 연구성과가 축적된다는 것이다. 이와 같이 시장적 자유질서도 근대사회의 패러다임이었다.

과학자들이 중구난방으로 기성 패러다임에 의문을 제기하고 비판하게 된다면 이는 과학의 위기이다. 다시 새로운 패러다임이 정착될 때까지는 과학의 연구는 중단되고 이론 혼란의 공백기를 경과한다고 했다. 사회제도나 경제정책에도 이런 '정상사회제도'를 상정할 수 있고 이는 자유주의적 가치관과 제도의 큰 틀이다. 의회민주주의, 복수정당제, 법의 지배, 자유시장경제, 자유언론 등의 기본패러다임인 자유주의적 큰 틀에 대해서는 그것을 기본 합의의 패러다임으로 수용하고 우리 공동체의 자명적 질서로 시인하는 기본조건이 요구된다. 이로 인해 자유주의적 시민사회의 가치관에 대해서는 구태여 그 이데올로기적 정당화가 필요하지 않은 점이 '정상과학'과 같은 정상적인 자유사회 상태였다. 그러나 구사회주의는 이 자유질서의 대안으로 패러다임 전환을 하는 데 실패했다.

한국사회의 특히 경제적 패러다임은 시장자유주의로 정착되었다. 여기서 '개혁'은 자유시장의 룰을 보다 더 공정하게 준수하는 '법의 지배'에서 그것을 준수하지 않는 것만을 시정하는 보다 시장적 원리의 철저한 관철과 성숙 노력이 있을 뿐이다. 기성 자유시장 패러다임 그 자체의 체제전환의 변혁을 우한 대안은 실패로 끝나고 아직은 다른 대안이 없기 때문이다.

시장자유주의 질서는 사회를 복잡성과 상품가격 등의 예측 불가능성을 가진 캐타락시(catallaty)은 교환적 질서를 기본으로 하고 있는 점에서 사회구조 전체의 중앙설계가 아니라 다만 정의로운 행위의 룰만을 준수하도록 하는 시장규범과 '법의 지배'로 뒷받침되어 있다.

하이에크적인 자유주의 패러다임은 '오르도'(ordo) 리버럴리즘의 '규칙'을 준수하는 경쟁게임으로 보는 발상이 가장 근본적 대전제이다. 하이에크의 진화적 자유주의가 그 토대로 발견한 자성적 질서의 '룰'은 데카르트적의 이성즉 법칙과는 구별되는 흄(Hume)의 경험주의적인 자생적 형성물과 같다. 이성주의적 '진리' 담론은 허위와 대개념이지만 하이에크는 룰의 자연선택에서 그 기준은 '성공'이며 실패의 대개념임을 유의할 필요가 있다.

비근한 예로 축구게임은 축구공을 발로만 차고 손으로 던져서는 안 된다는 등의 룰로 되어있다 미국의 미식축구는 발만이 아니라 손과 발을 다 쓸 수 있는 말하자면 '수족구'(手足球)의 새 룰을 만들었다. 그러나 올림픽이나 월드컵 등 세계에 통용되는 축구게임은 아직도 '족구'로 건재하고 있다. 우리는 축구는 보수요, 미식축구는 진보라고 '보혁' 색깔구분을 하지 않는다. 이처럼 시장자유주의는 진보·보수의 색깔구분이 무의미한 문명사회의 자생적 질서로서 글로벌 세계화에서도 지배적 패러다임이 되고 있음을 재확인해야 한다. 이런 기본합의에서 오늘의 한국사회의 보혁색깔 논쟁을 종식시킬 수 있는 지름길이 될 것이다.

탈냉전 후 유럽 여러 나라의 중도좌파 정권들의 노선도 모두 시장자유주의로 궤도수정을 하고 있는 새 경향이 나타나고 있다. 이미 198

년대에는 영국에서 노동당 사회주의가 만연시킨 '영국병'을 치유한 대처주의, 구소련의 고르바쵸프의 '페레스트로이카', 미국의 레이디노믹스가 신보수주의와 신자유주의의 동맹으로 성공을 거두어 시장자유주의의 전통이 재확인되었다.

최근에는 통일 독일의 사민당 집권의 게르하르트 슈뢰더 총리가 밑 뚫어진 독에 물붓기식 동부독일 지역에 대한 경제지원과 세계최고 수준의 복지비용, 고임금으로 생긴 '독일병'을 고치기 위해 대담하게 사회적 시장경제의 분배적 사회정책의 종말을 선언했다(03. 9. 14). 과복지정책과 고임금의 중도좌파 정책도 막다른 골목에 이른 것이다.

2003년 신년에는 일본언론도 거품 꺼지기와 데프레션의 15년 허송세월의 만성적 경제불황을 '일본병' 또는 'Nipponensis'이라 이름하고 2년 전의 아르헨티나의 경제파탄에 대해 미국의 경제학자 사뮤엘슨 교수는 '강성노조와 포퓰리즘'이 '알젠틴병'의 주된 징상이라고 진단했다.

1997년 한국의 IMF 금융위기에서 이미 정경유착과 부실기업, 정부의 과보호적 간섭주의가 일으킨 '한국병'에 대해 김대중 정권은 IMF 금융지원의 컨피셔널리로 수락한 '구조조정', 기업합병 등의 경제개혁을 추진했는데 그 정책의 기조가 다름아닌 '신자유주의'였다. 그러나 자유주의적 개혁을 반자유주의적 진보정치 정서로 집행하는 표리부동과 경제적 난제를 남북관계의 햇볕정책으로 일괄 타결하려는 정치논리로 인해 자유주의적 정책의 운영이 소기의 성과를 거두지 못했다. IMF 경제위기에서 탄생한 김대중 정권이 아이러니컬하게도 햇볕정책의 실패로 그 종말을 장식하게 되었다. 이 역시 반자유적 '진보' 정서가 가져온 업보이다.

오늘의 노무현 정부는 다시 진보주의 정서로 정책적 아마추어리즘을 되풀이하면서 '알젠틴병'과 동병상련하는 강성노조와 표퓰리즘으로 경제적 불황의 늪에 빠져든 감이 없지 않다.

오늘의 참여정부는 다시 깊어진 '한국병' 중 특히 강성노조와, 포퓰리즘, 고임금, 저효율, 과복지의 병폐에 대해 그 치유를 위해서는 하이에크의 시장자유주의적 처방에 귀를 기울여야 할 것이다. 하이에크는 자유주의적 경쟁질서에 대한 대단히 중대한 위협은 노조에 부여된 지나친 특권이라고 경고했다. 임금의 결정을 경쟁적 노동시장에서 배제한 결과로 생긴 실업은 정부를 뒤흔들고 마침내 인플레이션을 억제하기 위해 가격통제를 강행케 했던 전례를 상기시켜 주고 있다.

하이에크는 '만일 경쟁적 가격결정이 임금에 적용될 수 없게 된다면, 시장경제가 유지될 수 있는지 의심스럽다'(Hayek, *New Studies in Philosophy, Politics, Economics and the History of Ideas*, 1978, p.146)고 깊은 우려를 표명한 바 있다. 더욱이 노조가 집단주의적인 형태로 '경영참가'까지 요구한다면 자유시장 질서는 무너질 위기에 처할 것이다. 임금, 인사결정권이 단체적 노조의 참가로 인해 교섭대상이 교섭주체로 둔갑하는 관계혼란에 빠지고 기업경영의 성패의 책임에 대한 리스크 면제적인 노조의 경영참가는 대단히 불공정한 게임이 되어 버린다. 이는 새로운 대안도 없이 자유시장 패러다임을 뒤흔드는 '위기'이다.

날로 심각해지는 노동문제에서 자유주의적 기본질서와 '법의 지배'의 게임룰이 준수되지 않을 때 자유시장 경제의 기틀은 심대한 위협에 직면하게 될 것이다. 그렇다고 해서 하이에크가 시장자유주의를 '자유방임'의 자본주의를 옹호하고 있는 것은 결코 아니라고 강조했다. 하이에크는 '자유방임'이나 '자본주의'가 모두 자유주의적 자유의 정신을 크게 오해하게 만들었다고 지적한다. 자유방임의 자본주의의 용어는 주로 자본가의 이익만을 옹호하는 허위의식의 이념이 되었기 때문에 자유주의에 대한 모략이다.

『예종에의 길』에서 하이에크는 '아마도 몇몇 자유주의자들이 이런 종류의 조야한 룰 특히 자유방임의 원리를 바보스럽게 강조한 것만큼 자유주의의 주장을 손상시킨 것이 없을 것이다.'(The Rord to Serfdom, 1944, p.4)라고 개탄했다. 법의 지배하의 자유주의는 '자유방임'과는 전혀 다른 것이다. 하이에크는 자생적 질서 규칙의 준수와 '법의 지배'의 '법'은 어떤 중앙권력이나 자본가의 이익을 옹호하기 위한 불공정한 '명령'과는 다르다고 분명히 규정했다. 참다운 자유주의의 게임룰인 '법'은 자생적 질서의 기초에 기반을 두고 제정법의 법규범보다는 오히려 도덕, 윤리의 의미까지 함축하고 있는 것이다.

한국의 건전한 자유주의 질서의 수호를 위해서는 탐욕적 치부욕을 '자유방임'으로 정당화해 주어서는 안 되며 '천민적 자본주의'(막스·베버)적 잔재를 청산하는 거듭나는 자기정체성의 재발견이 요청된다.

자유주의적 '자유'가 특정 정치·경제적 집단의 이익을 옹호하기 위한 자유가 아님을 분명히 해야 한다. 자유는 공정한 룰이 있는 게임이고 하이에크는 주로 지식론적으로 '발견의 절차'로서 자유경쟁을 정당화하는 데 중점을 둔 지식론적 자유주의였다. 자유주의적 자유는 개인의 이기주의나 완전한 이타주의에 대해서도 보다 깊은 차원에서 중요한 의미를 가진다. 개인의 자유도 어떤 이기심, 이기주의적 의미로 해석되어서는 안 된다.

자유는 윤리적 의미, 즉 '그것이 대부분의 도덕적 가치의 원천이고 또한 그 조건이다'라고 하이에크는 거듭 강조했다. 여기서 우리는 하이에크의 '법의 지배' 하의 자유의 윤리가 칸트의 도덕적 인격의 자율성에 기초한 자유임을 재확인할 수 있다.

Ⅲ. 자유시장경제와 자유주의 정부의 '미싱 링크'(missing link)

하이에크는 민주주의는 수단이요 자유주의가 목적이라고 그의 『자유의 조건』(*the Constitution of Liberty*)에서 분명히 규정했다. 하이에크는 영어로 '데모크라시'(democracy)라고 했다. '데모크라시'는 우리 한국과 동아시아에서 '민주주의'라고 번역했다. 그런데 이 '민중'(demos)의 지배는 그 기원인 고대 그리스의 폴리스 정치에서도 '우중(愚衆) 정치'의 뜻을 가진 폴리스의 타락형이었다. 그런데 20세기 대중사회 속에서 민주주의는 선전선동에 부화뇌동하는 포퓰리즘적인 대중 영합정치로 타락했다. 그 결과 다수결의 1인1표 선거의 '민주주의'에 의해 히틀러의 나치스가 집권했고 레닌의 볼세비키의 대중 '의식화'가 선전선동한 동원적 '운동'정치도 20세기 좌파, 우파의 '전체주의'의 기원이 되었다.

2차 세계대전의 파시즘 파망과 구사회주의 붕괴 후 탈이데올로기의 신세기는 이데올로기 정치에서 시민정치의 새시대로 진화한 것이 세계사의 대세이다. 우리는 '이데올로기 종언' 후 다시 복권된 것은 자유주의 시민질서이며 그것을 '자유민주주의와 시장경제'의 승리라고 말한다.

자유시민질서의 더헌장을 뜻하는 하이에크의 '자유의 조건'에서 좌우파적인 '예종에의 길'을 막을 수 있는 새로운 길로서 주로 '법의 지배'인 법치국가형을 내놓았다. 나치스와 대중선동 민주주의가 오직 보통선거에서 득표에 열중하다 보면 집단 이기주의에 영합하는 것이 불가피하고 어느덧 자유주의적 가치를 버린 자유주의의 적(敵)이 결과된다. 하이에크도 자유시장 질서의 존립을 위협하는 것은 '부족(部族) 사회의 정서'(the emotions of the tribal society) 즉 제편끼리 편가트고 닫혀진 부족 내의 친밀성, 따라서 국외자에 대한 배척의 집단 포퓰리즘의 깊은 뿌리라고 지적했다. 에리히 포름이 발견한 '자유에서의 도피'는 1930년 대중사회화 속에서 개인의 고독, 원자화 속에서 쉽사리 '강자에 대한 절대복종'의 마조키즘이 생겼다고 지적했다.

1970년대에 서독의 각 대학에서 과격 학생운동이 지난날의 나치 유켄트를 연상케 하는 '좌파파시즘'이 자생된 바 있다. 그러나 하이델베르그 대학에서도 학생들이 지하의 나치당 조직에 가담하는 것을 엄격히 막았더니 마약 상습생이 많이 생겼다고 당시 한국을 방문했던 독일 철학 교수(Henrich 교수)가 귀띔해 주었다. 그때 헨리히 교수는 귀 대학에 마약하는 학생이 몇 %냐고 묻기에 거의 없다고 대답했다. 그 교수는 그럴 리가 없다고 믿어주지 않았다. 얼마 후 그 교수의 예견대로 우리 한국의 대학에도 박, 독재의 과격 학생운동권 밑에서 '지식인의 아편'처럼 주사파까지 생겼다.

탈냉전과 더불어 후란시스 후꾸야마의 『역사의 종언과 최후의 인간』이 나와 특히 자유민주주의의 미국사회에서도 '최후의 인간'(the last man)의 신대중사회화의 퇴폐현상에 대한 세기적 경고를 내놓았다. 후꾸야마는 그 저서에서 자유경제와 자유민주정부 사이의 '미싱 링크'로서 '티모스'(thymos)의 정치철학을 제창했다.

대중화된 현대사회에서 주로 경제생활에서 소비생활에 만족하게 되면 '티모스', 다시 말해서 기개(氣槪), 패기, 특히 우월원망을 상실하게 되는데 이런 단계가 바로 '최후의 인간'이다. 후꾸야마는 니체 철학에서 '르쌍치망'에 빠진 노예도덕에 젖을 때 이런 대중을 '최후의 인간' 즉 소비지향적인 대중화를 지칭했다. 깨어난 개인의 보다 높은 향상, 발전에서 보람을 느끼는 것이 니체의 '초인'인데 이는 '힘에의 의지'를 가진 우월원망을 실현해 가는 '주인의 도덕'에 대응된다. 이 '초인'은 스포츠에서 승리의 영광을 위해 분투하는 '투혼'(agonality)의 인간상이기도 하다.

구사회주의 사회에서와 같이 악평등의 '동물농장' 상태에 순치하게 되면 이는 니체가 지적한 '노예도덕'의 순종으로 인해 다만 모두가 나보다 유능한 자가 없기를 바라는 그런 하향편중화의 평등에 빠져 '더 등원망'(對等願望)에 만족하게 된다.

대중화 정치는 즈로 '르쌍치망'을 충동하는 포퓰리즘의 '운동'의 정치가 되며 그 '운동'은 나치스의 통치기법이었다. 이런 '르쌍치망'의 정치화가 반자유주의적인 전체주의의 기원이다.

그러나 헤겔은 그의 '주인과 노예의 변증법'에서 '최초의 인간'은 경제적 가치나 암컷이나 먹을 것을 두고 사투하는 동물과 다른 면이 있다는 것을 주목했다. 동들들과 달리 인간만이 역사의 시작에 있어서 원시시대의 싸움에서도 오르지 자기의 위신을 세우려 하거나 인지(認知)획득의 징표인 메달이나 깃발 등 별로 보잘것없는 것을 놓고 투쟁하며 때로는 목숨을 건 싸음을 한다는 것이다. 이것이 타로 '티모스'이다.

우리 한국인은 88올림픽이나 월드컵에서 패기에 찬 열광 속에서 승부하는 데서 '티모스'를 만끽했다. 1970년대에 이르러 '한강변의 기적'을 일으킬 때 온 국민의 가슴속에 '신바람'이 일어난 것은 다만 경제적 타산이나 부의 축적만이 아니었다. 그때 우리 한국민들은 일제 식민지하의 민족적 열등감과 6·25 후의 최빈국의 찌든 가난을 벗어나서 일약 '코리아'의 위신이 높아지고 세계 어디를 가도 당당한 한국민임을 과시하게 되었을 때 우리 한국민은 나의 군왕도 아니고 독재자도 아닌 자기 조국인 자유대한의 공화국 '내 나라'에 대한 위대성과 영광을 가지게 되었다.

20세기의 정치철학자 한나 아렌트(Arendt)는 군주제나 전체주의가 '공포'의 원리라면 자유시민적 공화국은 대등한 시민의 평등, 특히 법의 지배하의 법과 제도에 대한 공속감을 가진 자유시민질서에 대한 긍지와 사랑이라고 풀이했다.

여기서 시장자유주의는 법치국가로서 아렌트가 제창한 바와 같은 고대 그리스의 폴리스 모델의 '공공적 공간'의 정치를 부활시키려 했던 시민적 공화주의와 손잡지 않으면 안 되는 이유가 있다. 칼 포퍼(Popper)는 '자유사회와 그 적들'에서 자유주의가 그 적들로부터 자유질서를 지키기 위한 자유주의적 공화주의를 지향했다고 상정할 수 있는 것이다. 군왕이나 독재자 없는 자유시민의 자유 공화정질서에는 자유주의와 공화주의의 상호보완적 관계가 공존하게 된다.

자유주의는 '정부실패'를 비판하면서 국방, 자유시민의 법질서 수호를 위해 '시장실패'를 보완하기 위해서는 시장원리나 경제적 효율성을 초월하여 자유질서의 조국을 수호하기 위해 기꺼이 목숨을 거는 공화주의적 조국애와 손잡지 않을 수 없을 것이다.

공화주의에는 '노브레스・오브리제'와 같은 귀족사회의 유산 중에서 다시 살려야 할 '시민적 덕'이 있고 '시빅 버추어'(civic virture)가 다름 아닌 도덕면의 자생적 질서로서의 시민정신의 '덕'(virtue)이라 할 것이다. 자유시민 질서는 위대성과 영광의 공동체이기도 하다. 시민적 덕의 공화주의 가치관의 전통이 없으면 어느덧 나치스나 좌파패권적 선동과 게르만 민족주의와 같은 집단주의적 파시즘 정서에 휩쓸려 민주정치가 천민적 우중정치로 타락하는 전례를 많이 보아왔기 때문이다.

하이에크의 '자유의 조건'을 아렌트의 정치철학으로 재해석해 본다면 미국의 건국정신에는 그 '자유의 창제(創制)'에서 민주주의와 공화주의가 결합되었고 오늘의 미국 양당정치도 '민주당'과 '공화당'의 당명이 그 정신을 상징하고 있음을 알 수 있다. 따라서 하이에크의 자유의 헌장에서는 다만 '다수자에 의한 지배'의 선거제도하에서 자유주의적 가치가 퇴색하는 것을 방어하기 위해 입법의회를 하원과 상원으로 나누었다. 하원은 이해(利害) 다수성을 대표하고 상원은 덕(德)에 의한 정치가 가능하게 하기 위해 약 15년 간의 임기가 보장되어 집단 이기주의의 영향에서 벗어나 '현인(賢人)의회'의 구실을 하여야 한다는 구상을 내놓은 바 있다(Hayek, L. L. L. 3, pp.111~117).

하이에크는 50대 전후의 인격자로 구성된 원로원 같은 상원을 노도테타에(nomothetae)라 해서 막스·베버의 명사(名士, honoramores)의 역할과 같다고 했다. 하이에크가 설계주의적 이성보다 '코스모스'인 자생적 질서와 '현장인'의 '현장지'의 존중을 역설한 데는 자유주의적 가치관의 토대가 '덕의 정치'에 있음을 시사한 것이기도 하다. 따라서 그의 자유의 대헌장어서 '노모테타에'의 '현인의회'는 노련미와 아울러 균형잡힌 현명한 가치판단을 할 수 있는 유덕한 시민대표의 상원에 대한 구상이기도 했다.

자유주의적 시민사회의 문명전통이 존립하고 성숙되게 하기 위한 구틀로서 하이에크의 '법의 지배'와 아렌트의 자유시민의 조국에 대한 공화주의적 '덕의 정치'의 결합에서 자유주의의 새로운 진로를 모색해 볼 수도 있을 것이다.

공화주의적인 '시민의 덕'은 라틴어의 'virtu'이다. 이 '비르투'는 우리 동양의 인덕과 같은 덕과는 다른 의미의 자기공동체를 융성시키려는 '감투정신' 같은 것이다. 이 'virtu'는 시민의 덕이요 통치자의 덕도 포함되는데 위대한 자유국가의 건설자나 현명한 지도자의 예지, 활력, 공명심과 더불어 공공적인 질서에 대한 사랑과 희생정신까지 가진 헌신도 포함된다. 이 'virtu'는 운명과 필연의 장막을 뚫고 자기의 기업을 융성시키는 상인의 정신, 기업가정신이기도 하다. 마키아벨리는 로마의 덕(virtu Romana)을 상실했을 때 로마가 쇠망했다고 말했다.

대한민국의 자유질서는 주한미군이나 다른 사람들이 지켜 줄 것이고 자기는 돈이나 벌고 자유질서의 흥망에 오불관언하게 될 때, 이것이

자유대한의 'virtu'가 상실된 것이다. '침묵하는 다수'가 이전 왕성한 시민적 덕인 'virtu'로 자유수호와 융성의 신기운을 일으킬 때 자유주의적 가치가 질식당하는 '예종에의 길'을 막아낼 수 있다.

오늘의 한국과 같은 친북 좌파적인 포퓰리즘의 바람몰이에서 자유사회를 수호해 내기 위한 방벽으로 자유시민의 공화주의적 발상을 고려해 볼 가치가 있고, 지적 사상적 모색이 될 수도 있을 것이다.

Ⅳ. '형무소국가' 북한과 한국의 자유질서의 체제차이를 진보·보수의 구획기준으로 재단해서는 안 된다

오늘날 한국의 자유주의적 시장질서는 뜻하지 아니한 보수·진보의 냉전적 허위의식에 말려들어 자기의 정당한 입지를 재확인하지 못하고 있다는 일종의 정체성의 위기를 경험하고 있다.

8·15민족해방 후 남북분단의 한국현대사는 냉전기의 두 가지 체제의 두 가지 제도 실험장이 되었다.

한국자유주의 사관에서 보면 남한은 자유주의 지향의 체제선택으로 경제적 번영을 이룩했고 북한지역은 시장전폐의 스탈린주의를 강제 이식했다. 북한체제는 반자유주의의 강제사회인 '형무소'형 국가로 되는 인간지옥의 역사적 전시장이 되었다. 남한과 북한의 55년 역사적 체제경쟁은 자유주의와 시장경제의 승리로 그 승부가 났다.

이미 1990년을 기해 구사회주의의 해체는 자유시장경제의 승리를 확신시켜 주었고 좌파의 구체제 수구주의는 이미 진보의 담론을 내세울 수 있는 자격을 상실하게 된 것이다. 그런데 탈냉전 후 한국사회에서는 주로 대북 햇볕정책을 추진하는 과정에서 친북=진보와 반북=보수의 시대착오적 이분법이 나타나 일부 진보주의 패권은 자당자파이외의 모든 대한민국 수호세력을 싸잡아 '보수'로 몰아부치는 표퓰리즘으로 기왕의 지역감정보다 더 골이 깊은 이데올로기 정치를 재연시킨 감이 없지 않다.

객관적으로 남북한의 두 체제 간의 경쟁에서 우리 한국의 자유주의적 시장경제는 북한의 군사독재를 압도하는 자유주의적 질서의 성공이 분명해졌다. 더욱이 북한의 '반근대화'의 군사주의에 대해 한국의 '근대화' 경제번영은 '아시아의 4종'으로 아시아 후발개발국들의 비전이 되었다. 일례로 말레기시아식 'Look East' 정책은 주로 한국의 개발독재형 근대화의 모범을 따르자는 구호였다. 신중국을 비롯하여 후발개발국의 경제성장모델이었던 한국의 근대화 성공은 체제실패의 북한을 위해서도 갱생을 위한 새모델이 될 수 있다.

김대중 정권의 대북 햇볕정책도 북한의 개혁개방 유도를 표방한 점에서 시장적 자유주의의 북한전파를 의미하는 것이었다. 그러나 한국의 자유주의는 개발독재하에 경제적 번영을 일으킨 기본격인 원동력이 시민사회적 자유주의 시장시스템이었음을 인식·계몽하기를 게을리했다. 특히 통일문제에 대해서도 한국의 자유주의 세력은 남북한의 평화적 재통일 비전은 북한의 중앙계획·지령주의를 자유시장 경제로 유도하는 '민족통일 시장'의 선행임을 선명하게 내세워야 했을 것이다. 동서독 통일의 실마리가 화폐통일에서 비롯되었다는 것은 대단히 시사하는 바가 크다. 북한체제의 근간인 계획경제가 붕괴되고 '고난의 강행군' 기간에 척박한 북한경제 풍토에서 자생적으로 생긴 '장마당 자본주의'의 새싹에 대해 한국의 자유주의자들은 크게 주목하지 않았다. 동독 등 동유럽의 자유시민혁명은 북한땅에서 일어날 수 없었으나 그 동안 '고난의 행군'기를 그나마 간신히 연명하게 한 것은 자생적 암시장의 역할이었다.

남북한간의 쟁점이 된 '민족'의 담론에 대해서도 우리 한국은 민족

사적 정통성과 3·1독립운동 이래의 근대민족주의의 정통적 계승자인 대한민국의 헌법의 의미를 능동적으로 내세우지 못했다. 북한의 체제 실패는 55년 만에 되돌아볼 때 보수할 것은 기아와 경제파탄밖에 없게 되었다. 그러나 한국은 민주화와 경제번영에서 보수할 것이 북한보다 압도적으로 많았으나 한국의 보수주의는 마치 한국 55년에 보수할 가치가 없는 듯이 착각했다. 그 주된 착각의 원인은 근대화의 경제번영이 주로 정치적 독재의 산물이라 믿는 고정관념에 사로잡혀 한국의 시민사회가 이룩한 자유주의적 시장경제의 위력을 깊이있게 깨닫지 못한 때문이었다. 한때 여론조사에서는 '주관적 중산층'으로 자임하는 인구가 7,80%에 이른 적이 있다. 이 산업화에 의한 신중산층이 반독재 민주화의 저력이었다.

우리 한국에서는 '자유주의'는 맑스·레닌주의가 그의 계급주의적인 논변으로 격하시켰던 좌파적 통념인 '자본가의 경제적 자유'의 옹호 이데올로기라는 허구개념의 포로가 되어 자유주의적 시민적 가치관의 진보적 성격을 인식하지 못하는 사상적 빈곤에 빠져 있었다.

구사회주의의 좌파적 오류는 권력분산, 의회민주주의, 복수정당제, '법의 지배', 자유시장 시스템, 자유언론 등의 자유주의적 가치와 제도의 기반 위에서 진보적 이상을 실현하려고 하지 않고 자유주의적 자유를 질식시키고 시민사회적 전통을 압살한 데서 그 참담한 실패가 비롯된 것이다.

자유주의 전통의 기본가치인 개인의 자유권, 교환적 시장, '법의 지배', 비판언론 등의 중앙권력의 견제의 '작은 정부' 모델을 무시할 때 그런 자유주의적 토대가 없는 사회주의는 '조직'의 주의가 되고 '법치'가 아닌 1인 독재형의 '인치'의 수렁에 빠지게 됨을 우리의 한국현대사에서도 역사적 체험을 가지게 되었다. 북한체제가 55년 전 시민적 자유도 무시하고 시장없는 맑스·레닌주의를 채용한 결과, 민간의 시민사회가 말살되고 오직 군대조직만 남은 '선군'의 군사독재의 말로로 귀착되었다.

자유주의적 정치철학의 근간인 주권재민(主權在民)의 인민주권론에서 북한체제를 보면 일당독재의 자동조절 인형은 있으나 시민사회의 구성원인 국민이 없는 점에서 북한에는 주권자인 '인민'도 없고 당조직에서 독립된 시민사회의 토대가 아무 것도 없다. 이런 국민주권과 시민사회 없는 북한체제가 한국의 좌파패권의 유토피아적 대안인 듯이 관념 도착된 이념혼란은 햇볕정책에서 정부당국 배제의 '민간교류'의 허구를 연출해온 데서 기인하는 면이 적지 않다.

평화통일의 기본적 접근은 정치권력의 차원에 치중된 '조직'의 논리로서는 그 기반 다지기가 불가능하고 시민사회, 민간차원의 교류가 되어야 한다. 하이에크의 '조직'과 '자생적 질서'의 구분에서 우리는 '평화적 공존'이 '조직'의 논리로는 안 되고 두 개의 국민(Nation)간의 상호방문과 경제적 문화적 교류에서 남북한의 민족 각 개인의 자유선택권을 보장하여 시장적 경쟁원리에 맡기는 것이 평화적 공존과 평화통일의 기본적 정도이다. 적어도 이산가족 상봉, 우편교환, 인적교류에서 철저한 상호주의 원칙이 지켜지고 대북 경제지원에 대해서도 북한의 인권개선과 연계시켜 상호주의 원칙을 다시 살려나가야 할 것이다.

3·1독립운동의 기본기념은 민족자결주의였다. 우리의 헌법 전문에도 명문화된 3·1정신은 이와 같은 민족의 자기결정권의 선언이고 거기에는 개인의 자기선택, 자기결정의 자유주의 철학이 밑받침되어 있다. 3.1독립선언의 선언주체가 군왕과 같은 공권력이 아니라 민간의 '민족대표'였고 그 시민적 자유연합의 시민적 민권(民權) 대표의 성격을 가졌던 것이다.

미구에 대망되는 평화적 민족통일과 평화공존의 기본틀에 대해서도 다양한 개인들의 다양한 가치를 전제로 해서 서로 침해하지 않고 각자의 인생설계와 행복을 추구할 수 있는 '강제 없는 합의'의 게임룰을 존중하는 자유주의적 발상법이 남북한 관계개선에서도 대전제가 되어야 한다.

『정의론』을 내놓은 존 롤즈는 그의 '정치적 자유주의'와 복지지향적 리버럴리즘의 정의의 원칙을 도출하기 위해 '사고실험'의 가정적 방법을 내놓았다. 롤즈이론에 대항했던 리버타리안적인 노직(Nozick)의 자유주의 철학은 '다원적 유토피아의 틀'을 내놓고 구소련식 사회주의 국가형은 '유일 유토피아'의 허상을 강권으로 강제하는 유토피아 제국주의라고 비판했다. 노직은 '다양한 유토피아 공동체'의 다원적 틀을 '사고실험'으로 내놓고 거기에는 이스라엘의 깁츠(Kibtz)와 같은 공산주의적 공동체도 있고 자유주의 공동체도 있고 심지어 재즈 등 특정한 음악을 같이 즐기려는 공동체 등 유토피아는 다양하고 다원적인 틀이어야 한다는 것이다. 다만 그 어떤 공동체에서나 그 입퇴의 자유선택권이 보장되어야 한다. 그러면 경쟁원리에 따라 흥하는 유토피아도 쇠망하는 유토피아도 있게 된다는 자유주의적 자생적 질서의 발상에 기초해 있다.

반세기가 경과된 국토·민족분단 상태에 대한 자유주의적 해법도 남북한의 자유왕래와 거주지선택의 자유를 허용하고 경제적 민족통일시장의 예비과정으로서 먼저 노동시장부터 열어 북한지역의 동족에게 근로의 자유권을 보장한다면 평화로운 공존과 통일의 자생적 질서가 형성될 것이다. 이런 '다원적 유토피아'의 사고실험을 전제로 한다면 '허공의 유토피아'를 그리는 허위의식적 진보·보수논쟁은 끝낼 수 있다. 우리 자유민주적 질서에 반대하는 친북주의자들로부터 솔선해서 자유롭게 북한으로 이주할 수 있는 길을 열어주는 것이 한 방안이 될 것이다. 여기서는 상호주의적으로 북한공민 중에서도 남한체제로 이주해올 수 있는 거주선택권의 보장이 상호 이행되어야 할 것이다. 이런 발상은 이미 1961년 '베를린 장벽'을 쌓기 전에 공식절차로도 동독주민 약 4,50만 명이 서독으로 이주한 전례가 있다. 동독정권이 수립된 1949년 12만9천 명, 1950년 9만9천 명, 1951년 18만2천 명, 1953년에는 33만천 명이 이주했는데 이를 동독은 '공화국도망'(Republikfluck)이라 한다. 이 같은 서독에의 탈출을 막기 위해 동독은 '형무소국가'가 되었던 것이다. 동독출신의 반체제 작가인 베르벨 볼러는 '1,700만이 형무소에 갇혀있다'고 동독을 형무소국가라고 규탄했다. 동서독간에 '민족의 자유의사'만 상호보장했다면 거의 모든 동부독일 주민이 서독을 선택했을 것이다.

'형무소국가'인 북한과 한국의 자유질서의 차이가 진보·보수의 구획기준이 되고 있다면 이는 대단히 우스꽝스러운 이념적 착각이 아닐 수 없다.

한국 내의 진보주의 패권은 냉전형 이데올로기의 낡은 발상을 버리지 못하고 구사회주의 몰락 후에는 진보의 유토피아를 잃고 불행하게도 마지막 남은 좌파 파시즘 북한에 대한 친북정서로 대단히 치명적인 친북＝진보의 함정에 빠져 허덕이고 있다. 이는 한국진보주의의 사상적 빈곤의 업보이다. 바로 이 함정의 대실책을 온 국민이 깨우치게 하여 한국의 자유질서와 자유시장경제의 수호를 위해 모든 국민의 힘을 모아야 할 것이다.

1980년대 이래 한국운동권에서는 독일의 친북주의 통일론의 '내재적 접근'의 궤변이 유행했다. 이 '내재적 접근'은 북한에 대한 반공주의적 편견을 버리고 북한 자체의 내재적 가치를 북한의 논리만으로 이해하라는 것이다. 그러나 북한 체제는 민간사회가 없어 북한사람들과의 커뮤니케이션도 자유언론도 없는 일당지령의 '조직'이다. 결국 '북한'에 대한 '내재적 접근'은 김 부자의 담화와 북노당의 교양·선전문서를 그대로 믿으라는 북노당 대변론에 불과하다.

만일 남한에 대한 ‘내재적 접근’을 한다면 시민사회도 있고 자유언론도 있어 참다운 내재적 접근에 열려 있다. 오히려 남한에 대한 내재적 접근은 경제 번영을 일으킨 박정희 개발 독재와 그 후의 경제번영의 합리화에서 큰 위력을 발휘할 것이다. 친북좌파의 북한 ‘내재적 접근’의 허위의식은 아직도 구사회주의 해체의 근본원인을 외면한 대남통일전선전술의 하수인의 ‘대남공작’의 레토릭에 불과하다는 정체가 드러났다.

한국의 보수주의는 정치권력, 기득권 등의 ‘정치악’에 편중된 정치권력·정권사적인 역사관에 사로잡혀 소위 ‘반독재민주화’의 구호 앞에서 대한민국 55년의 현대사에서 크게 이룩해 놓은 보수할 가치를 제대로 찾아세우지 못했다. 그러나 한국 보수주의가 중앙권력과 시민사회의 자유주의적 이분법에서 대한민국 55년의 시민사회적 보수가치를 찾는다면 자유사회의 시민의식, 경제적 번영의 시장경제적 성공, 특히 신흥공업국가로서 개발도상국의 모범이 된 한국의 국제적 위상과 개선된 코리아의 이미지 등 보수할 가치가 너무 많다. 한국 현대사에 대한 시민사회적 자유주의의 역사관의 안목으로 대한민국 55년을 다시 본다면 한국의 진보·발전기반이 그 동안 축적된 시민사회적 자유질서의 성공적 유산임을 재인식할 수 있을 것이다. 특히 기업경영의 노하우와 글로벌 세계에서 그 동안 수출입국 정책에서 체득한 마케팅 등의 기업가정신의 거대한 유산은 북한체제와 비교가 안 되는 한국의 국보적 가치이다. 진보주의의 ‘개혁’도 이와 같은 대한민국의 자유주의적 자생적 전통에 기초하지 않는 ‘허구의 유토피아’의 미신에 사로잡혀 있는 한, 아마추어리즘의 ‘슬로건’ 동원주의로 다시 이 나라를 퇴보시킬 ‘위기’를 조성하게 될 것이다. 한국 현대사에 대한 자유주의 사관의 정립이 시급해졌다.

1960년에 유엔통계에서 우리 한국은 연간 개인소득 80달러의 최빈

국이었다. 이런 가난하고 후진된 나라를 개인소득 1만 불의 선진국 문
턱까지 진보·약진시킨 대한민국의 성공적 가치와 제도에 대해 이제는
그 위업과 위력을 아무도 부정할 수 없게 되었다. 이 위력과 위업을
제대로 설명, 해석할 수 있는 것은 '정치악' 편중주의 정치권력 사관이
아니라 자유민권, 시민사회, 시장경제 성장에 중점을 두는 자유주의
사관의 몫이다. 진보주의의 '개혁'은 이 대한민국 55년의 성공적 위업
을 전면 부정하는 과거 허무주의의 좌파 미신만을 전파시켜온 자유주
의 시민사회 가치관의 반대과에 불과하고 보수할 가치를 못 가진 정신
적 정책실천적 경험빈곤으로 인해 르쌍치망만을 키워온 데서 그 한계
가 드러나기 시작했다고 보여진다.

한국 자유주의 전통은 '근대화' 정책의 한계에서 생긴 국제적 기업
경쟁력, 고용문제, 노동문제, 소득구조의 악화, 청년실업, 청소년 범죄
등의 새로운 정책과제에 대한 자유주의의 한국적 해법을 찾기 위한 다
원적인 싱크탱크시스템의 개발에서 신세기한국의 각종 경제, 사회적
문제의 해결에 성공적인 게임룰의 개발에서 다시 그 위력을 되찾아야
할 것이다. 신용카드의 350만 신용불량자 양산은 시장질서의 기반인
'신용'의 덕목을 타락시켜 반자유주의 정서의 온상이 되게 했다.

쿤의 패러다임론의 '정상과학'에서는 그 패러다임 안에서 '당신의
패러다임이 자연과 조화를 이루도록 진지한 노력을 게을리 하지 말라'
고 충고했다. 문제가 해결되지 않을 때, 패러다임이 틀린 것이 아니라
그 기틀에서 올바른 '퍼즐풀이'가 안 된 것이라고 반성하라고 권고했
다. 퀴즈 등 퍼즐에는 반드시 정답이 있는 것과 같다. 자유주의적 시
민사회와 시장경제의 패러다임에서 문제해결의 정답을 못 찾는다면 그
패러다임을 탓하지 말고 자기의 착오, 오류 등의 잘못이요 능력부족이
라고 자성하라는 뜻이 된다.

쿤의 패러다임은 우리말로 '모범예' 또는 '모범적 해법'의 기본틀이

라고 의역할 수 있다. 따라서 패러다임은 합리적인 이론, 가설, 연구방법뿐만 아니라 실행과 수련의 과정에서 몸으로 터득하는 임상수련에서와 같은 체험적인 노하우도 포함되어 있다. 사회·경제·행정분야에서는 합리적 이론지(理論知)보다 현장인의 '현장지'를 존중하는 데서 진보주의적 아마추어리즘이 극복되기 때문이다.

자유주의 패러다임에 대한 대안인 듯이 거창하게 등장했던 구사회주의의 '진보' 허위의식은 패러다임 전환에 실패했다. 우리 한국의 자유주의의 게임룰은 우리 한국의 경제적 번영의 성공을 가져다 주었다. 이 자유주의 패러다임 내에서 온갖 문제해결의 정답을 찾아야 하고 그 대안이 되는 데 실패한 구사회주의 '개혁' 정서에 대한 미련을 버려야 한다. 우리 한국 55년의 자유질서 안에서 모든 과제의 정답을 찾으려는 노력을 게을리해서는 안 될 것이다. 토목수는 그가 명장인이라면 연장을 탓하지 않는 것과 같다고 할 것이다.

하이에크가 그토록 자유주의의 시장원리를 탐구하는 데 온 정력을 쏟은 근본목표는 경제번영보다는 자유사회와 시민사회의 자유수호였음을 잊어서는 안 될 것이다.

최근 우리 경제의 현황과 과제

이규황
(전국경제인연합회 전무)

Ⅰ. 최근 우리 경제의 상황

1. 2003년 경제실적

지난 해는 참여정부의 출범으로 희망과 기대가 컸던 한 해였다. 그러나 우리 경제는 여러 불안 요인들로 인해 불확실성이 늘어나면서 기대에 못 미치는 실적을 보였다. 대외적으로는 세계경제 침체, SARS, 미·이라크戰, 북핵 문제 등 우리 힘만으로는 통제하기 어려운 사건들이 연이어 발생했다. 대내적으로는 잦은 政爭, 정치자금 수사, 과격한 노사분규, 카드채 문제, 각종 이해 집단 간 대립과 사회갈등 등으로 대형 국책사업들이 중단되는 등 어수선한 한 해였다.

연구기관들의 전망을 보면 지난해 우리 경제는 2%대의 성장을 한 것으로 추정된다. 2%대 경제성장률은 정치적 변혁기였던 1980년(△2.1%)과 IMF 외환위기 때인 1998년(△6.7%)을 제외하면 1962년에 경제개발을 시작한 이후 가장 낮은 수치다. 올해도 경제가 회복되리라는 기대감은 있으나 잠재성장률을 밑도는 5% 안팎의 성장이 전망되고 있다. 기업의 투자 부진으로 성장잠재력은 지속적으로 위축되고 있다. 이러한 가운데 올해도 성장이 5%를 밑돌면 2년 연속 잠재성장률을 하회하게 되는 것이다. 5% 안팎의 성장은 1980년 이후 경기회복 초기의 평균 성장률인 7.7%보다 낮은 수치다.

현재 우리 경제는 제7경기 순환기의 수축국면에 있다. 한국은행 등 일부에서는 경기가 저점을 통과했다는 낙관론을 제시하고 있다. 그러나 공식 통계로는 2000년 10월부터 지난해 말까지 39개월째 경기 수축국면이 진행되고 있다. 이는 1972년 이후 가장 장기간이다. 1~6순환기의 평균 경기 수축기간은 19개월이었다. 따라서 지금 우리 경제는 과거보다 2배나 긴 침체에 빠져 있는 것이다.

지난해 우리 경제는 소비가 침체되고 투자가 부진한 가운데 수출에만 의존한 외다리 성장을 했다. 민간소비의 경우, 2/4분기에 2.2% 감소하여 1998년 4/4분기(△9.2%) 이후 18분기 만에 마이너스 성장률을 보였다. 국민의 정부 이후 누적된 가계버블의 후유증과 경기침체 장기화로 소비심리가 크게 냉각되었기 때문이다. 실제로 2002년 민간소비 증가율(6.8%) 중 소득의 기여율은 35.3%인 데 반해 가계부채의 기여율은 57.3%에 이른다.

기업의 투자부진으로 투자의 성장 견인력이 크게 약화되었다. 설비투자는 지난해 2/4분기에 0.8% 감소하여 2001년 4/4분기 이후 15개월 만에 감소세로 전환하였다. 1996년의 설비투자 규모는 61조 원(1995년 불변 기준)이었으며, 2002년도 61조 원이다. 따라서 지난해 투자가 부진했던 점을 감안하면 우리나라의 설비투자 규모는 8년째 답보하고 있는 것이다. 이와 같이 지속된 투자 부진으로 잠재성장력을 좌우하는 자본스톡(유형고정자산)은 1999년 "0"%로 떨어진 후 2001년부터는 마이너스로 전락하였다. 한편 노동생산성을 상회하는 임금 상승으로 기업의 경쟁력과 경제의 잠재성장력은 크게 훼손되고 있다 1999년부터 2002년까지 제조업의 노동생산성은 연평균 5.5% 증가한데 반해 시간당 명목임금은 두 배 수준인 10.4%나 상승했다.

지난해는 수출이 호조를 보였으나 침체된 소비나 투자를 견인하지는 못했다. 이는 불안심리 확산으로 국내·외 경제간 디커플링 현상이 심화되고 내수침체가 景氣보다 가계부채 등 구조적 요인에서 비롯되었기 때문이다. 오히려 수출호조에도 불구하고 교역조건은 악화되었다. 수출 채산성이 떨어지면서 실질무역 손실은 확대되고 국민총소득(GNI)은 오히려 감소하였다.

산업간·부문간 양극화 현상이 심화된 것도 지난해 우리 경제의 특징 중 하나다. 생산의 경우 중화학 공업은 증가하였으나 경공업은 감소했다. 출하는 수출용 제품이 증가한 반면 내수용 제품은 감소하였다. 내구재 소비와 백화점 등 고급매장의 판매는 감소한 반면 대형할인점을 중심으로 한 非내구재 소비는 상대적으로 호조를 보였다. 투자의 경우 설비투자가 극심한 침체를 보이는 가운데 건설투자는 꾸준한 성장세를 이어 갔다.

하반기 들어서는 유가와 원자재 가격이 급등하면서 경상수지와 물가 상승에 대한 우려의 목소리가 높아지고 있다. 지난해 9월까지 안정세를 보이던 유가가 OPEC의 감산결정(9·24) 이후 급격한 상승세를 보였다. 두바이유 가격은 2002년 12월 배럴당 25.8달러에서 지난해 12월에는 28.1달러로 올랐다. 국제유가의 급등은 수입단가를 상승시켜 경상수지와 물가에 직접적으로 악영향을 초래한다. 2002년 원유 도입량이 8억 300만 배럴이었음을 감안할 때 유가가 1달러 오르면 8억 300만 달러의 수입이 늘어난다. 따라서 경상수지 악화가 우려되고 있는 상황이다. 또한 원유가격이 1% 오르면 요소가격 상승으로 이어져 생산자물가가 0.4% 인상된다. 최근에는 수입이 환율 및 국제유가 상승 등 수입단가의 상승으로 증가폭이 확대될 조짐을 보이고 있다.

2. 2004년 경제전망

올해는 미국을 비롯해 세계경제가 회복세를 보일 것이라는 전망이 우세하다. 중국경제의 호황세는 당분간 지속될 것으로 예상된다. 그리고 일본과 EU경제가 되살아나 세계경제의 활력으로 작용할 것으로 보인다. IT 경기 전망도 밝은 편이다. 다만 미국이 대통령 선거 과정에서 자국의 경상수지 적자를 개선하기 위해 달러화 약세 정책을 선택한다면 중국, 일본 등 아시아 통화가 심한 변동성을 보일 가능성을 배제할 수 없다. 또한 2005년 1월 1일로 마감되는 WTO의 DDA 협상이 올해 본격적으로 진행될 예정이어서 국가간 이해관계의 대립과 갈등이 심화되고 새로운 세계경제의 체제에 대한 불안감이 고조되는 한 해가 될 것이다.

대내적으로는 정부가 트자활성화와 일자리 창출을 위한 전방위 노력을 강화할 것으로 예상된다. 이미 정부는 올해 경제정책의 중점 목표로 투자활성화를 통한 일자리 창출(①투자활성화, ②일자리 창출, ③금융시장 안정, ④서민생활 개선)과 성장잠재력 배양 및 경쟁력 강화(①성장잠재력 확충, ②경제 시스템 선진화, ③사회 통합적 노사관계, ④대외개방과 협력 강화)로 선정하였다. 위기에 직면한 우리 경제의 회복을 위해서는 매우 바람직한 것으로 평가한다. 지난해 추경편성의 효과, 이라크 파병, 경부 및 호남 고속철 개통(4월) 등에 따른 경제적 효과도 기대된다.

그러나 대선자금 수사의 확대 및 장기화, 재신임 정국과 총선 등 정치 일정이 경제회복에 부담으로 작용할 가능성이 높다. 현재 진행중인 정치자금 수사를 조기종결 하는 등 정치환경의 불안요인을 해소하고 정치가 경제에 미치는 영향을 최소화하도록 제도화하는 것이 올해 경제회복의 최대 관건이 될 것으로 보인다. 특히 올해는 17대 총선(4·15)이 예정되어 있다. 총선을 전후하여 이익집단들의 제몫 찾기가 두드러지면서 정치 불안이 지속된다면 4~5%대의 경제성장을 달성하기 어려울 수도 있다.

이미 높은 가계부채 부담으로 소비여력이 크게 축소된 가운데 강도 높은 부동산 대책 등이 소비를 제약해 내수 침체가 지속될 가능성도 크다. 아울러 북핵 문제도 6자 회담이 지연되면서 긴장국면으로 전환될 가능성이 여전하다. 최근 유가를 비롯한 국제 원자재 가격의 상승 추세도 심상치 않다. UR 쌀수입 재협상, SARS, 조류독감, 광우병 등 국제적으로 이해관계가 얽힌 돌발적 변수들도 만만치 않은 상황이다 7월부터 실시하기로 한 주5일 근무제, 외국인 고용 허가제 등 경영여건과 근로환경의 변화가 우리 경제에 어떠한 영향을 미칠지도 의문이다. 경우에 따라서는 세계경제의 회복에도 불구하고 우리 경제는 지난해와 같은 침체가 장기화되면서 2~3%대의 저성장에 머물 수도 있다.

국내외 주요 연구기관들은 올해 우리 경제가 5% 안팎의 성장을 보일 것으로 예상하고 있다. 수출 호조세의 지속 여부와 내수부진의 강도가 경제 성장률을 결정할 중요한 변수로 작용할 것이다.

세계경제의 회복으로 수출이 두 자릿수 증가를 지속하고 수출수요가 늘어나면서 내수촉진으로 이어질 경우 5% 이상의 성장률을 달성할 수 있다.(한국은행 5.2%, LG硏 5.1%, IMF 5.4%) 수출은 지난해 말 현재 7개월 연속 두 자릿수 증가율, 4개월 연속 20% 이상의 증가율을 보이며 호조세를 유지해 왔다. 이와 같은 수출 호조세가 생산활동으로 이어지면서 가동률은 제고되고 수출기업의 투자와 고용증가가 예상된다. 또한 수출수요가 증가하면서 교역조건 개선으로 실질소득이 증가하면서 완만하기는 하나 소비가 회복세로 전환될 수도 있다.

반면 국제 금융시장의 불안정으로 환율의 변동성이 심화되고 원자재價가 고공 행진을 지속하면서 지금과 같은 수출 호조세 유지가 어려울 수 있다. 수출이 호조세를 유지한다고 하여도 앞서 설명한 구조적인 요인 때문에 내수로의 연계가 제한적으로 나타날 수도 있다. 이 경우 5%대의 성장이 불가능해 진다.(삼성硏 4.3%, 한국경제硏 4.8%, KDI 4.8%) 11월 대선을 의식하고 있는 부시 행정부는 대규모 경상수지 적자(2004년 5,800억 달러(GDP대비 5.1%), IMF)와 재정적자(4,750억 달러(GDP대비 4.2%), 백악관 예산실) 부담으로 달러화 약세를 선호할 것으로 보인다. 연중 달러화 약세가 지속되고 2003년 높은 수출 증가율에 따른 기술적 반락으로 올해 수출 증가율은 지난해보다 둔화될 가능성이 높다. 소비 침체의 근본적인 원인이 가계의 유동성 제약, 고용불안 등에 있는 만큼 수출증가에 의한 실질소득의 개선이 나타나더라도 소비증가로 이어지는 데 한계를 가질 수밖에 없다. 그리고 투자도 IT 기업들을 중심으로 침체국면이 완화될 수는 있으나 노사관계 악화, 정치불안정 등으로 본격적 투자확대가 지연되면서 전년도 투자부진을 보전하는 수준에 그칠 가능성이 크다.

II. 최근 우리 경제의 어려움에 대한 평가

우리 경제가 성장잠재력을 상실해 가면서 장기침체에서 헤어나지 못하고 있는 원인은 무엇인가? 수요 측면과 공급 측면으로 나누어 설명할 수 있다.

먼저 수요 측면에서 볼 때 소비 여력의 고갈을 가장 큰 요인으로 꼽을 수 있다. 그 동안의 소비 증가는 소득 증가보다는 부채라는 버블에 의해 가능했다. 국민의 정부 당시 현금서비스 한도 폐지(1998. 4), 소득공제 도입(1999. 9) 등은 외환위기 후 기업대출을 기피하던 금융기관들로 하여금 가계대출을 확대하는 계기를 제공하였다. 가계대출 장려정책에 의한 내수 진작책이 소비구조에 버블을 형성한 것이다. 지난해 3/4분기 가계브채는 사상 최대규모인 439조 9,481억 원으로 가구당 빚이 2,921만 원에 이르렀다. 명목소득의 증가에도 불구하고 가계부채가 급증하면서 부채규모가 순가처분소득을 초과하게 되었다. 가계부채의 구조도 나빠져 상호신용금융과 새마을금고 등 신용협동기구의 대출이 큰 폭으로 증가하였다. 신용불량자 수도 지난해 11월 말 365만 명을 상회하는 등 가계의 도산 확률이 급속히 높아지고 있다. 무분별하게 가계신용을 늘렸던 금융기관들은 이제는 대손충당금 적립비율을 상향조정하는 등 신용리스크를 강화함에 따라 가계부실은 더욱 확대되었다. 경기침체가 장기화되어 가계의 빚 상환능력이 현저히 저하되고 미래소득에 대한 불안감이 고조되면서 소비심리가 크게 냉각되었다. 경기회복이 얼어붙은 소비심리를 되살리는 데 효과가 있겠지만 이처럼 소비구조의 버블이 근본적으로 해소되지 않는다면 본격적인 소비회복 시기를 단정하기 어려운 상황이다.

두 번째는 기업들의 투자심리 냉각이다. 투자부진도 소비와 마찬가지로 구조적 요인에 기인한 바가 크다. 물론 경기침체에 따른 투자수요 감소가 투자부진의 가장 큰 요인임은 틀림이 없다. 내구재 소비의 포화, 소비위축으로 인한 생산 활동 둔화로 신규 투자에 대한 유인이 크게 감소하였다. IT 경기가 침체하면서 정보화 투자도 부진하다. 실제 정보통신상품에 대한 투자는 2000년 14.5%에서 2002년에는 △1.3%, 2003년 상반기 중에는 △5.4%로 감소폭이 확대되어 왔다. 대다수의 기업들은 경기회복세가 뚜렷해질 때까지 투자를 유보하고 관망세를 유지하고 있다.

경제전문가들은 투자부진의 요인을 산업 및 경영 구조적 문제에서 찾는다. 기존 주력 업종은 공급과잉 상태이고 차세대 신성장 산업에 대한 투자는 아직 본격화되지 않아 마땅한 투자처를 찾지 못하고 있다. 경제개발 시대에는 철강, 석유화학, 조선 및 반도체 산업이, 1990년대 이후에는 전기전자, 통신 등 IT 산업이 설비투자를 선도하였으나 이들 주력 산업은 대부분 공급과잉 상태를 보이고 있다. 그리고 정부가 10대 차세대 성장동력 산업을 선정한 바 있으나 아직 본격적인 투자를 기대하기는 시기상조다. 외환위기 이후 경영 패러다임의 변화도 투자부진을 부추겼다. 과거의 차입경영, 외형위주 경영에서 탈피하여, 내부자금 중시, 수익성 위주의 경영으로 바뀌면서 중장기적 투자를 등한시하는 경향이 나타났다. 아울러 기업 지배구조가 오너 경영체제에서 전문 경영체제로 전환되면서 기업가들이 위험을 기피하는 경향이 현저하게 나타났다. 단기실적 위주의 평가와 전문경영인 체제 하에서는 과거와 같이 대구모 투자를 적극 추진하는 진취적 기업가 정신을 기대하기 곤란해졌다.

중국 등 경쟁국에 비해 열악한 기업 환경은 중장기적으로 국내투자를 제약하는 가장 큰 걸림돌이다. 구체적으로 보면 대립적 노사관계, 과도한 규제, 높은 지가와 공장분양가 및 물류비용 등이 그것이다. 이러한 요인들은 국내기업 및 외국인의 국내 투자를 저해할 뿐만 아니라 국내 기업을 중국 등으로 이전시켜 제조업 공동화를 가속화시키는 요인으로 작용하였다. 일례로 2002년 IMD 보고서에 의하면 노동시장 유연성과 노사관계 부문에서 우리나라 국가경쟁력은 각각 35, 47위로 중국(23, 38위)에 비해서도 뒤지고 있다. 또한 공단부지 가격은 중국, 인도네시아, 인도 등 후발 개도국에 비해 평균 3~10배, 국내 평균 공단분양가는 149달러/㎡로 중국 현지공장의 35달러/㎡에 비해 4배 이상의 고가 수준이다.

세 번째는 최근 호조세를 유지하고 있으나 수출도 구조적인 문제를 가지고 있다는 것이다. 우리나라 수출의 구조적 문제는 몇몇 품목, 몇몇 지역에 대해 지나치게 편중되어 있다는 점이다. 지난해를 기준으로 전체 수출에서 미국, 일본, 중국 등 주요 3국에 대한 수출이 차지하는 비중은 44.7%로 1999년의 41.1%에 비해 크게 증가하였다. 따라서 집중 수출지역인 이들 3개 국가의 경기에 따라 우리나라의 수출 실적은 크게 영향을 받을 수밖에 없다. 주력 수출품목에 대한 편중현상도 심화되었다. 5대 주요 수출품목의 비중은 1990년 35.2%에서 지난해에는 43.7%로 증가하였다. 수출 대상국 및 품목에 대한 편중현상과 더불어 개도국 도전, 선진국의 통상압력, 신규 수출 전략산업의 부재 등은 우리 수출이 안고 있는 심각한 구조적 문제로 지적되고 있다. 특히 최근 달러화 가치하락에 따른 각국 통화의 경쟁적 평가절하 가능성은 수출전망을 더욱 불투명하게 하고 있다.

공급 측면에서는 먼저 잠재성장률의 지속적 하락으로 성장능력이 크게 약화되었다는 것이다. 1981～1990년중 우리나라의 잠재성장률은 연평균 7.5%였으나 2001～2003년에는 4.8%로 하락하였다. 한국은행에 의하면 현재의 추세가 유지될 경우, 2015년 이후에는 잠재성장률이 3%대로 추락하여 선진국 진입이 매우 힘든 상황에 직면하게 될 것으로 전망된다. 설비투자 침체와 인구증가율 둔화로 자본과 노동의 투입량이 둔화되고, 기술혁신을 통한 생산성 향상이 미흡했기 때문이다.

두 번째로 수익성이 악화되면서 기업의 경쟁력이 훼손되고 있다. 한국경제의 대표적 기업군인 상장사와 코스닥사의 2003년 상반기 순이익은 각각 전년동기 대비 △35.5%, △90.3%로 급락하였다. 내수 침체 속에 대내외적인 경영환경 악화가 주요한 요인이다. 제조업은 반도체 등 IT업체들의 부진이, 금융업은 카드회사들의 실적 악화가 특히 심하게 나타났다. 이러한 실적 부진은 투자축소로, 투자축소는 다시 경쟁력 약화로 이어지면서 악순환의 고리를 형성하는 것이다.

그 밖에 기업가 정신의 위축과 사회혼란 심화도 경제를 위기상황으로 몰고 간 한 요인으로 지적될 수 있다. 뿌리깊은 반기업적, 반시장적 국민 정서가 사회 전체에 팽배하면서 기업 하고자 하는 의욕과 도전적인 기업가 정신을 위축시키고 있다. 건전한 富의 축적과 성공한 기업인이 존경받는 사회적인 공감대 형성이 미흡하다. 이러한 기업의욕의 저하는 최근 부도업체 수와 신설업체 수를 비교하면 확연히 드러난다. 8대 도시 부도업체 수 대비 신설법인 수 배율이 2002년에는 19.8배였으나 지난해 11월에는 11.9배로 크게 하락하였다.

또한 아직도 정치사회적 논리가 경제논리를 지배하고 있으며, 집단이기주의에 의해 경제운용이 왜곡되는 현상이 빈번하게 발생하고 있다. 경기부양 대책, 기업정책, 대형 국책사업 추진 등 경제전반에 막대한 영향을 미치는 경제정책이 여러 차례 번복되거나 이미 발표된 계획이나 추진중인 사업이 백지화되는 사례가 많았다. 노조의 경영참여, 임금 인상 등 노동계의 요구는 상시화되고, 노사정 협상은 부진하여 노사관계 불안이 지속되고 있다. 이러한 요인들이 복합적으로 작용하면서 우리 경제는 어려운 상황에 직면하고 있다.

Ⅲ. 정책과제

경제회복을 위해서는 경제주체의 불안심리를 해소하는 것이 무엇보다 시급하다. 정치자금 수사를 조속히 마무리해야 한다. 정치자금 수사가 경제에 미치는 영향을 최소한으로 줄이기 위해서는 정치자금의 등급에만 수사를 전념하여 빠른 시일 내 수사를 마무리지어야 한다. 아울러 새로운 정치자금 제도를 마련하여 더 이상 정치 문제가 기업경영 활동에 영향을 주지 않도록 해야 한다. 분식회계에 대하여는 특단의 배려로 지난 불법행위에 대하여 정상적 회계처리가 가능하도록 해야 할 것이다. 그리고 기업과 정부, 그리고 국민 모두가 위기의식을 느끼고 경제회생을 위해 공동의 노력을 기울여야 한다는 데 공감대를 형성해야 한다.

둘째, 설비투자와 고용의 주체인 기업인의 기를 살리는 것이 중요하다. 대통령께서 직접 기업인들을 만나고 산업현장을 둘러보며 경제활성화와 민생안정에 대한 실천의지를 보이는 것이 경제계의 사기 진작에 도움될 것이다. 사회 전반의 반시장·반기업 정서를 일소하고 기업가 정신을 고취하는 것도 중요하다. 급속한 경제성장 과정에서 제기되었던 정경유착, 나눔의 사회공헌활동 부족 등으로 국민들에게 반기업 정서가 만연되어 왔다. 최근에는 정치자금 수사로 대기업에 대한 일반 국민의 인식이 더욱 악화된 상황이다. 정경유착, 내부거래 등 기업 지체의 책임 외에 정치자금 요구, 정권 교체시마다 반복되는 기업인에 대한 사정도 기업에 대한 부정적 인식을 확산시키는 요인이다. 반기업 정서는 기업인의 투자의욕을 저해하여 기업 경쟁력 약화는 물론, 자본주의 체제의 심각한 위협요인이 되고 있다.

셋째, 기업의 투자를 촉진하기 위한 여건을 조성하는 것이 시급하다. 기업이 금융시장을 통해 투자자금을 원활하게 조달할 수 있도록 주식시장을 활성화해야 한다. 동일인 및 동일계열에 대한 신용공여 한도제를 일원화하거나 신용한도를 상향 조정할 필요가 있다. 법인세율을 선진국 수준으로 낮추고 투자에 대해 각종 세제혜택을 확대하여 기업의 조세부담을 경감함으로써 투자여력을 확보할 수 있도록 해 주어야 한다. 이와 함께 경제가 가시적인 회복조짐을 보일 때까지 사회갈등과 논란의 여지가 많은 기업정책은 논의를 유보하는 것이 바람직하다. 예를 들어 출자총액제한 제도는 집단소송제가 도입되어 제도를 존치하는 의미가 크게 줄어들었으므로 제로베이스에서 재검토가 요청된다. 수도권 규제도 과감히 완화하여 지식기반 산업·첨단 업종 등의 입지를 허용하는 것이 마땅하다.

넷째, 법과 원칙에 입각한 선진적인 노사관계를 확립하고 고용시장에 대한 안정책을 마련해야 할 것이다. 실업률 증가, 청년실업 문제 등은 노동시장의 경직성에서 비롯되었다. 따라서 인력조정, 근로시간, 임금 등 노동시장의 유연성을 확보하기 위한 대책이 필요하다. 노동시장의 유연성 확보를 통한 인력 수급의 원활한 신진대사가 이루어질 때 청년 실업문제를 해결할 수 있을 것이다. 구조조정에 필요한 해고나 부서 이동이 너무 어렵고, 노조의 교섭력이 너무 커서 임금이 생산성을 넘게 인상되며, 정규직 근로자는 지나치게 보호되고 있다. 이에 따라 기업들은 사람을 채용하는 것을 두려워하여 신규인력의 채용보다는 설비투자를 선호하고 있다. 그 결과 새로이 채용되려고 하는 근로자,

특히 청년층의 취업 기회를 줄여 경제전체의 채용규모를 축소하게 된다. 참고로 미국은 해고에 대한 제한이 없고, 독일은 노동시장이 경직되어 이를 바꾸려고 계획중이다. 대기업이 인력운용이나 고용조정을 쉽게 할 수 있도록 해야 한다. 경영상 필요가 있을 때는 고용을 조정할 수 있도록 하고 기업을 인수·합병할 때 근로자를 100% 승계하는 의무를 완화해야 한다. 또한 비정규직 근로자 계약기간을 3년 이상으로 연장하고 파견 근로자의 직종도 대폭 늘릴 필요가 있다. 이와 함께 교육·훈련시장의 대폭적인 개방을 통하여 수요자 중심의 시장기능을 강화하고 신규인력의 시장 적응력을 제고해야 한다.

다섯째, 중장기적으로 인천항, 광양항, 부산항을 물류거점으로 집중 개발하는 등 동북아 물류 중심지 구축에 집중해야 한다. 이를 위해서는 관련법과 제도를 정비하고 노후된 시설 개체와 첨단의 새로운 인프라 시설을 대폭 확충해야 한다. 다양한 유통센터와 대내외 연결망을 확보하고 범정부 차원에서 대표적인 외국기업을 유치하는 노력을 강화해야 할 것이다. 아울러 인천공항, 부산항, 광양항 등 물류지역 내에서는 노동의 유연성 및 노사관계의 안정, 외국인 거주자를 위한 교육제도의 개선, 물류 전문인력의 양성, 조세체계의 개선 및 외국인의 거주환경의 개선 등 서비스 관리체제를 개선해야 할 것이다. 물류 중심지는 장기적으로 비즈니스 센터의 기능을 가질 수 있도록 주요 해외 금융기관의 유치를 통해 금융허브화로 확대·발전시켜야 할 것이다.

마지막으로 한-미 BIT 등의 조기타결과 한·칠레 FTA의 비준, 한-중-일 FTA 추진을 통해 성장잠재력을 확충해야 할 것이다. GDP의 70%를 무역에 의존하고 있는 우리나라는 FTA 체결을 통한 수출시장 확대가 국민소득 2만 불 시대를 실현하기 위해 꼭 필요하다. 우리 경제의 대외신인도를 제고하여 외국인 투자 확대와 고용창출 효과도 기대된다. 따라서 우리 기업의 수출시장 확대와 향후 개방일정을 차질

없이 추진하기 위해서는 한-칠레 FTA법안이 빠른 시일 내에 통과되어야 한다. 경제계도 개방의 당위성과 경제적 효과를 홍보하여 국민적 컨센서스를 모으는 데 최선의 노력을 기울여야 할 것이다. 정부도 주요 교역국을 대상으로 과감한 개방일정을 수립·추진해야 할 것이다.

독일의 노동조합과 노동시장의 과격성

민경국
(강원대 교수, 경제무역학부)

I. 머리말

독일경제는 만성적이고 장기적인 높은 실업을 그 특징으로 하고 있다. 1970년대 이전에는 0.7%이었던 실업률이 1970년대 중반 이후에는 3.9%로 급격히 상승했다. 1980년부터 2000년까지는 8%, 2001년 이후 10.4%, 2003년 현재는 12%에 육박하고 있다.

이런 높은 실업과 나란히 노동시장의 경직성도 매우 높다. OECD 국가 중에서 가장 높은 수준이다.[1] 노동비용도 역시 세계에서 가장 높다[2]. 반면에 연간 노동시간은 세계에서 가장 적다.[3] 그 뿐만이 아니다! 복지예산은 GNP의 34%이다(Siebert 2002: 138쪽). 평균 소득의 60% 중, 40%는 사회보험료, 20%는 조세로 납부한다.

이런 실업의 원인은 무엇인가? 그 원인은 노동조합, 노동시장 그리고 복지제도의 3자 관계에서 찾아야 한다는 것이 이 글에서 밝히고자 하는 핵심주제이다. 그 세 가지 요소들이 어떻게 상호 작용하여 실업을 야기하고 있는가?

이 문제에 대한 해답은 이렇다. 즉, 독일에서 가장 강력한 이익단체는 중앙집권적 노동조합이다. 노동조합은 노동법원의 지원을 받으면서

---

[1] 노동시장의 유연성이 세계에서 최하위권을 차지하고 있다는 것은 이미 입증된 사실이다. 경제협력개발기구 OECD 회원국 중 17개국의 노동시장 자유도를 평가한 미국의 격주간 경제지 『포브스인터넷』의 최근 판을 보아도 잘 알 수 있다. 의무휴가일수, 노조활동범위, 장기실업률, 노동법 등의 네 가지 기준을 토대로 하여 작성한 결과를 보면, 독일(30.49)은 17개국 가운데 이탈리아(36.40) 다음으로 하위권에 머물러 있다. 미국(4.55)과 캐나다(4.55)가 단연 우세하다.
[2] 2000년 서독 제조업 분야의 시간당 노동비용은 25.81(노임 14,23, 비노임 비용, 11.58)유로이다. 프랑스 18,26(9,46:8.80), 미국 22.81(15,57:6,24), 영국 18.8(13,11:5,69)유로.
[3] 노동일수는 유럽적 현상이기는 하지만 미국과 비교할 때 턱없이 적다. 한창 독일이 번영하던 1950년대 이후 독일은 1960년대까지 미국(1900시간)보다도 연간 노동시간(2100 시간)이 훨씬 길었다. 1980년대 1,700시간(미국 1800시간) 그리고 2000년대 1500(미국 1800시간)시간으로 대폭 감소되었다.

고용에는 관심을 두지 않고 노임과 노동조건을 개선하기 위해 자신의 강력한 힘을 행사했다. 그 결과는 노동시장의 경직성과 일자리 축소 그리고 높은 실업이다(Ⅱ장).

노동조합은 자신이 만들어낸 실업을 구제하기 위해 정부를 볼모로 잡고, 이 실업에 대한 모든 책임을 정부에 돌려버렸다. 정부는 어쩔 수 없이 이런 책임을 짊어져야 했다. 그 결과가 복지국가이다.

이 복지국가는 두 가지 방향으로 작용했다. 한편으로는 직접적으로 노동시장을 왜곡했다. 그 결과는 일자리 축소와 그리고 실업의 증가이다. 다른 한편, 복지제도는 노동조합에게 노동시장과 실업을 고려하지 않고서도 과도한 노임인상과 노동조건 개선을 관철할 수 있는 힘을 키워주었다. 이 결과도 역시 노동시장의 왜곡, 일자리 감소와 그리고 실업의 증가이다.

따라서 노동시장은 한편에서는 노동법원의 지원을 받은 노동조합과 그리고 다른 한편 복지국가 제도로부터 협공을 당하고 있다. 그 결과 노동시장이 화석처럼 굳어져 있다. 이것이 오늘날 독일이 안고 있는 노동시장의 제도적 함정이다(Ⅲ장).

이런 제도적 함정에서 노동시장을 구출하기 위해서는 노동조합으로부터 자신의 행동책임을 복지국가에게 전가를 허용하는 제도와 그리고 경제 주체들의 의욕을 감소시킨 규제를 제거하는 것이다. 이런 개혁이 가능한가? 이 문제를 Ⅳ장에서 다루고자 한다. 마지막으로 독일경제가 한국경제에 주는 시사점을 설명할 것이다(Ⅴ장).

Ⅱ. 노동조합과 노동시장의 왜곡

독일의 노동조합이 강력하게 활동하기 시작한 것은 1970년대 이후부터이다. 그 전에는 단체협약 노임은 항상 시장노임 아래에서 결정되었다. 주로 개별 기업과 노동자간의 계약에 따른 노임이었다. 따라서 단체협약은 단순한 가이드 역할 그 이상을 하지 않았다. 노동시장도 경직되지 않았다. 오히려 노동공급을 신속하게 흡수할 수 있을 만큼 매우 유연했다. 주주(株主)의 권리나 오너의 재산권은 신성한 것으로 여겼다.

사업장 기본법이나 노동법원의 법은 갈등해결을 위한 절차법에 지나지 않았다. 이런 법자체는 노동시장에 대한 엄격한 규제를 내용으로 하지 않았다. 그렇기 때문에 실업률이 매우 낮을 수밖에 없었다.

1970년대 이후부터 사정은 본격적으로 변하기 시작했다. 노동시장을 규제하는 법들이 증가되기 시작했고, 노동조합의 힘이 결집되기 시작했다. 노조의 노임정책이 결코 온건하지 못했다. 특히 1970년대 중반 이후 생산성 증가를 초과하기 시작했다. 지역과 부문별로 노임의 차등이 거의 없었다. 심지어 비숙련 노동의 노임과 숙련 노임 사이조차도 별로 큰 차이가 없다. 오히려 전자의 노임이 급증했다. 노동조건에서도 지역적 차이나 부문별 차이도 없었다. 모두 경직적이고 획일적인 노임 구조를 형성했다.

그 결과 1970년대 이후부터 실업률이 경기변동과 관계없이 꾸준히 상승하면서 동시에 성장률은 꾸준히 하락하여 오늘날 고실업－저성장이라고 부르는 독일병이 드러난 것이다.

1. 산별노조와 노동시장의 경직성

독일경제의 특징을 이루고 있는 것 중 하나가 광역 단체협약 제도(산별 단체협약 제도)이다. 노사간의 힘의 균형을 달성하겠다는 명분에서 도입되었다. 그러나 우리가 주목하는 것은 실업과 일자리 축소를 야기한 근본적인 원인이 산별노조 제도라는 것이다. 노동시장의 구조적 문제는 이 강력한 산별노조 제도를 둘러싸고 생겨난 문제이다[4].

주목해야 할 점은 산별 단체협약은 의회에서 정한 법과 같은 강제적인 효력을 갖는다는 점이다. 기업별 협상은 어려움에 처한 기업이 종업원들과 일자리 보장 대신에 임금 삭감 또는 노동시간 연장이라는 협의를 했다고 해도 이 합의는 불법 무효이다. 단체협약어서 결정된 것보다 노동자에게 "객관적으로" 유리한 합의만이 허용된다. 산별 단체협약의 강제성은 독일 노동시장을 경직적으로 만든 장본인이다.

이런 단체협약의 결과는 기업별, 지역별, 부문별 균등임금이다. 숙련노동과 비숙련 노동의 노임 격차가 적은 것도 그 결과이다. 획일적인 임금과 근로조건을 모든 기업에 강요할 경우, 산별 단체협약을 감당하기 어려운 기업들은 신규채용은 고사하고 문을 닫아야 한다. 산별노조 제도가 중간 또는 하위 업처들에게 가하는 타격은 이토록 극심하다.

노동시장을 경직적으로 만든 제도적 요인은 또 있다. 기업이 사용자 단체에서 탈퇴할 경우 즉시 단체협약의 구속력이 상실되는 것이 아니다. 다음의 단체협약 때까지 그 협약이 적용된다. 특히 위험스러운 것은 노동부장관이 단체협약을 보편적으로 구속력이 있다그 선포하는 경우이다. 이런 경우에는 사용자 단체에 속하지 않은 기업들도 이런 단체협약을 지켜야 한다.

2. 노동조합의 강제와 협박

흔히 독일의 노동조합 활동은 과격하지 않고 매우 온건하며 또한 사회적 평화를 달성했다는 식으로 평가하고 있다. 파업도 온건하다고 달한다. 그리고 파업 일수도 적은 것이 독일노조의 장점이라고 말한다[5].

---

4) 히틀러가 망한 후 4대 강국이 점령하여 독일노동시장에 책임을 지고 있던 영국의 노동당 정부는 독일어 이런 제도를 도입했다.
5) 파업 일수도 연 평균 9일(1,000명 회사) 정도로 비교적 짧다.

모범이 되는 노동조합이라고 평가받고 있다. 이런 평가가 옳은가?

파업 일수가 적은 이유가 노조의 온건을 의미하는 것인가? 그렇지 않다. 사용자 단체가 쉽게 굴복하고 노임을 인상해 주기 때문에 온건한 것이다. 노임을 생산성 이상으로 올려주고 노임을 세계에서 가장 높은 나라의 수준으로 올려주기 때문에 과격한 노조운동을 할 필요가 없다.그런 식의 사회적 평화는 일자리 가진 사람들을 위해서 제3자가 희생한 대가(代價)이다.

노동조합의 파업이 과격하지 않은 것처럼 보이는 것도 사용자 단체들이 노조의 요구에 쉽게 굴복하기 때문이다. 그렇지 않으면 회사가 막대한 피해를 보기 때문이다.

대규모 파업이 없다는 것은 사실이다. 그렇다고 해서 이것이 산업평화의 지표가 될 수는 없다. 왜냐하면 파업에 참여하지 않는 기업들까지도 타격을 받을 수 있는 핵심 부문 기업들을 선정하여 집중파업을 하기 때문이다. 사실 오늘날과 같이 기업 부문들이 서로 밀접하게 연관되어 있는 상황에서는 대규모 파업이란 필요가 없다. 핵심부문의 부분파업이 전반적인 생산 차질로 연결될 수 있기 때문이다.

경고파업이든 아니든 관계없이 파업이란 노동조합이 자신의 요구조건을 관철하기 위한 일종의 강제이다. 피켓을 들고 시위하는 것도 강제에 해당하는 협박과 위협이다. 노동조합에게 기업의 생산라인과 제3자는 인질이나 다름이 없다. 이런 피해를 주는 대신에 얻는 대가가 노임인상과 그리고 노동조건의 개선이다. 동의를 얻어내려는 강요와 동일하다.

이런 강요는 자유주의 사회에서는 있어서는 안 될, 따라서 금지된 행위이다. 노동조합(정확히 말해서 노조의 간부들)은 역사가 보여주고 있듯이 지극히 이기적인 목적을 위해서 파업무기를 투입하는 데 어떤 양심도 없다. 노사분쟁과 완전히 관계없는 제3자에게 피해를 줘도 그에 대한 아무런 배상책임이 없다.

3. 노동법원과 노동시장의 경직성

노동시장의 유연성을 방해하는 것은 노동문제를 전담하는 사법부로서의 노동법원의 역할이다. 노동법원은 3심 제도이다: 지방노동법원, 주(州)노동법원 그리고 연방노동법원.

비용이 아주 적게 들기 때문에 노동법원을 이용하기가 아주 쉽다. 노동법원은 노동조합이 자신들의 이해 관계를 관철하기 위한 이상적인 장소이다. 특히 연방법원에서 소송에 성공하기만 하면 그 판결은 연방의회가 정하는 법률과 똑같은 지위를 가지고 있다. 이런 연방법원의 판결들은 연방법원의 도움으로 노동조합이 제정한 법적 틀이라고 볼 수 있다.

그런데 우리가 주목하는 것은 이 판결들 대부분이 매우 비효율적이라는 것이다. 그 결정은 가별적인 노동분쟁을 해결하기 위한 것이고 따라서 법원은 그 판결이 노동시장 전체에 미치는 영향을 고려하지 않기 때문이다(Blankart, 2002). 이런 점에서 노동조합의 과도한 행동이나 노동법원의 행동이나 동일하다.

과연 노동재판의 3심 제도가 적합하냐의 문제도 제기될 수 있다. 정의의 실현을 위해서는 연방노동재판소가 반드시 필요한가? 그렇지는 않다. 2심 제도가 오히려 정의의 실현에 적합할 수 있다. 그 이유는 하이에크의 "발견적 절차" 개념을 이용하여 적절히 설경할 수 있다. 즉 주(州) 노동법원들은 주어진 의회에서 정한 입법의 범위 내에서 "적절한" 규칙을 효과적으로 찾아낼 수 있고, 또 찾아낸 규칙들을 테스트할 수 있다. 이 테스트 과정 속에서 꾸준히 학습이 이루어질 수 있고 이로써 규범들이 지속적으로 개선될 수 있다. 이 재판관들은 말하자면 규칙의 발견적 절차로서 작동한다.

그러나 연방노동법원이 추가적으로 존재한다고 해서 이런 발견적 절차를 더욱 효과적으로 만들어주지 않는다. 오히려 최고 재판소의 판결은 다른 재판소들에 의한 견제와 검증, 테스트로부터 면제되기 때문에 최고재판소의 존재는 규칙들에 대한 지속적인 학습과 개선과정을 단절한다.

최고재판소의 존재는 법 생산의 독점체제와 동일하다. 법의 발전과 진화가 차단된다. 그런데 모든 독점은 위험하다. 법 생산의 독점은 더더욱 위험하다. 이런 위험성은 노동재판에만 그런 것이 아니다. 이런 우리의 관점을 민사재판, 헌법재판에도 적용할 수 있다.

4. 노동자의 경영참여와 사업장 평의회 제도

OECD 국가 중 독일만큼 기업들의 의사결정 자유가 제한되어 있는 나라는 없다. 자본소유자가 자기 기업에서 자신의 재산과 관련된 권리를 제한하는 그렇게 많은 법과 규제들이 있는 나라도 드물다. 노동자의 공동결정권과 그리고 사업장 기본법에 의한 사업장 평의회가 그것이다. 일자리 가진 사람들의 힘을 강화하기 위한 제도이다.

1) 노동자의 경영참여 제도

노동조합은 기업의 감사위원회에 참여한다. 기업의 인수합병 문제, 입지 선정, 해외 투자, 연구개발 투자, 최고경영자 선정 등, 기업의 경영에 노동자들이 참여한다. 이런 제도에 대하여 많은 비판이 따랐다. 이 글에서는 일일이 그 문제를 재론하는 것을 피하고자 한다. 우리가 우선 지적하고자 하는 것은 세 가지이다.[6] 첫째로 회사와 전혀 관계가

---

6) 노동조합원은 감사위원회에 참여해야 할 이유가 그 의사결정이 노동자들에게 영향을 미치기 때문이라고 주장한다. 사용자의 경영결정은 노동자에게 영향을 미친다는 주장은 옳다. 다른 한편으로 노동조합 중앙회의 의사결정을 보자. 이 의

없는 광역 노동조합 대표자에게 회사의 모든 이윤과 비용 상황 그리고 장래 계획까지 보고하고 때로는 승인을 받아야 하는 것, 이것이 과연 우리의 정의감에 부응하는가의 문제이다.

두 번째로 주주는 자본을 투자하고 위험을 부담하면서 기업경영에 참여하는 데 반하여 노동자는 기업의 경영결정에 참여하면서도 그 결정에 아무런 책임을 지지 않는다. 이것은 일종의 특혜가 아닐 수 없다. 회사 경영에 책임을 지지 않기 때문에 그들이 자신들의 일자리 보장과 노임 인상 그리고 사내 복지 향상을 위한 요구를 억제할 장치가 없다7).

세 번째로 노조의 경영 참여는 기업 경영과 의사결정 과정을 너무도 복잡하게 만들었다(Siebert, 2002). 기업들이 상황변동에 대하여 신속하게 변신할 수도 없다. 장기적 전략에 따라 혁신할 수도 없다.

특정의 경영자 결정에 대한 노동자들의 반대를 무마하기 위해서는 반대급부가 필요하다. 해고를 하지 않겠다는 약속, 또는 임금 인상을 해주겠다는 약속 등이 그것이다. 기업 경영이 경제적 논리가 아니라 정치적 논리에 따를 수밖에 없다.

2) 사업장 평의회

노동자들이 감사위원회만 참여하는 것이 아니다. 회사 내의 노동조

사결정은 기업들에게 막대한 영향을 미친다고 주장하는 것, 이것도 전적으로 옳다. 그렇다면 평등이라는 의미에서 노동조합의 의사결정 위원회의 구성원 중 반은 기업인들로 채우는 것이 마땅하지 않은가? 이것이 노동조합 고위층의 마음에 들지 않을 것이다. 그렇다면 왜 그들은 자기들이 원하지 않는 것을 자본가들로부터 요구한단 말인가?

7) 노동자의 경영참여 제도를 도입하기 이전이었던 19세기에는 주식시장이 발전했다. 그 후에도 꾸준히 발전되어 왔다. 1951년 철강산업들의 공동결정법에서도 지분을 가진 노동자들만이 경영에 참여할 수 있었다. 그러나 1976년의 노동자 경영참여 제도는 지분이 없는 노동자가 참여할 수 있게 되었다. 이것은 독일의 자본시장의 발달을 지체시키는 데 결정적인 역할을 했다.

합은 사업장을 대표한다. 사업장 평의회가 그것이다. 이것도 법적인 강제 조직이다. 회사 규모에 따라 평의회의 구성원 수까지 법으로 정해놓았다. 명예직이지만 근무 중에 평의회 활동을 한다. 필요한 경우에는 유급 전임할 수 있다.

우리가 주목하는 것은 이 평의회의 동의가 없이는 기업들은 어떤 의사결정도 내릴 수가 없고, 심지어 평의회가 다룰 사항을 법적으로 정해놓았다는 것이다. 회사 내의 직무관련 문제에서부터 인사에 관한 수많은 문제들이 그것이다8). 이 모든 비용은 사용자가 부담하는 것은 물론이다9).

우리가 주목하는 것은 사업장 평의회는 강제조직이고 또한 합의기관이라는 점이다. 기업의 의사결정의 유연성을 제한하고 있다. 따라서 기업이 변동하는 상황에 신속한 대응을 할 수가 없다.

그러나 모든 기업가는 자기 기업에서 자유로이 결정을 내릴 권리를 가지고 있어야 한다. 어떻게 종업원들에게 어떤 정보를 알리고 어떤 문제를 그들과 협의할 것인가, 어떤 문제에 그들이 영향을 미쳐도 좋은지를 결정할 권리를 가지고 있어야 한다. 이런 권리를 행사하면 그 결과 모든 노동자는 각기 기업문화를 참작하여 자기가 어디에서 일하고 싶은지를 결정할 가능성을 갖게 된다.

---

8) 사업장 내에서의 행동규칙, 출근시간과 퇴근시간, 초과근무, 근무시간 단축 문제, 보수 지급 시간, 장소 그리고 지급 방법, 휴가에 관한 규정, 인사에 관한 문제: 인력계획의 수립, 일자리 충원의 공모, 선발기준 정하기 채용, 그룹 나누기, 그룹 변동, 일자리 이동, 해고 문제, 교육문제, 교육담당자 선발문제.
9) 이런 평의회를 운영하기 위해서는 비용이 든다는 점이다. 독일경제 연구소가 29개 회사(총 97만 4,771명의 노동자)의 평의회 운영실태를 조사한 바에 따르면, 평의회 의원들의 업무 중단에 따른 비용, 행정비용, 평의회 전임자 비용, 평의회 총회 비용 등을 합하여 총 노동자 수로 나눌 때 노동자 1명당 연 1,096마르크이다. http//www.mehr-freiheit.de.:Gewerkschaften mindern den Wohlstand

Ⅲ. 고용문제와 정부의 정책

노동조합이나 노동법원은 결코 노동시장의 상황에 대한 어떤 책임도 지지 않는다. 이 두 집단은 노동시장 전체적인 맥락에서 노임과 노동조건을 생각하는 것이 아니다. 노동시장의 경직성 도는 고용에는 별로 큰 관심을 갖지 않는다[10].

이런 고용에 대한 책임은 명시적이든 암묵적이든 정부에게 떠넘겨졌다. 의회와 정부를 구성하기 위한 선거 캠페인의 주요 이슈가 실업문제라는 것이 이를 입증한다. 정부는 말하자면 싫든 좋든 완전고용 과제를 짊어지게 된 것이다. 왜냐하면 노동자들이 유권자들의 다수를 차지하고 있기 때문이다. 민주주의에서 제도들은 정치적 시장의 가장 강력한 유권자의 이해관계를 반영하기 마련이다(민경국, 1993). 정치가들은 재선을 위해서나 또는 정치적 권력을 갖기 위해서는 이들의 요구에 응할 수밖에 없다[11].

이런 정치적 과정을 통해 형성된 민주정부는 노동조합과 노동법원의 과도한 행동에 의히 야기되는 실업문제를 해결하지 않으면 안 되었다. 이런 해결책으로 제시된 것이 노동시장의 수요와 공급에 대한 구조적인 간섭이다.

실업을 막기 위한 방책이 고용보호 제도이다. 해고를 금지하지 않는

---

10) 노동법원도 마찬가지이다. 개별분쟁에만 초점을 맞추고 그 판결이 노동시장 전체에 미치는 영향에 대해서는 관심이 없다. 해고에 관한 재판에서든 단체협약에 관한 해석에서든 이런 영향을 고려하지 않는다(Blankartz, 2002).

11) 우리는 독일에서 노동조합의 힘이 얼마나 강했고 그리고 독일 제도가 노동조합의 생각을 얼마나 반영하고 있는가를 다음의 통계에서도 알 수 있다. (연방의회 구성원 중에서 노동조합 출신자가 차지하는 비율)

출처 http://www.mehr-freiheit.de/faq/gewerk.html

1949년	1953	1957	1961	1965	1969	1972	1976	1980	1983	1987	1990	1994	1998	2002
28%	38	39	43	51	55	61	63	62	60	60	40	47	52	47

한, 실업자는 생겨나기 마련이다. 이런 실업자를 보호하기 위해 고용보험 제도 등, 복지정책을 펼친다. 이런 복지정책만으로는 부족하기 때문에 실업자를 노동시장에 통합하기 위해 적극적으로 노동시장 정책을 펼친다. 이런 정책은 노동시장의 왜곡을 초래한다. 그러면서 동시에 노동조합의 과도한 행동을 면책하는 역할을 한다. 이런 면책은 동시에 노동조합의 힘을 더욱 강화하여 노동시장을 더욱 경직적으로 만든다. 노동시장이 노동조합과 복지제도의 덫에 걸려버린 것이다. 그 결과가 노동시장의 경직성과 아울러 실업의 증가와 일자리 감소이다.

1. 고용보호 제도

단체협약에 따른 높은 노임과 높은 조세 그리고 높은 사회보장 기여금은 수백만 명의 고용을 위태롭게 한다. 이런 고용의 위험성은 자유시장경제에서는 낮은 노임이나 또는 자유로운 해고를 통하여 해결할 수 있다. 그러나 단체협약 노임의 법적 강제성 때문에 개별기업은 노임을 자율적으로 정할 수 없다는 것을 이미 설명했다.

기업이 높은 임금에 대응할 수 있는 방법 중 하나가 해고이다. 이런 해고를 자유롭게 한다면 단체협약은 유명무실할 것이다. 노동조합의 힘도 약화될 것이다. 이것은 독일경제가 지향하는 바는 아니다. 그래서 도입한 제도가 고용보호제도이다.

고용보호제도는 사용자의 자의적인 해고를 막기 위한 제도가 아니라, 일자리를 가지고 있는 사람의 일자리를 적극적으로 보호하기 위한 제도이다. 노동자들을 사용자의 '자유로운' 해고결정의 위험성으로부터 보호하지는 것이다. 비록 "긴급한 경영상의 이유"로 해고하지 않으면 안 될 때에도 어떤 종업원을 해고할 것인가의 문제에서 기업주들은 자유롭지 못할 뿐만 아니라 노동청으로부터 허락을 받아야만 대량 해고가 가능하다[12].

업적이나 능력 등, 생산성은 해고의 일차적 기준이 아니다. 능력이 없더라도 오래 근무한 노동자는 해고 가능성이 적다. 생산능력이 없더라도 부양가족이 많으면 해고될 위험성이 적다. 나이가 많을수록 해고의 가능성이 적다. 해고 후에 새 일자리를 구할 기회가 적을수록 해고 가능성이 적다. 재산 상태가 양호할수록 해고 가능성이 크다. 해고와 고용보호를 복지정책 차원에서 다루고 있다.

이런 기준을 적용하여 해고자를 선발하기가 용이하지 않다. 왜냐하면 해고의 기준이 대부분 불명확하기 때문이다. 예를 들면 노동자의 재산 상태도 객관적으로 평가하기가 용이하지 않다. 솔직하게 신고하지도 않는다. 재취업의 가능성을 가늠하여 해고 대상자를 선정하기도 쉽지 않다. 따라서 소송이 빈번하다.

해고된 노동자가 소송을 제기하면 소송이 끝날 때까지 그를 해고할 수 없다. 그리고 입증책임은 기업에 있다. 독일만큼 노동법원이 노동자의 이익을 대변하는 곳도 드물다. 소송비용도 아주 싸고 심지어 노동조합이 대부분 그 비용을 부담한다.

이런 해고제도는 경제에 막중한 영향을 미친다. 노동자를 해고하기가 어려우면 모든 사용자는 될 수 있는 대로 신규채용을 연기한다. 채용하지 않으면 안 될 불가피하고 절대적인 경우에만 신규채용을 한다.

이런 제도에 의해 고통을 당하는 사람은 노동시장의 취약계층이다. 이에 속하는 사람은 장기 실업자, 나이 많은 혹은 건강이 약한 일자리 찾는 사람, 젊은 노동자 등이다. 해고보호 제도가 없으면 이들의 고용 기회가 훨씬 좋다[13].

---

12) "긴급한 경영상의 이유"는 법관의 해석에 의존할 수밖에 없다. 그러나 잘못하면 경영판단에 법원이 개입할 우려가 있다(Kirstein/Kittner 2000).
13) 이런 해고보호제도는 모든 사람은 법 앞에 평등해야 한다는 자유주의 원칙의 위반이다. 그런 법은 노동자가 가지고 있는 권리를 사용자에게는 허용하지 않기 때문이다. 노동계약의 한편은 특혜를 받고 있고 다른 한편은 차별 당하고 있다. 어느 한 계약 당사자에게 허용하지 않은 것을 다른 당사자에게는 허용하고 있는

뿐만 아니라 고용보호 제도는 일자리를 가진 사람의 힘을 강화한다. 그렇기 때문에 해고를 두려워 할 필요가 없이 강력하게 노임을 요구할 수 있다. 다른 한편 높은 단체협약 노임은 수백만의 노동자의 일자리를 위태롭게 한다. 이런 위태로운 문제를 해결하기 위해 도입된 것이 고용보호 제도이다.

따라서 엄격한 고용보호 제도는 노임구조가 경직되어 있는 경우에만 일자리를 가지고 있는 사람에게 유익하다. 노임이 유연하다면 고용보호 제도는 불필요하다. 이것이 가능한 경우는 노임이 중앙집권적으로 형성되는 경우이다. 또 고용보호 제도 때문에 노동조합의 협상능력이 강화된다. 이런 협상능력의 강화는 노동시장 전반적인 경직성 강화를 초래한다. 이런 제도적인 덫으로부터 빠져 나올 수 있는 방법은 사용자와 개별적인 계약에 맡기는 것이다.

2. 복지국가와 高비용, 노동 인센티브

독일의 복지 정책에서 빼놓을 수 없는 것이 사회안전망을 통한 실업자의 보호정책이다. 이 안전망은 빈틈없이 촘촘하게 짜여 있다.

원칙적으로 해고가 금지되어 있다고 해도, 일단 해고되면 우선 실업수당을 받는다. 급여액은 평균 노임의 2/3이다. 이것은 고용보험에서 지급된다. 급여 기간은 현재 18~32개월이다. 실업급여나 또는 실업보험료도 지역적으로나 경제부문별 그리고 위험 부담에 대한 노동자 개별적인 선호의 차이를 전혀 고려하지 않고 일률적으로 적용하는 잘

것이다. 사용자와 똑같이 노동자도 해약(사임)할 자유를 제한한다면 아마도 노동자는 노예가 될 것이다. 아마도 노동자에 의해서 해약될 수 없는 노동관계를 흔히 이렇게 부르고 있다. 만약 어느 한 노동자가 자기를 더 이상 고용하고 싶지 않은 사용자를 강제하여 해고 못하도록 막는다면 이런 경우는 어떻게 부르는 것이 마땅할까? 모든 인간의 법적 평등이란 노동계약에서 양측이 모두 동일한 권리와 의무를 갖는 것을 의미한다. 자유주의는 노동자에게는 물론 사용자에게도 무제한적인 계약의 자유를 허용하는 것이다.

못된 정책이다.

수당을 받지 못하면 실업 보조금을 받는다. 이 보조금은 조세를 통해 지급된다. 평균노임의 58%이다. 이것도 더 이상 받을 수 없게 되면 원래 노동능력이 없는 계층에게 부여하는 사회 부조금을 받는다. 이것은 무기한이다. 그 액수도 평균 노임의 52%이다. 사회 부조금은 노동할 의지가 없는 사람과 노동할 능력이 없는 사람을 구분하지 않고 모두 관대하게 대우하는 매우 잘못된 정책이다.

실업수당을 받든, 아니면 사회부조금을 받든, 실업자의 생활 수준은 하류 노동자 평균 소득 수준과 별로 큰 차이가 없다. 그 차이는 겨우 20~30% 정도일 뿐이다. 왜냐하면 실업수당이나 사회부조금 이외에도 자녀 양육비, 주택 보조금, 그리고 난방 보조금 등을 받기 때문이다. 그리고 실업기간 동안에는 연금보험, 의료보험은 정부가 대신 납부해 주기 때문이다. 그 차액 이상은 암시장을 통한 "불법 노동"에 의해 벌어들일 수 있다.

그러니까 실업자들은 일자리를 구하려고 안달하지 않는다. 그 결과는 일할 의욕의 상실이다. 그리고 일하기보다는 실업보조금이나 생활보조금을 선호한다. 따라서 실업자 보호정책은 장기 실업을 증대시킨 중요한 요인으로 작용한다.

3. 복지국가와 암시장 노동, 도덕적 기반

과도한 복지국가제도로 인하여 한편으로는 노동비용이 매우 높다. 이것은 기업경영의 압박으로 작용한다. 이런 경영압박을 피하는 방법은 암시장 노동을 이용할 수 있다. 암시장을 통하여 비용을 절감할 수 있다. 왜냐하면 기업은 사회보험 분담금을 지불할 필요가 없고 또한 정상적인 노임(시간당 15유로)보다 싼 노임으로 고용할 수 있기 때문이다.

다른 한편으로는 실업수당이나 실업보조금을 받는 실업자의 생활 수준이 일하는 노동자의 생활 수준과 별로 큰 차이가 없기 때문에 실업수당을 받거나 실업 보조금을 받으면서 암시장 노동을 하여 짭짤하게 돈을 벌 수 있다. 실업자의 총 소득이 일자리를 가진 노동자의 월급보다 훨씬 많다.

복지국가의 확장은 "불법 노동"을 유혹한다. 이런 암시장 노동거래는 모두에게 이익이 된다. 따라서 독일에서 점차 노동의 암시장 규모가 확대되어 가는 것은 당연하다. 이런 지하경제의 성숙으로 인하여 복지국가의 기둥이 썩어가고 있다. 규제나 벌칙으로 또는 단속반에 의한 단속으로 막을 수 있는 것이 아니다. 유일한 방법은 세금을 줄이고 사회보장비용 부담을 줄려야 한다.

복지국가가 야기하는 문제는 실업문제만이 아니다. 더욱 더 심각한 문제는 자유경제의 도덕적 기반을 무너뜨리고 있다는 것이다. 이를 요약하면 다음과 같다.

― 정부가 복지국가의 이름으로 개인들의 사적인 삶에 개입하기 때문에, 복지국가는 개인들이 스스로를 책임지겠다는 책임감을 소멸시키고 있다.

― 부지런할 필요도, 사려(思慮 prudence)의 미덕도 필요없다. 끈기와 인내도 필요가 없다. 독일인의 장인(匠人) 정신은 옛 이야기이다. 절약의 미덕도 소멸되었다. 아니 절약할 게 없다. 100유로 벌면 40유로는 보험금으로 20유로는 세금으로 빼앗기기 때문이다.

― 복지제도의 확충으로 인하여 모든 부문에서 추진력과 진취성, 승부근성과 모험심을 여지없이 꺾어놓고 말았다. 평등실현을 위한 재분배 정책으로 인하여 인센티브시스템이 작동할 수 없기 때문이다.

4. 복지제도가 노동조합에 미치는 영향

이상과 같이 복지국가 제도는 노동조합이 자신의 과도한 행동에서 생겨난 실업에 대한 책임을 전가하기 위해 정부를 볼모로 잡은 결과이다. 노동조합의 과도한 행동의 결과로서 실업에 대한 정부의 대응책이 복지국가 제도라는 것이다. 그런데 바로 이런 복지국가 제도 그 자체가 노동조합과 똑같이 노동시장을 왜곡하고 있다. 실업을 양산할 뿐만 아니라 성장 잠재력을 갉아먹고 있다. 그러니까 복지국가 제도는 자신의 생성 원인으로 볼 수 있는 노동조합과 함께 독일경제 침체의 공범자이다.

그런데 우리가 주목하는 것은 고용보호 제도, 국가주도의 보험제도와 같은 복지국가 제도의 존재로 인하여 노동조합은 고용에 대한 어떤 책임도 지지 않고서도 노임과 노동조건에 대한 과도한 요구를 관철시킬 가능성을 갖게 되었다는 점이다. 고용보호 제도가 있으니, 노동조합은 해고의 위험을 가질 필요없이 노임 인상을 요구할 수 있다. 실업자를 보호해 주는 튼튼한 사회 안전망을 가지고 있으니까 얼마든지 노임과 노동조건을 요구할 수 있다.

따라서 복지국가제도는 강성노조 때문에 생겨났을 뿐만 아니라 복지국가 제도는 노동조합의 힘을 강화하는 요인으로서 작용한다. 다시 말하면 복지국가 제드는 노동조합으로부터 고용에 대한 책임을 면제해 주는 면제부라고 해석해도 무방하다. 노동조합은 자신의 행동의 모든 부정적인 영향을 모두 사회국가에 전가하고 있다. 따라서 사회국가는 노동조합의 노리개, 아니면 희생물이라고 볼 수 있다.

해고규제, 사회보장 기여금의 부담, 노동자 경영참여 제도 등과 같이 복지정책을 위한 동기에서 노동시장에 개입함으로써 사회국가는 일자리를 가진 자들의 시장권력을, 다시 말하면 노동조합의 힘을 강화하는데 기여했다. 뿐만 아니라 노동조합의 고용에 대한 무책임을 더욱 고조시키고 있다. 이런 노동조합의 힘의 강화는 노동시장을 더욱 경직적으로 만들고 그 결과 복지국가 제도가 더욱 더 강화된다. 제도적 함정이 이런 것이다.

Ⅳ. 노동시장과 경제개혁

이런 제도적인 함정으로부터 노동시장을 구출하기 위해서는 어떤 방향의 개혁이어야 할 것인가? 이에 대한 해답은 간단하다. 즉, 노동시장의 개혁의 핵심은 자유로운 노동시장의 확립이다. 이것이 과연 가능한가? 이에 대한 해답은 매우 비관적이다. 이 두 가지 문제를 다루고자한다.

1. 자유시장경제와 노사관계

제도적 함정으로부터 노동시장을 구출하기 위한 조건은 다음 두 가지이다. 첫째로 노동조합이 노동시장의 경직성을 야기하는 제도적 조건을 해체하는 일이다. 둘째로 환경변화에 적절히 적응하려는 의욕을 감소하는 노동시장의 규제와 복지정책을 개혁하는 일이다.

1) 산별 단체협약 대신에 기업별 단체협약 제도로의 전환, 궁극적으로는 개별 사용자와 개별 노동자 간의 계약을 중시하는 체제로의 전환이 매우 중요하다. 노동조합은 오로지 일자리를 가진 사람들의 권력만을 강화하는 카르텔이기 때문이다.

2) 일자리를 가진 사람들의 권력만을 강화해 주는 노동자의 경영참여 제도와 같은 이해관계자 자본주의 대신에 소유자와 주주의 이익을

중시하는 체제로의 전환이다. 사업자 평의회의 합의 기구 대신에 협의 기구로 전환하는 것이다.

3) 사용자의 자의적인 해고를 막기 위한 목적을 넘어서 일자리를 가진 사람들의 일자리를 보호하는 의미를 가지고 있는 고용보호 제도도 역시 개혁의 대상이다. 이런 제도도 역시 일자리 가진 사람의 권력을 강화하는 제도이다. 해고가 자유로워야 한다.

4) 개인의 선호와 그리고 산업별, 지역별 차등을 전혀 고려하지 않는 실업보험도 개혁의 대상이다. 사적인 실업보험 제도로의 전환이 그것이다. 국가가 노동자들에게 사보험에 가입하도록 강제하는 것이다. 그리고 개별적인 것은 보험가입자가 스스로 결정한다. 거의 무제한적으로 받은 실업보조금 제도를 철폐해야 할 것이다.

결국 노동시장에서도 자유경쟁의 확립이다. 이런 경쟁 속에서 개별 노동자와 기업들간에 노동계약과 노사관계에 대한 제도들이 경쟁하그 이로써 실업자의 이익이 관철되어 고용증대로 인한 후생이 증진된다.

노동조합에 의해 야기된 위기를 해소하는 유일한 방법은 노사관계를 개인주의화하는 일이다. 이런 개인주의 아래에서는 모든 노동자는 독립적인 개체로서 개인적 인격을 가지고 있다. 개인적 인격자로서 진지하게 취급해 줄 것을 요구할 권리를 가지고 있다. 따라서 집단적인 노사협약보다는 개별적인 노동계약을 중시한다. 누구나 자기 스스로가 사용자와 독자적인 노동계약을 체결하는 일 자체에 높은 가치를 부여하기 때문이다. 모든 노동자는 자신의 개인적 업적이 평가되어 임금 계산에 고려되기를 희망한다. 정의로운 노임을 찾는 것은 모든 개개인의 특수성을 파악하는 것, 이를 임금을 계약할 때 고려하는 것이다. 단체협약에서 개별적인 것을 고려하기란 불가능하다. 개별적인 노동계약에서만이 이런 충분한 고려가 가능하다.

그리고 자유경제에서 기업가는 자기 기업에서 자유로이 결정을 내릴 권리를 가지고 있다. 어떻게 종업원들에게 어떤 정보를 알리고 어떤 문제를 그들과 협의할 것인가를 자유로이 결정할 수 있다. 새로운 계약 내용과 계약 방법을 개발하고 이를 테스트한다. 자신의 기업에 속한 노동자를 대우하는 방법을 결정하고 시장에서 테스트한다.

사용자의 이런 행동권리를 행사하는 과정에서 모든 노동자는 각기 자기가 원하는 기업문화를 참작하여 자기가 어디에서 일하고 싶은지를 결정할 가능성을 갖게 된다. "제도들끼리의 경쟁(institutional competit-ion)"에서 새로운 제도가 발견되고 불필요한 제도가 도태된다. 우리는 경제환경의 변화에 적합한 노사관계를 알 수 있을 만큼 전지전능하지 못하기 때문에 우리가 이런 무지(無知)에 순응할 수 있는 유일한 방법은 "발견적 절차로서의 경쟁"에 의존하는 것이다.

2. 시장경제에 대한 부정적 태도

과연 독일이 이런 자유로운 노동시장으로의 개혁이 가능한가? 장애물은 무엇인가? 자유시장경제로의 전환 가능성을 타진하기 위해서 현재와 같은 제도를 갖게 된 배경을 논하는 것이 적합한 것 같다. 독일인들의 정서는 기본적으로 시장경제에 대한 불신이다.

불평등에 대한 강력한 거부감이 아마도 시민들의 정서인 것 같다. 지역간의 불평등, 도시와 농촌간의 불평등, 계층 사이의 불평등, 개인들간의 불평등, 노사간의 불평등, 이런 모든 불평등을 혐오하는 정서가 독일인의 정서이다. 특히 노사간의 비대칭성, 힘의 불균형은 착취를 야기하기 때문에 그 어떤 시장보다도 노동시장은 정부의 간섭이, 그리고 약자들의 처지에 대한 개선을 사회화하는 제도가 필요하다는 것이다. 이런 불평등에 대한 혐오 이외에도 사회정의에 대한 요구, 일자리, 소득 등, 삶의 안정에 대한 요구의 등장이 오늘날과 같은 실업자 구제를 위한 제도이다. 모두가 똑같이 삶의 위험에 대한 국가의 보호를 받아야 한다는 것이다. 이런 요구의 등장도 물론 시장경제에 대한 불신에서 비롯된 것이다. 시장경제는 불안정하기 때문이라는 것이다.

시장경제에 대한 시민들의 오해를 불식시키는 작업이 매우 중요하다. 시장시스템의 도덕성과 개인의 자유의 중요성을 강조하는 것도 매우 중요하다. 자유주의자들이 시장경제와 자유를 도덕적으로 정당화하지 못하는 사이에 독일 노동조합들이 좌파 지식인들에 힘입어 "정의"와 "도덕"이라는 매력적인 말을 독점적으로 사용함으로써, 민가르디(A. Mingardi)가 이태리 노동조합과 관련하여 말했듯이[14] 독일 노동조합도 "도덕적 고지(seize the moral high ground)를 점유"했다.

자유경제는 부의 축적을 가져오고 우리의 지식의 문제를 해결해 준다는 식의 공리주의적 결과, 이론적 정당화도 현 노동시장 개혁을 위한 논지로서 중요하다. 그리고 또 노동시장의 수많은 규제들에 의해 야기되는 실업을 비롯한 각종 사회적 비용에 관한 주장도 매우 중요하다.그러나 도덕적으로 주장할 때는 도덕적으로 맞서야 한다.

그러나 이런 도덕적 주장도 다른 주장과 마찬가지로 현재의 제도에서 이익을 보는 사람들에게는 옳게 들리지 않는다. 노동시장에서 톡톡히 이익을 보는 사람은 바로 일자리를 가지고 있는 사람들이다. 다시 말하면 노조원들이다. 그런데 이들은 노동시장의 유연성, 예를 들면 노임의 자유로운 계약을 허용하거나 해고를 용이하게 하는 개혁을 할 경우 가장 먼저 영향을 받을 사람들이다. 개혁에 대한 저항세력은 이들이다. 이런 저항세력을 무릅쓰고 자유주의 시장경제를 위한 개혁이 가능한가?

---

14) Mingardi, Italy's Tyranny Of Labor Protection 2003, http://www.cne.org

3. 사회적 합의와 노동시장 개혁 가능성

급진적인 개혁 방법이 있다. 영국이 노동조합의 반대를 무릅쓰고 개혁을 추진했다. 뉴질랜드도 그랬다. 그리고 호주도 그랬다. 칠레도 마찬가지로 노조의 반대에도 무릅쓰고 노동시장을 개혁했다. 그리고 예외 없이 성공했다. 이런 방법을 "신자유주의"라고 부른다. 시장의 원리와 법의 원리를 적용한 것이다. 원리는 원리이다. 그러니 동의가 불필요하다. 동의가 필요한 것이라면 그것은 이미 원리가 아니다. 그리고 원리대로 했으니 성공은 필연적이다.

그러나 독일을 보자. 유럽 사회가 그렇듯이 독일의 일각에서는 이런 급진적인 방법을 선뜻 받아들이지 않는다. 그리고 이런 개혁을 악의 화신으로 보이는 "신자유주의"라고 하여 반대하고 있다. 개혁은 이른바 제3의 길이라고 말하면서 시장과 국가의 중간 어딘가에 있다. 결코 자유주의 개혁은 아니다.

독일의 일각에서 요구하는 길은 흔히 조합주의, 또는 사회적 합의 모델이다. 경제민주주의의 꽃이다. 이런 사회적 합의 모델에 의해 노동시장의 구조적인 문제를 해결할 수 있는가?[15]

조합주의에서 노동시장의 개혁을 시도하기 위해서는 관련 이익단체들의 승인이 없이는 가능하지 않다. 특히 노동시장의 유연성을 확립하기 위해서는 일자리를 가지고 있는 사람들의 동의를 얻어야 한다. 이것은 사실상 노동조합의 동의를 얻어야 한다는 것을 의미한다.

그러나 동의를 얻기 위해서는 노동시장 유연성에 피해를 받는 현재의 일자리 가진 자들에게 보상을 해주어야 한다. 조합주의, 또는 노사

---

[15] 이런 합의주의가 가장 잘 운용될 수 있는 조건은 합의에 참여하는 멤버들이 동질적인 때이다. 이질적이면 이질적일수록, 다원화되면 다원화될수록 합의도출이 가능하지 않다. 공동의 목적이란 다원주의 상황에서는 존재할 수 없기 때문이다. 각 이해관계자들이 제기하는 이해 관계의 우선 순위를 정하는 것도 불가능하기 때문이다(Hayek, 1969).

대 타협, 사회적 합의는 피해자에게 보상하는 문제가 항상 발생한다. 이 문제를 해결하기 위해 국가가 등장한다.

그렇기 때문에 조합주의가 설치된 곳이면 어디에서나 국가가 사용자와 노동자와 함께 동일한 무대에 등장하여 함께 연주하고 놀이를 벌인다(Berthold, 2000). 국가가 조합주의에 등장하는 이유는 합의의 대상이 되고 있는 개혁으로부터 당하게 되는 피해를 보상하기 위해서다. 국가의 이런 등장은 또 다른 간섭을 의미한다. 노동시장의 새로운 경직성이 야기된다. 이런 보상은 이미 왜곡된 신호를 또 다시 왜곡시킨다. 더구나 보상제도는 조직화되어 있지 않고 또 조합주의적 합의 과정에도 참여하지 않는 납세자나 소비자 등과 같은 제3자에게 부담을 전가하는 형태를 갖는다. 그렇기 때문에 조합주의식 또는 사회적 합의라는 이름으로 노동시장의 구조적 문제를 해결하는 것은 가능하지 않다.

그리고 또 우리가 주목하는 것은 조합주의식으로 개혁한다고 해도 그 개혁은 미미한 개혁일 수밖에 없다는 것이다. 합의가 가능한 것단 개혁하기 때문이다. 독일 슈뢰더 정부의 아젠다 2010의 내용이 이를 입증하고 있다. 이 아젠다의 내용은 독일이 처해 있는 어려움에 비하여 아주 미미한 개혁으로 구성되어 있다.

예를 들면 노동시장의 경직성을 완화하기 위한 제도로서 5명 미만의 사업주에게만 해고의 자유나 또는 계약의 자유를 부여하는 제도, 고용보험의 급여기간을 18개월에서 12개월로 정하는 것, 실업보조금제도의 철폐, 해고자 선발기준의 완화 등과 같이 모든 사람들이 동의할 만한 제도에 한하여 가혁한다. 개혁 방향은 옳다. 그러나 구조적 실업을 해결하기에는 훨씬 미흡하다. 화석처럼 굳어진 독일의 노동시장을 개선하기에는 아젠다 2010은 함량 미달이다.[16]

---

16) 1980년대 초 네덜란드가 조합주의에 의한 개혁이 성공했다고 말한다(14세기

4. 글로벌 경쟁과 노동시장의 유연성

노동조합은 자신의 힘으로 노동시장의 제도적 덫으로부터 빠져 나올 수 없다. 외적인 힘이 필요하다[17]. 외적인 힘과 관련하여 우리가 주목하는 것은 재화 시장과 그리고 자본 시장의 국제적 경쟁이다(Kerber, 1998). 범세계적으로 재화와 자본시장을 열어 놓으면 기업들은 기업하기 좋은 지역을 찾아 생산입지를 이동한다. 해고가 어렵거나 기업의 의사 결정을 어렵게 하는 제도, 노임을 과도하게 요구하는 노동조합, 과격한 노동운동이 있는 나라에 투자하기를 꺼려 한다. 기업이 생산기지를 해외로 이전하거나 또는 해외의 직접투자가 감소하거나 해외 자본이 국내를 떠나간다면 그 결과는 실업의 증가이다.

따라서 글로벌 경쟁 아래에서는 노동조합이 노임 요구를 자제하려는 의욕이 증가한다(Berthold, 2000). 왜냐하면 노임보다는 고용을 더 선호하기 때문이다. 지금까지 노동시장 개혁을 반대하는 저항도 약화될

이래 영국이 개인의 자유와 권리, 사적 재산권 그리고 시장관계가 번창할 때 이를 제일 먼저 모방한 나라는 네덜란드이었다는 사실을 주목할 필요가 있다. 이 나라는 제도적 문화작 환경에서 영국을 제일 닮은 국가이다. 이에 관해서는 Calomiris, Ch. W. *A Globalist Manifesto for Public Policy*, The Institute of Economic Affairs 2002, 36쪽.). 사람들은 합의라는 개념을 중시하고 합의 때문에 성공했다고 말한다. 이런 해석은 잘못이다. 성공한 것은 합의 때문이 아니라 개혁 내용이었다. 내용이 자유주의 정책으로 가득하다. 제3의 길이 아니었다. 네덜란드의 발상은 유럽에는 없었다. 정책의 뿌리는 당시 영국이었다. 영국으로부터 배운 것이다. 합의가 없었다고 하더라도 구조적인 실업문제를 성공적으로 해결한 것은 필연적이고 당연했다. 시장의 원리를 지켰기 때문이다. 왜 노동조합이 동의를 할 수 있었는가? 그들이 동의한 것은 그들이 처한 상황에 대한 미래가 너무도 불확실할 정도로 네덜란드의 경제가 악화되었기 때문이다. 일자리를 가진 사람들조차도 자신들의 미래가 그렇게 불확실했다. 경제가 그토록 악화되었던 것이다. 그러니 개혁에 동의할 수밖에 없었다. 말하자면 그들의 가까운 장래조차도 존 롤즈(J. Rawls)의 "무지의 장막"(1971)이 드리워진 것이다. 이것은 극히 예외적인 것이다.

17) 외적인 요인으로서 유럽 통합을 들 수 있다. 그러나 유럽 유니언의 정책은 대체로 구성국가들 간의 사전 조율을 기반으로 하고 있다. 골치 아픈 국내 문제를 유럽 유니언에 맡기기도 한다. 따라서 유럽 유니언의 정책으로부터는 독일 노동시장의 개혁 가능성을 기대하기 어렵다.

것이다. 그리고 광역 단체협약의 강제성도 완화되고 과도기적 현상으로서 기업 차원의 단체협약으로의 전환이 이루어진다. 그뿐이랴! 노동자의 경영참여 제도도 약화되고 오히려 사업장 평의회를 중시하는 방향으로 변화한다(Hoeland, 2002).

V. 한국의 노동시장에 대한 시사점

독일사회에서 결과의 불평등은 혐오의 대상이다. 대도시와 중소도시의 격차는 참을 수 없다. 대도시 내에서도 부유한 동네와 가난한 동네의 구분은 있어서는 안 된다. 도시와 농촌의 격차, 개인들간의 소득 격차 그리고 교육의 격차 등, 사람이 살아가는 데에서 필연적으로 생겨나는 모든 불평등을 없애자는 것이다.

이런 불평등 혐오는 질투에서 비롯된 것이라고 보아도 무방하다. 나보다 남이 잘하는 것, 나보다 남이 더 많이 가지고 있는 것, 이런 것은 참고 견딜 수가 없다. 이런 심리적 현상을 달래기 위해 아름다운 말로 포장한 것, 사회권이라는 이름으로 제도화한 것, 이런 것이 이른바 "법치국가"에 대비되는 "사회국가"이다. 사회국가란 각종 복지제도로 가득 찬 복지국가이다.

독일의 노사관계도 이런 평등이념의 일환이다. 노사간의 비대칭성, 힘의 불균형은 착취를 야기하기 때문에 그 어떤 시장보다도 노동시장은 정부의 간섭이, 그리고 약자들의 처지에 대한 개선을 사회화하는 제도가 필요하다는 것이다. 그 결과로 생겨난 것이 노동조합의 힘을 강화하고 실업자를 구제하기 위한 각종 제도이다.

그러나 우리가 주목하고자 하는 것은 이런 제도들이 한편으로는 이런 제도를 운영하는 새로운 관료계급을[18], 다른 한편으로는 새로운

"무산자계급"을 출현시키고 있다는 점이다. 복지제도로 인하여 신규고용은 줄어들고 일자리 수도 줄어든다. 이로 인하여 결국 수많은 젊은 이들이 실업자 대열에 설 수밖에 없다. 이 실업자가 거대한 무산계급의 층을 형성해 가고 있는 중이다. 이것이 새로운 계급갈등의 요인으로 작용할 위험성을 내포하고 있다.

강력한 노동조합에 의해 관철된 고임금 정책은 노동시장에 부담을 주고, 실업자의 수를 늘림으로써, 결과적으로 독일사회에 불평등을 심화시키고 있다. 다른 한편 실업자를 구제하기 위한 각종 복지제도는 노동비용의 증가를 통해 신규고용과 새로운 일자리 창출을 막고 있다. 그리고 이런 과도한 복지정책은 또 다른 실업을 야기하고 성장 잠재력을 손상시키고 있다.

특히 위험스런 것은 직업을 가진 자와 직업을 가지지 못한 자로 국민 전체가 양분되어 가고 있는 현상이다. 취직의 기회가 있는 자와 없는 자, 미래가 있는 자와 없는 자로 자꾸만 분열해 가고 있는 중이다. 대규모 실업으로 인해 하류계급의 사회적 소외감도 점점 고조되고 있다. 노동할 수 있는 능력과 의지를 가진 수백만의 젊은이들이 일자리를 얻지 못한 채 썩어가고 있다. 사회보장기구의 적자는 산더미처럼 커진 상태이고, 따라서 이들을 모두 구제하는 데 부담이 되고 있다.

사회 전반적으로 실업이 만연하고 이런 실업이 장기화됨에 따라 실업자 계층의 자녀들에게도 이런 부담이 전가되고 있다. 이런 전가로 인하여 불평등이 더욱 심화되고 있다. 심지어는 대도시 내에서도 부유한 동네와 가난한 동네의 구분은 점점 선명해져 가고 있다. 평등을 위한 정책이 결국 불평등을 야기한 것이다.

독일의 노동정책이 우리에게 시사하는 바는 많다. 우리가 갈 길은

---

18) 거대한 관료기구의 탄생이 그것이다. 이 관료기구는 스스로 새로운 일거리를 찾고 이로써 관료기구가 확장되어 인건비의 확장은 복지예산의 확장을 초래했다.

독일식 노사관계가 아니다. 자유로운 노동시장의 확립이다. 그렇지 않으면 독일과 동일한 전철을 밟지 않을 수 없다. 그럼에도 불구하고 우리는 독일의 제도를 모방하려는 분위기가 팽배하다.

첫째로 산별 단체협약의 제도화에 대한 우호적 분위기가 매우 강력하다. 흔히 산별노조가 개별 기업노조보다 공익을 우선하여 단체협상을 한다는 것이다. 이런 논리는 노조가 중앙집권적일수록 그 노조는 공익 지향적이라는 것을 의미한다. 분권화는 노조가 사익을 추구한다는 논리이다. 그러나 어디에서 이런 논리가 생겨나는지를 알 수가 없다. 산별노조의 경우에도 노임 인상에만 치중할 뿐 개별기업이 처한 사정을 전혀 고려하지 않고 있다는 것이 독일 노조가 입증해 주고 있다. 오히려 산별노조의 도입은 힘의 강화로 인하여 노동시장의 경직성만을 강화시킬 뿐이다.

백 보, 아니 천 보를 양보한다고 하더라도 산별 단체협약 제도는 허용해서는 안 된다. 노조의 힘은 될 수 있는 한 약화시켜야 한다. 모든 집단의 행동이 그렇듯이 노동조합도 결코 개화된 제도가 아니기 때문이다. 제3자에게 끼친 피해에 대하여 책임도 없다. 돈을 갈취하기 위해 볼모잡는 범인처럼 보이기도 한다. 노조의 힘이 약하면 약할수록 일자리 없는 노동자에게 유리하다. 노동자들의 수직적 이동이 그만큼 더 용이하기 때문이다. 그리고 기업들의 새로운 일자리 창출도 용이하다.

흔히 조합주의라고도 불리는 노사정 위원회 제도도 문제이다. 이것도 역시 좌파 정부 아젠다의 감초이다. 이 위원회 제도는 사회주의 계획경제의 계획위원회와 전혀 다를 바 없다. 이런 조합주의는 독일의 개혁과정과 똑같이 우리나리에서도 노동시장의 경직성을 강화하거나 아니면 최소한 그 경직성을 현상 유지하는 데 기여할 뿐이다.

노동자의 경영참여 제도의 도입이다. 우리 모두가 현재의 노동운동에서 목격하고 있듯이 이미 한국경제는 노동조합이 경영에 사실상 참여하고 있다. 인사권과 해외 투자까지도 개입하려 한다.

주주의 재산과 오너의 재산을 공유재산으로 만들어 버린 것이다. 노동조합이 이런 권리를 강탈해 가고 있다. 기업 이윤도 공유재산이 되어버린 것이다. 주주의 권리, 오너의 권리가 독일처럼 웃음거리로 변해버렸다. 모두가 독일 제도처럼 변해가고 있다. 유연한 기업경영을 억제하는 요인이다.

이런 모든 결과는 실업의 증가로 나타나고 있을 뿐만 아니라 동시에 기업의 경쟁력 약화 그리고 성장 잠재력의 상실로 이어지고 있다.

임금이 높으면 높을수록 사회정의가 아니라는 것, 힘의 균형을 이룩하는 것이 사회정의가 아니라는 것, 이런 것을 뚜렷하게 가르쳐 주는 것이 독일경제이다. 이런 의미에서 독일경제는 우리에게는 반면교사(反面敎師)이다.

시장노임을 회복하는 것, 그리고 이로써 비록 임금이 낮더라도 일자리를 창출할 수 있는 여건을 마련하는 것, 이것이 바로 사회정의이다. 노동조합의 힘으로 달성된 노임보다는 낮지만 그러나 될 수 있는 대로 많은 인간들이 자기 스스로의 힘으로 고정된 수입(시장노임)을 얻을 수 있는 기회를 갖는 것, 이것이 얼마나 중요한가?

이것이 네덜란드의 개혁이었고 영국과 미국 그리고 아일랜드의 개혁이었다. 그리고 이런 (신)자유주의 개혁은 성공했다. 시장원리에 따른 정책, 즉 "원칙의 정책"은 성공하기 마련이다. 일자리 창출을 위해 생산성을 초과하는 노임을 삭감하고 정리해고제를 수용하는 것이다. 사회보장제도는 실업자들에게 직업을 가지도록 강제하지 않으면 안 된다. 놀고도 먹을 수 있는 사회는 정의로운 사회가 될 수 없기 때문이다.

이제는 더 이상 '모든 노동자를 위한 임금인상'의 요구는 사회정의가 아니다. 그리고 노조의 와해와 노조의 단체협상 권한의 약화야말로 진정한 정의사회로 가기 위한 첫걸음이다.

< 참고문헌 >

민경국a;「독일경제의 침체 원인과 한국경제에 주는 시사점」: '한국경제사상연구
　　회' 발표 논문, 2003. 6. 16.
　　　　b: 자유시장경제의 철학적 기초, 경희대학교 국제대학원－중앙일보 공동
　　주체 심포지엄, 왜 시장경제인가? 발표 논문, 2003. 9. 24.
　　　　,『신정치경제학－정치・관료시스템의 기능 원리』, 석정, 1993.
Berthold, N. Mehr Beschaeftigung, Weniger Arbeitslosigkeit, in Ordo, Bd..
　　51 2000.
Blankart, Ch.. B. Unions, Labour Courts and Unemployment, A CNE
　　Conference 2002(Martim ProArte Hotel Berlin, May 5. 2003)
Calomiris, Ch. W. *A Globalist Manifestofor Public Policy*, The Institute of
　　Economic Affairs 2002,
Epstein, R.A.: *Simple Rule For A Complex World*, Cambridge 1995.
Hayek, F. A. *Freiburger Studien*, Tuebingen 1969.
Hayek, F. A. *The Fatal Conceit*, Oxford 1988.
Hoeland, A. Arbeitsrecht und Arbeitsmarkt in Deutschland－Neue Entwicklungslinie,
　　in WSI－Mtteilungen 10/2002
Kerber, W. Paradigmenwechsel in der Wirtschaftspolitik, In Ordo Bd. 49,
　　1998.
Kirstein, R. / M. Kittner, Kuendigungsschutzrecht in den USA und in
　　Deutschland, Center for the Study of Law and Economics
　　Diskussionsbeitrag 2002. 8.
Pascha, W. Gegenwartsprobleme der Wirtschaftspolitik Deutschlands Working
　　PaperDuisburg 2002.
Rawls, J. : *A. Theory of Justice*. Harvard 1971.
Roepke, W.: *A. Human Economy*, London 1960.
Siebert, H. *Der Kobra－Effekt*, Muenchen 2001.

「노조망국론과 독일경제」에 대한 논평

박기성
(성신여대 교수, 경제학과)

이 논문은 노동조합이 독일경제에 끼친 영향을 서술하고 있다. 노동조합은 조합원의 이익만을 대변하는 무책임한 조직이라는 것과 이로 인해 잘 나가던 독일경제가 침체의 늪을 헤어나지 못하고 있음을 논증하고 있다. 논평자는 이 논문의 주장들에 동의한다. 이하에서는 한국경제에의 시사점을 중심으로 서술한다.

노동조합은 기업의 독점적 지대가 없으면 힘을 발휘할 수 없다. 장기적으로 노동조합은 사용자와 독점적 지대를 나누어 가지는 싸움을 하며 이 과정에서 파업 또는 직장폐쇄 등의 노사분규가 발생한다. 독일경제에도 시장의 집중화 등 기업 또는 산업의 독점적 지대를 크게 하는 요소는 없는지, 있다면 이것과 노동조합의 힘과의 관계는 어떤지 궁금하다. 한국의 경우는 경쟁이 제한된 일부 대기업이나 공기업의 노조가 강경 투쟁을 선도하고 있다. 정부의 시장개입으로 독점적 대기업이나 공기업이 형성되었고 이들이 사용자와 독점적 지대를 나누어 가지는 싸움을 하면서 국민경제를 멍들게 하고 있다. 이와 같이 노동시장 문제의 상당 부분은 생산물 시장의 문제에 기인한다. 그러므로 경쟁지향의 정책이 노동시장의 왜곡을 상당 부분 해소할 수 있다. 가장 확실하고 효과적인 경쟁지향의 정책은 이 논문에서 지적하였듯이 개방화이다.

Freeman and Medoff(1984)는 노동조합의 순기능으로 집단적 의사소통기능(collective voice mechanism)을 지적한다. 생산물시장이 경쟁적이고 근로자들이 조직선택권을 가진다면, 역기능을 능가하는 순기능을 하는 노동조합은 생존할 것이다. 생산성 향상에 도움을 주는 노동조합을 위해 근로자들이 가장 적합한 노동조합(무노조 포함)을 선택하도록 근로자들에게 조직선택권을 보장해야 한다.

노동조합은 의사회나 약사회와 같은 이익단체이지만 특별히 법의 보호를 받고 있다. 특히 우리나라는 노동3권이 헌법(33조)에 명시된 헌법적 권리이다. 자유주의 관점에서는 수정되어야 할 헌법 조항 중의 하나이다.

논평자도 이 논문의 주장과 같이 사회적 합의주의(corporatism)를 반대한다. 임금이 한계노동생산과 일치하는 경쟁균형 즉 효율적 자원배분을 달성하거나 그에 가까이 가기 위해서는 먼저 노사정위원회(tripartite commission)와 같은 사회적 합의주의를 배격해야 한다. 노사정위원회는 시장 대신에 노사간의 협상을 통해 몫을 나누는 장(venue)을 제공한다. 법 개정에 관한 논의도 노사간의 주고 받는(logrolling) 협상을 통해 시장경제에 반하는 합의를 도출할 가능성이 매우 높다. 박덕제(1998)가 지적했듯이 노사정위원회는 시장경제화라는 세계적 추세와 맞지 않을 뿐만 아니라 노사관계의 정치화를 야기한다. 시장(market)과 정치체제(political system)를 비교한 Becker(1958)에 의하면, 시장에서는 생산성에 비례해서 투표권을 가지고 있는 것과 같아 사람들이 현명하게 행동하고 각 경우마다 효율적인 선택을 할 수 있기 때문에 시장에 의한 자원배분이 정치체제에 의한 자원배분보다 효율적이다. 박기성(1998)은 노동부나 노사정위원회의 구성원들이 아무리 열심히 최선을 다해 일하더라도 노사관계에 대한 정책적 선택은 각 사태에 직면해서는 최선의 정책이지만 전기간적으로는 비효율적이그

(globally inefficient) 일반적으로 갈팡질팡하는 노동정책으로 나타난다는 것을 보였다. 이것은 이들의 정책적 선택이 잘못되었기 때문이 아니라 이들이 정책을 선택할 수 있는 자유재량(discretion)을 가지고 있기 때문이다. 바로 이것이 이 조직들의 존재 이유이므로 이 자유재량적 정책을 방지하고 원칙(rules)을 따르기 위해서 박기성(1998)은 노동부의 노정부서와 노사정위원회를 폐지할 것을 제안했다.

이 논문의 주장대로 자유계약의 원칙에 입각하여 근로계약을 체결할 수 있게 하는 근로계약법을 마련하는 것도 고려되어야 한다.

임금과 한계노동생산의 일치 또는 근접을 위해 노동의 공급자와 수요자의 부족한 정보를 메워 주는 역할을 담당하는 고용안정기관을 활성화해야 한다. 각 근로자에게 본인의 인적자본 가치를 정확히 알려주는 것이 필요하다. 이에 따라 각 근로자의 요구임금(asking wage)이 결정되기 때문이다. 이를 위해 고용안정기관이 노동시장의 각종 정보를 취합·분석하여 제공해야 한다. 각 근로자와 사용자에게 정확한 정보가 신속하게 제공되면 일자리-근로자 일치(job-worker match)가 잘 이루어지며 불일치가 발생하더라도 원활한 노동이동(labor mobility)으로 곧 일치가 이루어진다. 고용안정기관은 기업이 원하는 인적자본을 갖추도록 근로자의 교육훈련을 지도해 주는 역할도 하는 것이 바람직하다. 고용안정기관은 취업알선, 상담뿐만 아니라 교육훈련 등 노동의 수요자와 공급자 사이에서 서로를 연결해 주는 매개기관(labor market intermediary)이어야 한다. 그리고 이러한 역할은 공공보다 민간 고용안정 회사가 더 잘 수행할 가능성이 높으므로 민간 고용안정 회사의 자유로운 설립과 그 업무의 확대가 바람직하다. 독일은 민간 고용안정 회사가 발달되어 있는가?

< 참고문헌 >

박기성, 「노동정책에 있어서의 자유재량과 원칙: 노사정위원회를 중심으로」, 『노동경제논집 21권』 2호, 1998, 233-238쪽.

박덕제, "노사정위원회의 문제점과 개선방향" 『노동경제논집 21권』 2호, 1998, 202-210쪽.

Becker, Gary S. "Competition and Democracy." *Journal of Law and Economics* 1 (1958): 105-109.

Freeman, Richard B. and Medoff, James L. *What Do Unions Do?*. New York: Basic Books, 1984.

노조 망국론과 한국경제에의 시사점

정기화 (전남대 교수, 경제학부)

1. 머리말

「노조망국론과 독일경제」에서 제시된 문제 의식은 한국경제가 나아가야 할 방향을 찾는 데 시사하는 바가 크다. 즉 모범적이었던 선진국 경제라도 지나친 노동자의 보호, 노조의 경영참여 허용, 복지비용의 확대 등이 이루어지면 침몰할 수 있다는 것이다.

한국경제의 현실을 살펴보면 독일경제의 침몰을 초래하였던 요인들이 이미 형성되어 있거나 형성 과정에 있는 것 같다. 먼저 한국경제에서 노사간의 균형 추는 노동조합에 기울어져 있다. 무엇보다 노동관계법이 국제적인 기준을 넘어서서 노동자를 지나치게 보호하고 있다. 고용계약은 불완전하기 때문에 이를 보완하기 위한 노동법제의 제정은 불가피한 측면이 있다. 하지만 우리의 노동관계법은 노사쌍방의 이익을 증대시키기 위한 것이 아니라 노동자를 일방적으로 보호하는 것이다. 경제원리에 따르면 계약의 한쪽 당사자만을 보호하기 위한 규칙은 종국적으로 그 목적을 달성할 수 없다. 노동자에 대한 '지나친' 보호는 실업을 증대시켜 종국적으로 노동자의 이익을 해치게 된다.

문제를 더욱 악화시키고 있는 것은 정부가 원칙을 벗어나 법을 운용하고 있다는 것이다. 불법적인 파업에 대해 엄격하게 법을 집행하기보다 온정적 태도를 취하고 있다. 그래서 노동자는 불법적인 파업을

하더라도 거의 피해를 보지 않는다. 이에 비하여 기업은 매출감소토
인한 피해만이 아니라 신용하락으로 인한 막대한 잠재적 손실까지 부
담하고 있다.

그 결과 노사간의 손실 불균형은 사회적으로 필요 이상의 파업을 초
래하고 있으며 대부분의 파업은 노조의 주장을 수용하는 것으로 끝나
고 있다. 이것이 경제적으로 어떠한 결과를 초래할 것인가를 예상하는
것은 어렵지 않다. 인건비의 상승으로 기업의 경쟁력이 약화되면 기업
은 고용을 줄이거나 비조직 노동자 또는 수입노동자로 대체하게 된다.
비조직 노동자와의 경쟁에 직면한 노동조합은 이들을 보호한다는 명분
으로 비조직 노동자의 임금인상을 요구하게 된다. 그러면 기업은 마지
막 방법으로 해외로 이전하게 된다. 사실 많은 국내 기업들이 해외로
이전하고 있거나 이전을 계획하고 있다. 그러면 노조는 국내 기업의
해외이전이나 구조조정을 막기 위하여 경영참여를 요구하게 되고, 실
제 그렇게 하고 있다. 이러한 상황이 전개되면 경제는 강가지고 실업
의 증가는 필연적인 것이 된다. 실업자가 증가하면 표를 의식하는 정
치인은 복지관련 예산을 증가시키게 된다. 최근 들어 늘어나는 사회복
지비의 급격한 증가는 이러한 현실을 반영하고 있다.

「노조망국론과 독일경제」에서 제시된 문제 의식에 전적으로 동의
하면서 추가적으로 해명되어야 할 몇 가지 점을 보완하여 설명하고자
한다. 그리고 독일경제가 걸어간 길을 가지 않으려면 한국경제에서 시
급히 해결해야 할 것이 무엇인가를 제시하고자 한다.

2. 몇 가지 보완적 설명

1) 노동자에 대한 지나친 보호는 필연적으로 실업을 초래한다. 하지
만 실업이 증가하면 노동자간의 경쟁에 의하여 노조의 힘은 약화될 수
밖에 없다. 그리고 노동자 스스로 임금보다 고용을 선호하게 된다. 그

래서 실업은 장기적으로 유지되기 힘들다. 하지만 독일의 경우 70년대 중반부터 지속적인 추세로 실업이 증가하고 있다. 그 이유는 무엇일까?

실업이 증가하면 근로자의 경쟁에 의하여 낮은 임금에도 일하고자 하는 근로자가 등장한다. 그러면 임금은 장기적으로 생산성 수준으로 떨어진다. 그렇게 되면 실업은 다시 줄어든다. 물론 장기적으로 실업이 유지될 수 있다. 그것은 모든 부문의 근로자가 단일의 노동조합에 가입되어 있고 노동조합이 실업자에게도 실질 임금을 보상할 수 있을 때 가능하다. 하지만 이것은 불가능하다. 먼저 산업마다 근로자의 이해가 달라서 모든 근로자의 이익을 증대시킬 수 있는 단일의 단체 교섭안을 마련할 수 없다. 또한 노동조합이 실업자에게 실질임금을 보상하면 고용된 근로자의 실질임금은 크게 증가할 수 없다. 따라서 고용된 근로자의 임금수준을 유지하면서 실업자의 불만을 줄일 수 있는 방법이 존재해야 실업이 장기적으로 유지될 수 있다.

그러한 방법이 논문에 제시된 정부의 개입에 의한 강제적인 복지제도이다. 실업 수당이나 실업보조금 등이 정부의 재정에서 주어지면 근로자와 실업자의 경쟁이 완화되어 장기적으로 실업이 유지될 수 있을 것이다. 하지만 여전히 일자리를 구하고자 하는 근로자의 경쟁은 존재한다. 그것이 불법노동이다. 즉 통계에 잡히지 않는 '사실상'의 취업자가 증가하게 된다. 그래서 여전히 시장 기능은 작동하게 된다. 이러한 시장 기능은 제한적일 수밖에 없다. 불법이기 때문에 조직 근로자와의 경쟁이 제한될 수밖에 없기 때문이다.

2) 정부의 개입이 실업을 장기화 시키게 되면 실업수당 등으로 정부의 재정 부담이 증가하게 된다. 그렇다면 납세자 또는 유권자는 왜 이를 허용하였을까?

그것은 먼저 노조의 정치참여에 의하여 노조와 정당의 연합이 가능하였기 때문이다. 즉 노조를 기반으로 한 사민당의 정책이 이를 뒷받침한 것이다. 통상 특정 이익집단을 위한 정부의 경제 개입은 비효율적인 낭비를 초래한다. 이를 해결하는 유일한 방법은 시장기능을 회복하는 것이다. 하지만 이익집단과 연합한 정당은 이러한 비효율적 낭비를 시장의 탓이나 기업의 탐욕으로 돌린다. 그래서 또 다른 정부 개입을 도입한다. 밀(Mill)이 주장하였듯이 정부의 간섭은 비효율을 초래하고 이것은 새로운 간섭을 초래한다. 하지만 이것은 성공할 수 없는 방법이다. 이제 독일의 집권 사회당은 그 한계를 인식하고 있는 것 같다. 그래서 불가피하게 '아젠다 2010'을 마련할 수밖에 없었다. 하지만 이것은 사민당의 전통 지지세력인 노조의 강력한 반대에 직면하고 있다. 독일 노동조합 총연맹(DGB)은 현재의 경기 부진이 노동시장 유연성 부족 때문이 아니라 독일기업의 개혁의지가 부족하기 때문이라고 말하고 있다. 오히려 그는 공공부문에 대한 투자를 줄이는 대신 오히려 더 늘려야 한다고 주장하고 있다.

이러한 주장은 전투적 노동운동을 경험한 많은 국가에서 흔히 등장하는 논리이다. 미국도 경제가 어려웠던 70년대에 노조를 지지하는 정치인들은 경제의 침체 원인을 해외투자를 하는 대기업의 탓으로 돌리며 이를 비난하였다. 한국경제의 경우도 경제의 어려움이나 실업의 증가를 기업의 개혁부족과 비애국적인 태도 때문이라는 비난이 들려온다.

하지만 왜 납세자나 유권자들은 노조와 정당의 연합에 지지표를 던지는가? 이들은 재정부담을 자신이 회피할 수 있다고 여길 만큼 비합리적인가? 그것은 시장경제에 대한 무관심과 무임승차 때문에 그렇다. 시장경제는 사회적 분업과 협동을 효율적으로 조직하는 제도이다. 그러나 대중은 출생 때부터 반(反)시장적 정서를 가지게 된다. 인간은 출생을 하면서 가족 공동체를 통하여 사회를 학습한다. 그래서 공동체적 정서에 익숙하다. 이러한 개인에게 시장은 무자비한 경쟁, 무계획적 혼란, 이기적 욕망이 가득한 곳으로 여겨진다. 그리고 대부분의 개인은 자기의 역할을 벗어나는 문제를 잘 알지도 못하고 관심도 적다. 사회적 분업이 심화되면 개별 경제주체들은 자신의 처지를 벗어난 일에 대하여 무관심하다. 정보 비용을 고려하면 개인으로서는 그것이 합리적일 수 있다. 사실 대기업의 임원 중에도 시장이나 기업의 역할에 대해 부정적인 사람이 의외로 많다. 또한 무임승차 때문에 다른 사람이 나서주기를 기대하지만 자신이 선뜻 나서지를 못한다. 이를 조직하는 데드는 비용이 크기 때문이다.

3) 왜 기업은 지나친 노동자의 보호입법이나 노조의 경영권 참여 등을 수용할 수밖에 없었을까?

노동자에 대한 지나친 보호와 사회복지 지출의 증가는 장기적으로 노동자에게 피해를 주지만 기업도 많은 부담을 지게 된다. 기업은 정치적 영향력을 발휘하는 데 개별 유권자보다 유리한 위치에 있다. 납세자나 유권자에 비하여 무임승차의 문제가 적기 때문이다. 그렇다면 왜 기업은 이를 바라보고만 있었을까? 물론 바라보고만 있지는 않았을 것이다. 하지만 왜 그러한 추세를 역전시키는 데 실패하였을까?

여러 이유가 있겠지만 한 가지 가능한 설명은 기업의 이해가 달랐기 때문일 것이다. 임금의 상승이 기업에 미치는 영향은 기업의 효율성에 따라 달라진다. 생산성을 넘어선 임금의 상승은 먼저 한계 기업의 경영을 악화시킨다. 생산성이 높은 대기업은 이익이 감소하겠지만 이를 견디어 낼 수 있을 것이다. 또한 효율적인 대기업의 경우 파업의 대상이 되면 손실이 훨씬 크다. 그리고 대기업의 경우 국제경쟁력을 갖추고 있어서 해외 이전을 통하여 이를 피할 수 있다. 더욱이 한계기업의 퇴출은 효율적인 기업의 시장지배력을 높여준다. 그래서 효율적인 대기업에서 생산성 이상의 임금상승이나 경영참여의 요구가 한계기업에서보다 쉽게 관철된다. 한국경제에서도 주 5일제나 노조의 경영참여가 먼저 시작되는 것이 일부 효율적인 대기업이라는 사실은 이를 설명하여 준다. 하지만 추세가 역전되지 않으면 대기업도 마지막에는 견딜 수 없게 되는 것은 분명하다.

3. 한국경제의 해결 과제

1) 노동시장에서 시장원리의 회복

노동시장의 시장원리의 회복은 기업만이 아니라 근로자에게도 이익이다. 더욱이 해고의 제한 같은 고용 계약의 제한은 고용주의 자유를 제약할 뿐 아니라 일부 근로자의 자유를 침해하는 것이다.

논문에서 지적되었듯이 해고의 제한은 사용자의 자유로운 계약의 자유를 제한한다. 일반적인 계약의 경우 판매자가 매매계약을 갱신하면서, 공동행위를 통하여 가격인상을 요구하면 부당한 공동행위로 처벌을 받는다. 부당한 공동행위가 발생하면 구매자는 구매 계약을 해소하고 다른 사업자에게서 상품을 구입할 수 있을 뿐 아니라 계약위반에 대하여 손해배상을 청구할 수 있다. 그러나 고용계약의 경우 사용자에게 이러한 권리가 주어지지 않는다. 즉 근로자가 공동행위를 통하여 임금인상을 요구하며 근로제공을 거부하더라도 계약을 해지할 수 없다. 사업자는 다른 근로자와 고용계약을 할 수 없다.

문제는 이러한 권리의 제한이 사용자의 권리 침해로만 끝나는 것이 아니라는 점이다. 이것은 낮은 임금을 받더라도 고용되기를 원하는 다른 근로자의 권리를 침해한다는 것이다. 다수(?) 근로자의 근로조건 개선을 위한다는 명분으로 그보다 열악한(?) 근로조건에서도 고용되기를 원하는 근로자의 자유를 침해하는 것이 허용되어야 하는지는 의문이다.

노동시장에서 시장기능의 회복이 실업을 해결하기 위한 유일한 방법이지만 이를 실현하는 것은 쉽지 않다. 논문은 이를 담보하기 위한 방법으로 글로벌 경쟁을 제시하고 있다. 글로벌 경쟁이 이루어지면 실업이 더욱 증대할 것이고 정부나 노조가 더 이상 이를 견딜 수 없게 된다는 것이다. 이러한 주장은 정부나 노조가 실업에 따른 부담을 크게 느끼게 되면 경제 현실을 직시할 것이라는 전망에 근거하고 있다. 그것은 가능한 방법이겠지만 그 기간 동안 비용도 많이 들고 반드시 실현되리라는 보장도 없다. 예를 들어 아르헨티나 같은 일부 국가에서는 독일보다 훨씬 긴 기간 동안 분배 편향적인 정책으로 경제의 장기침체가 초래되고 있지만 추세의 역전은 이루어지고 있지 못하다. 또한 미국 같은 일부 국가에서는 20년이 안 되어 추세가 반전되었다. 그러한 차이를 가져다 준 요인이 무엇일까? 이것이 규명되어야 글로벌 경쟁이 추세의 역전을 담보할 수 있을 것이다. 그렇지 않으면 비싼 대가를 치르고도 '교훈'을 얻지 못할 가능성이 있다.

2) 정부 권한의 헌법적 제한

정부의 간섭이 없으면 노조 같은 카르텔은 유지될 수 없으며 실업이 장기화될 수도 없다. 따라서 노조나 정부가 현실을 직시하게 하는 것도 중요하지만 헌법과 같은 근본적인 사회계약에 의하여 국가의 경제 개입 한계를 정해 놓아야 한다. 아마 경제 개입의 한계가 국가마다 다르기 때문에 실업의 장기적 존속기간이 달라지는 것이 아닌가 여겨진다.

하지만 이런 점에서 보면 한국경제의 미래는 낙관적이지 못하다. 우리 헌법도 독일과 같은 '사회적' 시장경제를 지향한다고 여겨지고 있기 때문이다. 따라서 헌법적 제한을 통하여 국가의 경제 개입을 억제하기가 쉽지 않다. 더욱이 요즘 개별 정부부처가 이익단체의 대변인 역할을 하고 있다. 노동부 스스로 노동자의 이익을 대변해야 한다고 주장한다. 여성부는 여성의 이익을, 농림수산부는 농어민의 이익을 대변해야 한다는 주장을 한다. 그렇게 되면 사회의 모든 이익집단들은 자신의 이익을 대변하는 정부부처의 설립이나 기능확대를 주장하게 되어 정부의 기능이 제한되기보다 확대될 가능성이 크다. 최근 들어 정부의 재정이 급격히 증가하고 있는 것은 정부의 개입이 커져가고 있음을 보여주고 있다. 그래서 국민의 재정부담 수준의 상한을 정하거나 국민의 부담이 늘어나는 모든 정부 정책에 대하여 경제 영향 평가를 강제하는 방법을 생각해 볼 수 있을 것이다.

3) 경제교육에의 투자

노조와 정당 연합은 유권자의 지지가 없다면 불가능하다. 따라서 유권자에 대한 지속적인 시장경제 교육이 반드시 이루어져야 한다. 그렇지 않으면 유권자는 자기 파괴적인 결과를 선택할 수 있다. 그리고 실업의 장기적 증가라는 비싼 대가를 치르고도 유권자는 그 진정한 원인을 깨닫지 못하고 시장을 비난하게 된다. 또는 깨닫게 되더라도 무임승차의 문제 때문에 이러한 추세를 역전시키기 위해 노력하기보다 해외이민이라는 또 다른 선택을 하게 될 수 있다.

우리 기업도 시장경제의 여건 조성에 투자를 아끼지 말아야 한다. 시장경제의 여건은 공짜로 얻어지는 것이 아니다. 이에 대한 꾸준한 투자가 있어야 지속적으로 유지될 수 있다. 기업도 이제 시장제도가 이익을 실현하여 주는 곳이 아니라 투자가 필요한 사회적 자본이라는 점을 인식해야 한다.

노동시장 유연성의 국제비교: 미국, 일본, 독일, 한국

박동온

(단국대 교수, 경제학)

I. 서론

노동시장 유연성은 현대경제에서 성장의 엔진이라고 말할 수 있을 것이다. 그 이유는 현대경제에서 사용자는 자본, 경영, 토지 등과 같은 생산요소 사용은 유연하게 조정할 수 있지만 노동만은 그렇게 하기가 쉽지 않기 때문이다. 노동은 현재 전 세계적으로 관행, 노사관계, 법과 제도 때문에 유연하게 조정하기 어려운 생산요소로 알려져 있다.

그런데 노동시장 유연성이 성장의 엔진으로 간주될 수 있다 할지라도 노동시장 유연성 평가기준은 통일되어 있지 않는 것 같다. 일반적으로 활용되고 있는 노동시장 유연성 평가기준이란 고용보호 수준 정도가 아닌가 생각된다. 이 점을 감안할 때, 노동시장 유연성 평가기준을 논의한다는 것은 의미가 있을 것이다.

필자는 최근 OECD 국가들을 대상으로 노동시장 유연성을 비교한 적이 있다. 이 비교를 통해 미국, 일본, 독일은 노동시장의 특징이 서로 다른 나라라는 것이 밝혀졌다. 한 마디로 말해서, 미국은 자유로운 경쟁 때문에 노동시장이 유연하고, 일본은 잘못된 관행 때문에 노동시장이 경직되고, 독일은 노조파워 때문에 노동시장이 경직되어 있는 것이다. 이 글은 이러한 연구결과를 바탕으로 두 가지 목적을 가지고 쓰여졌음을 밝혀둔다. 그 중의 하나는 노동시장 유연성 모형을 제시하는 것이고, 다른 하나는 이 모형을 바탕으로 노동시장의 특징이 서로 다른 미국, 일본, 독일 노동시장의 유연성을 평가하는 것이다.

본 서론에 이어 Ⅱ장에서는 노동시장 유연성 모형을 제시하고 Ⅲ장에서는 이 모형과 관련하여 미국, 일본, 독일 노동시장의 특징을 비교할 것이다. 이어 Ⅳ장에서는 이 모형을 바탕으로 미국, 일본, 독일 노동시장 유연성을 평가한 후 이들 노동시장이 한국에 주는 교훈을 논의할 것이다. Ⅴ장은 이 글의 결론을 제시할 것이다.

II. 노동시장 유연성 모형

여기에서는 노동시장 유연성 모형을 논의하기로 한다.

1. 이론적 접근

노동시장 유연성 모형에 관한 논의는 별로 눈에 띄지 않는다. 이 점을 감안하여 필자는 이를 포괄적으로 논의한 적이 있다.[1]

노동시장 유연성 모형에 관해서는 경제정책이론과 관련지어 논의하는 것이 도움이 될 것이다.[2] 거시경제 차원에서 노동시장 유연성 제고란 좁게는 실업감소, 넓게는 구조개혁이라고 볼 수 있다. 따라서 좁은 의미이건 넓은 의미이건, 노동시장 유연성 제고란 경제정책 목표에 해당한다.

경제정책은 일반적으로 정책목표, 정책수단, 정책방안으로 나누어진다. 경제정책을 구체적으로 거시경제정책이라고 하자. 거시경제 정책목표는 일반적으로 완전고용, 물가안정, 국제수지개선, 소득재분배, 그리고 적정성장으로 나누어진다. 이렇게 볼 때, 노동시장 유연성 제고는 거시경제 정책목표의 하나인 완전고용이 될 것이다.

일단 정책목표가 세워지면, 정책목표를 달성하기 위해 정책수단을 선택해야 한다. 노동시장 유연성 제고를 위해 선택할 수 있는 정책수단은 다음과 같이 세 가지로 나누어질 수 있다. 첫째는 간접적 조정으로 그 내용은 노동비용상승 완화이다. 둘째는 직접적 조정으로 이는 수량적 고용조정과 기능적 고용조정으로 나누어지는데 그 내용은 노동

---

1) 박동운, 『노동시장의 유연성』, 자유기업원, 1997.
　　　　, 『한국 노동시장, 지금 어디로 가고 있는가-<Q&A> 노동시장 유연성의 국제비교』, FKI미디어, 2003.
2) 김적교(1996), 『경제정책론』, 박영사.

이동 촉진, 근로시간 조정, 근로관행 조정, 근로자 수 조정, 근로조직 개편, 노동력 재배치이다. 셋째는 정책적 조정으로 이는 노동시장정책 실시와 법과 제도 도입 및 개선으로 나누어지는데 그 내용은 소극적 노동시장정책 실시, 적극적 노동시장정책 실시, 법과 제도 도입 및 개선이다.

정책수단은 또 정책방안을 선택해야 한다. 예를 들면, 노동시장 유연성 제고를 위해 간접적 조정인 노동비용상승 완화는 임금상승 완화, 임금제도 개선, 임금수준 다양화, 임금 이외의 노동비용상승 완화 등을 통해 이루어질 수 있는데 이들 항목들이 바로 정책방안이다.

이제 이와 같은 내용들을 하나의 모형으로 정리하기로 하자.

2. 노동시장 유연성 모형

노동시장 유연성 모형은 <표-1>에 나타나 있다. 이 모형은 노동시장 유연성 제고와 관련된다. 노동시장 유연성 제고는 간접적 조정, 직접적 조정, 정책적 조정으로 나누어진다.

1) 간접적 조정

간접적 조정이란 간접적인 방법을 통해 실업을 감소시키고 경쟁력을 향상시키려는 노동시장 유연성 제고방법이다.

경쟁원리가 제대로 작동하면 노동시장에서는 수요와 공급이 일치하여 균형이 이루어지고 이 결과 실업이 발생하지 않는다. 그러나 노동시장에서는 노조파워, 관행, 규제, 정보부족 등으로 인해 균형이 이루어지기가 쉽지 않아 임금은 균형임금보다 더 높은 수준에 머물러 있기 마련이다. 이처럼 임금이 균형임금보다 더 높은 수준에서 결정되면 이윤극대화를 실현하려는 사용자는 노동 대신 자본을 사용하려고 할 것이다. 이와는 달리 임금이 균형임금 수준에서 결정되거나 임금상승이

완화되면 그렇지 않은 경우에 비해 노동에 대한 수요가 증가하여 실업
은 감소하게 될 것이다.

　간접적 조정은 노동비용 상승 완화와 관련된다. 이 가운데 하나는
단위노동비용상승 완화이고 다른 하나는 임금 이외의 노동비용상승 완
화이다. 이와 관련된 정책방안들이 <표-1>의 맨 위 칸 안에 나타나
있다. 시각에 따라 더 많은 정책방안들이 포함될 수 있겠지만 이 정도
면 충분할 것이다.

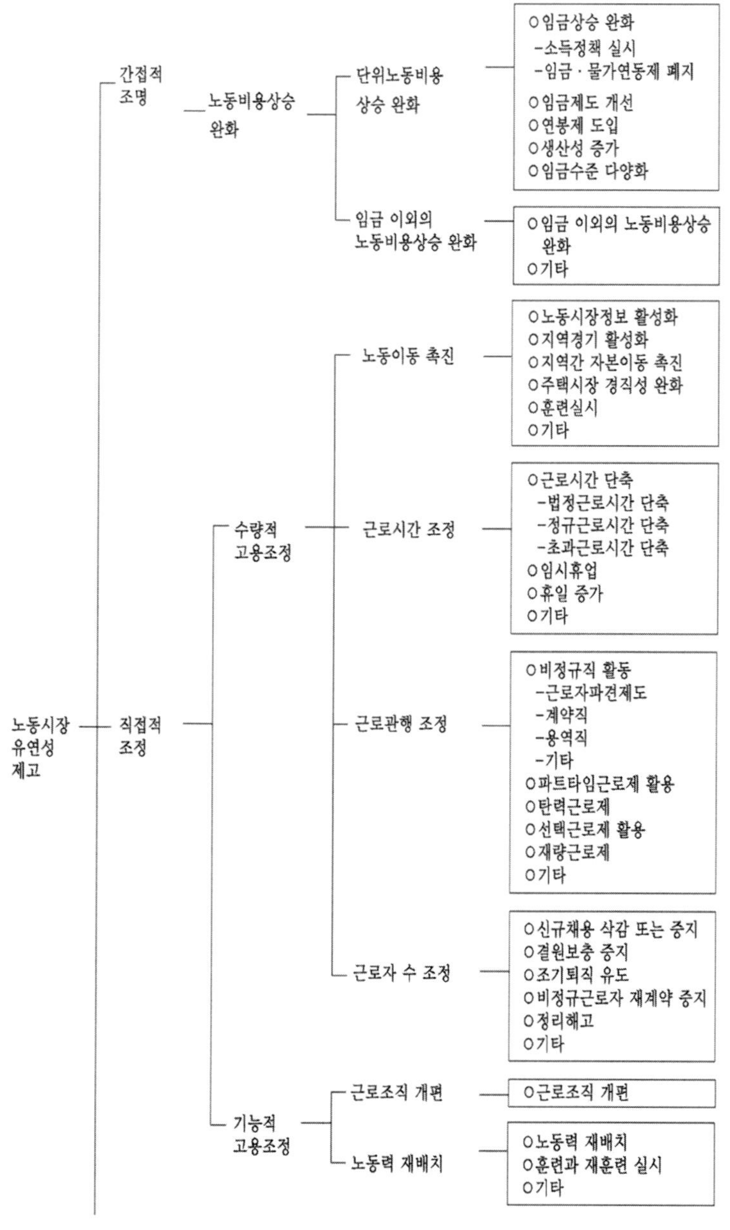

노동시장 유연성 제고
간접적 조명
노동비용상승 완화
단위노동비용 상승 완화
○임금상승 완화
-소득정책 실시
-임금·물가연동제 폐지
○임금제도 개선
○연봉제 도입
○생산성 증가
○임금수준 다양화
임금 이외의 노동비용상승 완화
○임금 이외의 노동비용상승 완화
○기타
직접적 조정
수량적 고용조정
노동이동 촉진
○노동시장정보 활성화
○지역경기 활성화
○지역간 자본이동 촉진
○주택시장 경직성 완화
○훈련실시
○기타
근로시간 조정
○근로시간 단축
-법정근로시간 단축
-정규근로시간 단축
-초과근로시간 단축
○임시휴업
○휴일 증가
○기타
근로관행 조정
○비정규직 활동
-근로자파견제도
-계약직
-용역직
-기타
○파트타임근로제 활용
○탄력근로제
○선택근로제 활용
○재량근로제
○기타
근로자 수 조정
○신규채용 삭감 또는 중지
○결원보충 중지
○조기퇴직 유도
○비정규근로자 재계약 중지
○정리해고
○기타
기능적 고용조정
근로조직 개편
○근로조직 개편
노동력 재배치
○노동력 재배치
○훈련과 재훈련 실시
○기타

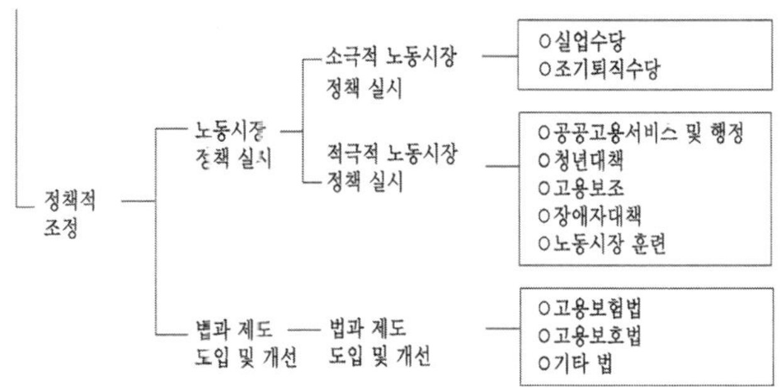

<표-1> 노동시장 유연성 제고
* 자료: 박동운, 『노동시장의 유연성』, 자유기업원, 1997.10, pp.70-71.
이는 후에 약간 수정되었음.

ㅇ 단위노동비용상승 완화

단위노동비용상승은 임금상승과 생산성 증가를 한데 모아 얻어지는 변수이다. 임금상승이 노동생산성 증가를 초과하면 단위노동비용은 상승하고, 그 반대면 하락한다. 어떻든 임금상승이 완화되거나 임금이 삭감되면 노동비용이 감소하여 고용이 증가하게 될 것이다. 많은 나라들이 노조의 지나친 임금상승을 억제하려는 이유가 바로 이 점 때문이다.

많은 나라들은 지나친 임금상승 완화를 위해 정부가 개입하여 소득정책을 실시한다. 소득정책이란 물가안정을 목표로 생산요소 공급자의 몫인 임금, 이자, 지대, 이윤 상승을 규제하려는 정책이다. 또 많은 나라들은 정부가 개입하여 임금·물가연동제를 완화하거나 폐지했다. 임금·물가연동제란 물가상승에 연계시켜 임금상승이 자동적으로 이루어지게 하는 제도이다.

많은 나라들은 임금제도 개선을 통해 사용자의 노동비용을 감소시켜 임금 유연성을 높이고, 노동을 효율적으로 사용할 수 있게 도와주고자 노력한다. 이와 관련하여 연봉제 도입이 논의되는데 연봉제란 근로자의 기여를 반영하는 임금제도이다. 연봉제에서는 임금이 근로자의 능력을 반영하여 노동이 효율적으로 사용될 수 있다. 따라서 노동이 비효율적으로 사용되는 경우에 비해 연봉제는 노동사용의 효율성을 높여 실업감소에 기여한다. 한국의 연공급 임금제도를 개선하여 그 대안으로 연봉제를 도입하면 임금 유연성을 높일 수 있을 것이다.

기업은 단위노동비용 상승을 막기 위해 노조가 요구하는 임금인상을 받아들이는 한편 생산성 증가를 시도한다.

임금수준 다양화는 실업감소에서 중요한 역할을 한다. 임금수준이 다양하게 결정되는 이유는 노동력 수준이 다양하기 때문이다. 이 점을 무시하고 임금수준이 사회주의에서처럼 동일하게 결정된다면 사용자는 수준 낮은 근로자 채용을 꺼리게 되어 실업이 증가할 것이다. 이런 점에서 예를 들면, 청년근로자 임금 저율화는 청년실업 해소에 기여할 수 있다. 네덜란드는 15～22세까지 연령별 최저임금제도를 채택하고 있는데 15세는 성인 최저임금의 30%를 받기 시작하여 22세가 되면 성인 최저임금을 받는다.[3]

ㅇ 임금 이외의 노동비용 상승 완화

임금 이외의 노동비용 상승 완화는 실업감소에 기여한다. OECD 회원국들의 경우에 임금 이외의 노동비용인 소위 복리후생비는 전체 노동비용 가운데서 약 20～48%를 차지한다. 만일 이렇게 큰 비중을 차

---

3) 박동운, 『구조개혁과 실업대책—OECD 국가들의 경험을 중심으로』, 집문당, 2000, 213쪽.

지하는 임금 이외의 노동비용이 적게 상승하거나 삭감된다면 그 결과
는 당연히 실업감소로 나타나게 될 것이다.

2) 직접적 조정

직접적 조정이란 근로자를 직접적으로 조정하는 것으로 이는 고용조
정이라는 말로도 사용된다. 직접적 조정은 수량적 고용조정과 기능적
고용조정으로 나누어진다. 수량적 고용조정은 근로자를 양적으로 조정
하는 것으로 그 내용은 노동이동 촉진, 근로시간 조정, 근로관행 조정.
근로자 수 조정 등이다. 기능적 고용조정은 근로자를 기능적으로 조정
하는 것으로 그 내용은 근로조직 개편, 노동력재배치 등이다.

○ 노동이동 촉진

노동시장이 경직되면 직장간, 지역간, 직업간 이동이 어렵게 되어
실업이 증가한다. 지역간 노동이동을 촉진시켜 실업을 감소시키는 경
우를 보자. 중요한 정책방안은 노동시장정보 활성화, 지역경기 활성화,
지역간 자본이동 촉진 등이다. 또 OECD는 주택시장 경직성이 완화되
거나 지역이동 후에도 연금수혜에 불이익이 없도록 연금제도가 개선되
면 지역이동이 촉진된다고 권고한다. 또 직장이동과 직업이동도 실업
감소에 기여할 수 있다. 이 경우에 노동시장정보 활성화와 훈련 실시
가 노동이동을 촉진시킬 것이다.

○ 근로시간 조정

근로시간 조정은 실업감소에 기여한다. 먼저 근로시간 조정을 보자.
실업감소를 위해서라면 임금조정을 통해 정규근로시간을 삭감하여 감
원 없이 근로를 지속하는 것이 바람직하다. 여기에다 초과근로시간을
삭감 또는 폐지하거나 일시휴업을 도입하는 것도 바람직하다.

ㅇ 근로관행 조정

근로관행 조정과 관련해서는 정규근로 비중을 낮출 수 있도록 고용형태를 다양화하는 것이 바람직하다. 이와 관련하여 OECD가 회원국들에게 권장해 오고 있는 고용형태는 임시근로제, 파트타임근로제, 계약근로제, 파견근로제, 변형근로제 등이다. 노조는 노조의 속성상 위와 같은 근로제도 도입을 강력하게 반대할 것이다. 그러나 정규근로직에 비해 보다 많은 근로자들이 일자리를 갖게 하기 위해서는 다양한 형태의 고용제도 도입이 바람직하다. 거의 모든 선진국에서는 다양한 고용형태가 빠른 속도로 발전해 오고 있다.

ㅇ 근로자 수 조정

경기가 불황인 상태에서 선택할 수 있는 고용조정의 한 가지 방법은 근로자 수 감소이다. 이와 관련된 정책방안은 신규채용 삭감 또는 중지, 결원보충 중지, 조기퇴직 유도, 비정규근로자 재계약 중지, 정리해고 등이다.

불황으로 인한 근로자 수 감소는 그 자체로써 끝이 나는 것이 아니다. 만일 경제가 불황인 상태에서 고용보호에 묶여 불필요한 노동력을 감축시키지 않는다면 기업과 경제는 더욱 악화되고 말 것이다. 불황 때 근로자 수를 감축한다는 것은 결과적으로 기업이나 경제를 회생시켜 일자리를 증가시킨다는 것을 의미한다. 따라서 근로자 수 감축도 장기적으로는 고용증가를 통해 실업감소를 가져오기 위한 정책방안으로 볼 수 있다.

ㅇ 근로조직 개편

기능적 고용조정과 관련된 내용은 근로조직 개편과 노동력 재배치이다. 먼저 기능적 고용조정은 근로자 수를 감축하지 않고 효율성을 높이려는 정책이다. 기업이 구조변화에 적응하지 못하면 불황에 빠져 일자리가 감소하게 되므로 새토운 기술에 맞게 근로조직을 개편하면 일자리는 감소하지 않은 채 효율성이 증가할 수 있다.

○ 노동력 재배치

기업이 구조변화에 따라 노동력을 재배치하면 일자리는 감소하지 않은 채 효율성이 증가할 수 있다. 그런데 노동력 재배치에서는 훈련과 재훈련 실시가 이루어져야만 성과를 높일 수 있다.

3) 정책적 조정

정책적 조정이란 정부가 개입하여 노동시장 유연성을 높이는 경우를 말한다. 여기에서 정부의 역할은 두 가지로 나누어진다. 하나는 정부가 노동시장의 기능이 제대로 작동할 수 있도록 돈을 써서 직접적으로 개입하는 노동시장정척이고, 다른 하나는 역시 노동시장의 기능이 제대로 작동할 수 있도록 법과 제도 도입이나 개선을 통해 간접적으로 개입하는 법과 제도 관련 정책이다. 물론 정부의 역할은 반드시 이 경우에만 한정되는 것이 아니고 예를 들면, 간접적 조정에서처럼 소득정책 실시를 통한 노동비용상승 완화 경우에도 해당된다.

법과 제도의 도입에 관한 예를 하나 들어보자. 노동시장 유연성 저고를 위해서는 직업훈련이 중요하다. 그런데 직업훈련 실시에 관한 법적 근거가 마련되어 있지 않으면 정부는 예산을 확보할 수가 없어서 직업훈련 실시는 그림의 떡이 되고 만다. 한국은 1995년에 고용보험제도를 도입했기 때문에 지금은 직업훈련을 폭넓게 실시할 수 있게 되었다. 이는 곧 법과 제도 도입을 통해 노동시장 유연성을 높일 수 있는 예가 된다.

노동시장정책 내용은 소극적 노동시장정책과 적극적 노동시장정책으로 나누어진다.

ㅇ 소극적 노동시장정책 실시

소극적 노동시장정책은 오늘날 대부분의 선진국들이 실시하고 있는 실업보험 제도로서 실업자 생계보호가 우선인 실업수당지급이 정책수단이다. 여기에다 조기퇴직자를 위해 지급되는 조기퇴직수당이 포함된다.

ㅇ 적극적 노동시장정책 실시

적극적 노동시장정책은 OECD 권고에 따라 회원국들이 실업감소를 목적으로 실시해 오고 있는 정책수단이다. 이는 다음과 같이 다섯 가지 정책방안을 포함한다

공공고용서비스와 행정 / 청년대책 / 고용보조 / 장애자대책 /
노동시장훈련

ㅇ 법과 제도 도입 및 개선

법과 제도 관련 정책은 법과 제도 도입 및 개선만 간략히 언급하기로 한다.

정부는 지출을 통해 노동시장에 개입하여 실업을 감소시키려 하는 일 외에도 법과 제도 도입 및 개선을 통해 실업을 감소시키고자 노력한다. 관련된 내용을 간략하게 살펴보자. 실업이 증가할 때 정부는 실업감소를 위해 정리해고법, 파트타임근로제, 계약근로제, 파견근로제 등을 도입하는 것이 바람직하다. 노사관계법이나 고용보호법이 지나치게 근로자보호 쪽에 치우쳐 있다면 정부가 이를 개선하여 노동시장 유연성을 높이는 것이 바람직하다.

지금까지 논의한 내용은 노동시장 유연성 제고방법에 관한 것으로

이는 노동시장 유연성 모형이라고 말할 수 있다. 이제는 몇 나라의 노동시장 유연성을 평가하여 비교하기로 한다.

Ⅲ. 노동시장의 특징 : 미국, 일본, 독일

노동시장 유연성의 국제비교를 위해서는 관련된 국가들의 노동시장의 특징을 먼저 파악할 필요가 있다. 여기에서는 미국, 일본, 독일 노동시장의 특징을 살펴보기로 한다.

1. 자유경쟁으로 유연한 미국 노동시장

미국 노동시장의 특징은 임금이 주로 경쟁원리를 바탕으로 결정되므로 상승률이 높지 않고, 고용보호가 거의 없기 때문에 해고가 쉽게 이루어지고, 노동이동률이 높기 때문에 채용이 쉽게 이루어지며, 노동시장 규제가 거의 없기 때문에 고용패턴이 다양하다.

1) 낮은 임금 상승률

미국 노조는 조직률이 1964년에 29.3%였다가 지속적으로 감소하여 1984년에 19.1%, 2001년에는 13.5%를 기록했는데 특히 다른 나라에 비해 파워가 강하지 않다. 이 점 때문에 미국은 임금이 주로 경쟁원리에 따라 결정되고, 경기침체 때는 임금 상승률이 높지 않다. 1985～2001년 간 제조업 연평균 임금 상승률을 보면, 미국은 3.6%, 캐나다는 2.3%, 일본은 7.4%, 프랑스는 4.9%, 독일은 6.3%, 이태리는 4.0%, 영국은 7.0%, 한국은 13.7%로 미국이 캐나다 다음으로 가장 낮다.4)

2) 낮은 고용보호

미국은 사실상 고용보호가 없는 나라이다. 현재 미국의 고용보호 수준은 OECD 회원국들 가운데서 가장 낮아 미국 노동시장은 세계 어느 나라와도 비교될 수 없을 만큼 가장 경쟁적이다. 미국정부는 근로자의 안전, 건강, 고용의 형평에 관해서는 엄격하게 규제하지만 채용과 해고에 관해서는 사실상 규제하지 않는다. 한 예로, 정리해고와 관련된 법에 따르면, 100인 이상을 고용하는 기업들은 대규모 정리해고에 앞서 60일 이전에 해당 근로자들에게 사전통보만 하면 해고할 수 있다. 이 법은 1992년에 도입된 것인데 미국에서 고용보호와 관련된 유일한 조항이다. 이와는 달리 유럽은 한국과 마찬가지로 해고시에 '해고의 정당한 이유'가 있어야 하고, 사전통보 기간도 길뿐만 아니라 노조의 동의도 얻어야 하는 등 사실상 정리해고가 어렵다.

이와 관련하여 미국 노동시장의 대표적인 특징이라고 할 수 있는 해고를 보자. 경기순환에 따라 노동수요가 일시적으로 감소하는 경우에도 미국기업은 다운사이징을 과감하게 실시한다. 한 예로, 미국에서는 1979년부터 1995년 사이에 4천3백만 명이 실직한 것으로 기록되고 있다. 1991년 이후 대표적인 대량해고 사례는 GM 7만4천 명, IBM 6만3천 명, Sears 5만 명, AT&T 4만 명, Boeing 2만8천 명으로, 이들 회사에서는 근로자의 10% 이상이 감축되었다. 정도의 차이는 있지만 미국에서는 이와 비슷한 대량해고가 일 년 내내 이루어진다.[5]

미국경영자협회 조사에 따르면, 미국기업의 2/3 정도는 다운사이징과 신규채용을 동시에 실시해 오고 있다고 하는데 이 결과 고용은 오히려 증가한다고 한다. 미국기업들의 다운사이징은 신기술을 도입하고,

---

4) Cobet, A. E. and Wilson, G. A.(June, 2000), "Comparing 50 Years of Labor Productivity in U.S. and Foreign Manufacturing," *Monthly Labor Review*, pp.51-65.
5) 조준모(1997. 10), 『미국의 고용조정: 경험과 시사점』, 한국노동연구원.

작업방식을 개선하고, 기업조직을 개편하여 생산성을 향상시키려는 노력으로 볼 수 있는데 이 과정에서 고용조정, 특히 정리해고는 기업의 주도로 자유롭게 이루어진다. 정리해고가 자유롭게 이루어지므로 신규채용 역시 활발하게 이루어질 수 있다.

3) 일시해고제

미국의 낮은 실업률은 미국만이 갖고 있는 일시해고제(temporary lay-off system)를 바탕으로 설명된다. 일시해고제란 기업의 가동률이 떨어질 때 사용자가 고용 중인 근로자를 일시적으로 해고하는 제도를 말한다. 불황으로 기업의 가동률이 떨어지면 기업은 임금을 삭감하는 대신 호황이 오면 재취업시킨다는 조건으로 입사기간이 짧은 근로자부터 해고하고, 해당 근로자는 이를 받아들이는 제도이다.

미국에서 일시해고제가 폭넓게 활용되고 있는 이유는 다음과 같다.6) 불황으로 인해 임금이 삭감되면 전체 근로자의 소득이 감소하게 되므로 전체 근로자를 돌봐야 하는 노조는 최근에 입사한 근로자부터 해고되는 것을 바란다. 근로자는 사용자에 비해 정보가 부족하기 때문에 임금삭감 경우에는 자칫 속는다는 생각을 가질 수 있으므로 대신 일시해고를 받아들인다. 기업가는 기업특수적 인적자본에 투자했을 때 임금삭감으로 근로자들이 타기업으로 이동할 것을 우려하여 임금삭감 대신 최근에 입사하여 숙련이 부족한 근로자부터 일시적으로 해고한다. 근로자는 해고가 되면 실업보험금을 받게 되므로 임금조정으로 저임금을 받는 것보다는 일시해고를 더 선호한다.

이와 같은 기업의 해고재량권과 실업보험제도의 뒷받침 때문에 미국에서는 유럽국가들과는 달리, 개인해고는 물론 대량해고도 일 년 내내

---

6) Ehrenberg, R. G. & Smith, R. S.(1988), *Modern Labor Economics*, 3rd ed., Scott Foresman and Company.

가능하다. 이는 곧 미국에서는 노동이 생산요소로서 제 기능을 손쉽게 수행할 수 있다는 것을 의미한다. 따라서 미국기업의 해고재량권으로 인해 미국 노동시장은 유연성이 세계에서 가장 높을 수밖에 없다.

이 결과는 어떻게 나타날 것인가. 미국은 최근에 이를수록 실업률이 감소해 오고 있고, 선진국 가운데서 실업률이 사실상 가장 낮고, 다른 나라와는 전혀 달리 최근에 이를수록 경제가 성장해 오고 있다. 높은 노동시장 유연성은 미국경제 성장의 엔진이다.

4) 기타 노동경제지표

미국에서 실업률이 낮은 이유는 높은 노동이동률에서 찾아볼 수 있다. 1991년 미국은 여러 나라 가운데서 1년 미만의 근속연수 근로자 비율이 전체 근로자의 28.8%로서 가장 높고, 반대로 평균 근속연수는 6.7년으로서 가장 짧다. 이는 곧 미국의 노동이동률이 세계에서 가장 높다는 것을 의미한다. 노동이동률이 높다는 것은 재취업이 그만큼 쉽다는 것을 의미한다.

미국에서는 장기실업률이 낮기 때문에 실업률이 낮다. 미국에서는 실직한 근로자의 90% 이상이 1년 이내에 재취업할 수 있기 때문에 장기실업문제는 거의 발생하지 않는다. 예를 들면, 2000년 실업자 가운데서 1년 이내의 단기실업자 비율은 미국 31.9%, 일본 23.9%, 프랑스 16.7%, 독일 11.7%, 이태리 8.6%로서 미국이 가장 높다. 그러나 실업자 가운데서 장기실업자로 남아있게 될 비율은 미국 6.0%로서 이태리 60.8%, 독일 51.5%, 프랑스 42.5%, 일본 25.5%보다 훨씬 낮다.

미국에서는 정규직은 물론 임시직도 고용보호나 규제가 거의 없기 때문에 파견근로, 파트타임근로, 계약고용, 기타 임시직 등 고용패턴이 매우 다양하다. 이는 유럽 국가들과 비교할 때 특히 두드러진다.

이러한 특징들을 감안할 때, 미국 노동시장은 시장원리를 바탕으로 운용되고, 규제가 거의 없기 때문에 세계에서 가장 유연한 노동시장으로 알려져 있다.

2. 잘못된 관행으로 경직된 일본 노동시장

일본 노동시장의 특징은 노동력이 부족하던 시기에 관행으로 도입된 종신고용제도, 연공급 임금제도, 그리고 기업별 노조가 한데 어울려 노동시장을 경직시켰다는 데 있다.

1) 종신고용제도

일본은 1904~1905년 간 노일전쟁을 치른 후 기계산업이 발전하기 시작하자 이에 맞춰 정부가 여러 곳에 훈련학교를 세웠다. 그러나 큰 회사들은 훈련학교의 강의내용과 시설이 좋지 않고, 더근다나 훈련을 마친 근로자들이 반드시 자기 회사를 선택한다는 보장이 있는 것도 아니어서 자체 훈련학교를 세워 사내훈련을 실시했다. 그 후 노동운동이 점차 과격해지자 사용자들은 충성심 많은 핵심근로자들을 양성하기 위해 갓 학교를 졸업했거나 군복무를 마친 젊은이들 가운데서 회사의 특수교육과 훈련에 적응할 수 있는 일꾼들을 선발했다. 이를 계기로 사용자들은 내부승진을 원칙으로 삼고, 다른 회사로부터 근로자를 스카웃하지 않기로 방침을 세웠다. 이는 노동력이 부족한 시기에 노동력 확보를 위해 채택된 관행이었는데 이를 계기로 종신고용제도가 출발하게 된 것이다.[7]

1920년대에 들어와 일본회사들은 근로자들의 근무계속과 협조적인 노사관계를 위해 연공급 임금제도, 반년 보너스제도, 퇴직 보너스제도

---

7) Watanabe, S.(2000), "The Japan Model and the Future of Employment and Wage System", *International Labour Review*, 139-3.

등을 도입했다. 근로자의 연령, 근속연수 등에 따라 임금이 증가하는 연공급 임금제도는 당시 인기가 있었던 '생계임금'과 일치했다. 이처럼 연공급 임금제도는 노동력이 부족하던 시기에 종신고용제도를 뒷받침 하기 위해 도입된 것이다.

2차 대전 중인 1939~1942년 간 일본정부는 법령을 통해 종신고 용제도가 소기업을 포함하여 모든 근로자들에게 적용되고, 임금이 1년 에 한 차례씩 정기적으로 인상되도록 강요했다. 이 법령은 노동력이 부족한 시기에 모든 근로자와 그 가족들을 위해 최저기준생계비를 보 장하고, 근로자 스카웃을 막기 위해 마련된 것이었다. 이 법령은 1945 년 8월 종전과 함께 폐지되었다. 그러나 연공급 임금제도는 종전 후 이번에는 근로자 측의 압력으로 모든 산업에서 확고하게 자리를 잡고 말았다.

1950년대에 들어와 종신고용제도는 근로자 해고와 빈약한 생활조건 을 항의하는 노동운동이 확산됨에 따라 산업평화와 생산증가를 위한 노력의 일환으로 기반을 굳혀갔다. 이 무렵 대법원은 사용자가 근로자 를 마음대로 해고하는 것을 막기 위해 종신고용제도 도입을 강화했다. 특히 1960년대 고도성장기에 들어와서는 사용자들이 이들 관행을 파 기해야 할 이유가 전혀 없었다.

이와 같은 배경을 바탕으로 발전되어 온 일본의 종신고용제도는 현 재에 이르렀고, 앞으로도 큰 변화 없이 존속될 것으로 전망되고 있다. 이렇게 된다면 일본 노동시장 유연성이 높아지기까지에는 앞으로 상당 한 시간이 걸릴 것으로 전망된다.

2) 연공급 임금제도

연공급 임금제도는 노동력 확보를 위해 발전한 종신고용제도를 뒷받 침하기 위해 등장했다. 연공급 임금제도는 1947년 일본 전력산업노조가 성인 근로자의 하루 필요 섭취량 2,400칼로리와 관련하여 '생활임금'을 채택함으로써 본격적으로 등장했다. 이는 '데산 모델(Desan model)'이라고 불린다. 이 모델은 과학적인 근거를 바탕으로 임금이 결정된다는 점에서 당시에 임금결정기준으로 인정되었다. 이 모델에서 임금은 기준임금, 비기준임금, 반년 보너스 세 가지로 이루어졌다.

그 후 연공급 임금제도는 계속해서 유지되어 왔는데 이유는 다음과 같다. 첫째, 근로자들이 팀을 이루어 모두 최선을 다하는 경우 객관적이고 공정하게 임금을 결정할 수 있는 기준은 연령이고 둘째, 연공급 임금제도는 회사내 재배치, 경기변동, 기술진보 등으로 발생한 일자리 변동을 갈등 없이 조정할 수 있고 셋째, 연공급 임금제도는 기술진보로 근로자의 기술이 퇴화하는 경우에도 임금감소를 가져오지 않으므로 근로자가 반대하지 않으며 넷째, 연공급 임금제도는 내부승진제도가 바탕이 되는 것이어서 온정즈의적이기 때문이다.

그러나 연공급 임금제도는 종신고용제도와는 달리 그 동안 많이 변했다. 데산 모델은 출발 때부터 효율성 제고를 위한 인센티브가 없었기 때문에 사용자들이 불만을 가졌다. 물론 근로자들도 불만을 갖게 되었다. 경제여건 향상으로 생계비 관련 임금 비중은 감소하고, 근로 관련 임금 비중이 증가한 데다가 1970년대 말의 하이테크기술이 근속 연수와 기술수준 간의 관계를 모호하게 만들어 버렸기 때문이다. 여기에다 출생률이 감소하고 고령화가 심화되고, 정부 강요로 평균 퇴직연령이 65세까지 연장되는 추세에서 연공급 임금제도는 종신고용제도를 존속시키려는 사용자들에게 엄청난 노동비용을 가중시키게 된 것이다.

그런데 엎친 데 덮친 격으로, 이와 같은 추세가 일본경제가 1987~1991년 간의 거품경제 이후 연평균 1.0%대의 저성장으로 추락한 시기에 나타났기 때문에 연공급 임금제도는 변화할 수밖에 없게 된 것이다. 특히 1960년대의 고도성장기에 입사했던 근로자들의 임금이 현재

최고호봉에 놓여 있고, 이들이 퇴직 보너스까지 받게 되어 있고, 거품
경제시기에 무더기로 입사한 근로자들이 지금 30대에 이르고 있기 때
문에 일본기업들은 막중한 노동비용에 짓눌려 있는 상태이다.

이러한 상황에서 종신고용제도를 존속시키려는 일본기업이 노동비용
절감을 위해 선택할 수 있는 대안이란 연공급 임금제도를 개선하는 것
뿐이다. 그래서 연봉제는 일본에서 빠른 속도로 도입되어 왔고, 2005
년에는 대부분의 일본기업에서 도입되리라고 한다.

여기에다 비정규직 증가, 임금 삭감, 임금 동결, 노조의 춘투 포기
선언, 조기퇴직 유도, 정년보장을 전제로 한 임금 재계약 등 노동시장
유연성을 높일 수 있는 다양한 방법들이 빠른 속도로 도입되어 왔다.

3) 기업별 노조

여기에서 기업별 노조도 언급하는 것이 어울릴 것 같다.

일본의 노조는 노동자의 임금이나 권익 보호를 위해 독일식이나 미
국식 산업별 노조와는 달리 기업별 노조를 택해 왔다. 그 이유는 앞에
서 설명한 대로 종신고용제도로 인해 일본에서는 기업 간 노동자 이동
이 지극히 제한적으로 행해질 수밖에 없었기 때문이다. 다시 말하면,
내가 다른 회사로 옮기지 않는데 산업별 노조의 임금투쟁이나 연대행
동은 무슨 의미가 있겠는가. 또 어떤 면에서는 산업별 노조가 없기 때
문에 이직이 제한된다고 볼 수도 있다.

어떻든 기업별 노조로 인해 일본 노동시장이 경직되었다고 볼 수도
있는데 이는 인력이 부족했던 1980년대까지는 그다지 문제가 되지 않
았다.

4) 고용조정 방법

일본의 종신고용제도와 연공급 임금제도가 한데 어울려 만들어낸 대

표적인 특징으로 일본기업들은 정리해고와 같은 과격한 고용조정 방법을 기피하는 대신 파트타임 근로 등 비정규직 활용을 선호해 왔다는 점을 들 수 있다.

2001년 일본기업은 조사대상 기업 가운데 26%가 고용조정을 실시했고 나머지 74%는 실시하지 않은 것으로 나타났다.[8] 5개 산업 경우에도 비슷한 결과가 나타났다. 제조업은 39%가 고용조정을 실시했다. 2001년에 비해 1994년의 고용조정 실시비율은 약간 더 높고 1997년의 실시비율은 상당히 낮다. 어떻든 일본기업은 대충 30%가 고용조정을 실시한다고 보면 될 것 같다.

일본 후생성이 발표해 오고 있는 일본기업의 고용조정 방법은 8가지이다. 이 가운데 일본기업이 선호하는 고용조정 방법을 선호도가 높은 순서대로 쓰면, 2001년 전산업의 경우 '잔업규제'(15%: 15%란 고용조정 실시 기업의 15%가 잔업규제를 한다는 것을 의미함), '배치전환'(8%), '중도채용 삭감・정지'(6%), '출향'(5%), '휴일대체, 휴가증가', '임시근로자 재계약 정지 등', '희망퇴직자 모집・해고'(각각 4%), '일시휴업'(2%)이다.

또 1977년부터 2001년까지 일본 제조업 사업체는 낮게는 9%에서 높게는 46%까지 고용조정을 실시했다. 제조업에서 주로 많이 활용된 고용조정 방법도 전산업 경우와 같이 잔업규제, 중도채용 삭감 및 정지, 배치전환 및 출향 등으로 나타났다. 희망퇴직자모집 및 해고는 지난 20여 년 동안 0~2%에 그칠 정도로 거의 활용되지 않은 고용조정 방법이다.

이를 바탕으로 일본 고용조정의 특징을 간략하게 요약하면 다음과 같다. 그것은 첫째, 제조업은 40% 정도가 고용조정을 실시했고 둘째, 고용조정의 대상은 대부분 비정규직 근로자이고 셋째, 정리해고나 희

---

8) 일본후생노동성, 『노동경제동향조사』, 2002.

망퇴직자 모집과 같은 과격한 방법은 거의 활용하지 않는다는 점이다.

OECD는 일본에서 고용안정이 높은 또 다른 이유를 고용보호법, 연공제, 그리고 근로자에 대한 기업의 관심을 바탕으로 다음과 같이 설명한다.[9] 첫째, 일본의 고용보호법은 그 구속력이 OECD 국가 가운데서 중간 정도인데 회사가 정리해고를 단행할 때 만일 회사의 결정이 비합리적이거나 사회의 통념에 어긋나는 것이면 법원은 이를 무효화시킬 수 있기 때문에 일본기업들은 정리해고를 통한 고용조정 방법을 택하지 않는다. 둘째, 일본은 연공급 임금제도가 실시되는 나라인데 만일 근로자가 한창 나이에 다른 회사로 일자리를 옮기게 되면 그는 금전적으로 손해를 보기 때문에 본래의 회사에 남아 있기를 바란다. 셋째, 일본 기업들은 정리해고를 할 경우 회사의 평판이 나빠져서 좋은 근로자를 유치하지 못할 것을 우려하여 정리해고를 기피한다.

이와 같은 고용조정 특징 때문에 일본은 그 동안 다른 나라에 비해 고용안정을 유지해 왔고, 이는 한때 전세계의 선망의 대상이 되었다. 그러나 이와 같은 관행으로 인해 일본 노동시장은 지금 지나치게 경직되어 있다.

5) 비정규직 증가

일본의 종신고용제도와 연공급 임금제도가 한데 어울려 만들어낸 또 하나의 대표적인 특징으로 일본기업들의 비정규직 활용을 들 수 있다. 일본은 1975~1999년 간 비정규직 근로자 수가 290만 명에서 630만 명으로 증가하여 현재 정규직 대 비정규직 비율 7:3이 머지않아 6:4가 되리라고 한다.[10]

---

9) OECD(1994), *The OECD Jobs Study, The Adjustment Potential of the Labour Market, Part Ⅱ*.
10) 주 7)과 같음.

왜 이러한 변화가 나타나게 되었는가? 그 이유는 일본의 종신고용제도에서 찾아야 할 것이다. 일본기업들은 노동비용 절감과 피크수요에 맞추기 위해 임시직 근로자들을 활용한다. 임시직 근로자 사용업체는 제조업이 10%, 기업·개인서비스와 금융·보험이 20% 이상이 되는데 이들 사용업체는 임시직 근로자들로부터 특수전문기술을 확보한다고 한다. 만일 일본기업이 특수전문기술을 정규직으로 확보하여 얻으려고 한다면 노동비용은 또 얼마나 많이 증가할 것인가? 이 결과의 하나를 보자. 2001년 일본은 정규직에 대한 파트타임근로 비중이 약 28%로 OECD 회원국 가운데서 네덜란드 다음으로 높다.11) 이는 곧 일본에서는 비정규직이나 파트타임 근로자 활용이 노동시장 유연성을 높이는 데 기여했다는 것을 말해준다. 다시 말해 일본의 비정규직 증가는 일본만이 갖고 있는 종신고용제도와 연공급 임금제도가 가져온 결과로서 사용자의 노동비용 절감에 기여한 셈이다.

이는 일본으로부터 노동시장 관행을 그대로 베껴다가 사용해 오고 있는 한국에서 비정규직 근로자 활용을 그저 부정적인 시각으로만 볼 필요가 없다는 것을 시사해 준다.

일본의 종신고용제도, 연공급 임금제도, 기업별 노조, 해고를 기피하는 고용조정 등이 빚어낸 결과는 어떻게 나타나리라고 생각하는가? 한마디로, 그것은 경직된 노동시장이라고 말할 수 있다. 일본의 실업률은 아직도 선진국 가운데서 가장 낮은 편에 속하지만 1995년 이후로는 OECD 회원국 가운데서 가장 빠르게 증가해 왔다. 특히 1995년 이후 연평균 실질 GDP 성장률은 0.8%(한국은 3.3%)에 지나지 않다. 잘못된 관행으로 노동시장이 경직된 결과 일본 노동시장은 미국과는 달리 성장의 엔진 역할을 하지 못했다.

---

11) OECD, *OECD Employment Outlook*, 2000.

3. 지나친 노조파워로 경직된 독일 노동시장

독일 노동시장의 특징은 막강한 노조파워, 노동자 경영참여 제도, 그리고 경쟁이 금지된 교육제도가 빚어낸 '독일병'으로 인해 노동시장이 지나치게 경직되었다는 점에서 찾을 수 있다.[12] 2002년 IMD가 발표한 국가경쟁력 순위에서 독일은 '노동규제' 항목에서 조사대상 49개국 가운데서 48위를 차지했다(한국은 '노사관계' 항목에서 47위임). 경직된 독일 노동시장은 독일경제를 '저성장·고실업, 저효율·고비용' 경제로 만들었다.

1) 침체에 빠진 독일경제

먼저 독일경제의 '저성장·고실업' 실상을 보자.

연도	성장률	실업률
1926–1938	4.3	–
1951–1960	7.9	5.72
1961–1970	4.5	0.97
1971–1980	2.7	3.14
1981–1990	2.6	8.22
1991–2000	1.4	8.03(서독) 9.84(동·서독)
2001	0.6	10.4
2002	0.2	10.3
2003	-0.15(전반기)	10.5(2003. 11)

<표-2> 독일의 성장률과 실업률, 1951~2003(단위: %)
* 자료: OECD, *OECD Economic Outlook*, 2001/2, 2001 독일연방통계연감.
표는 민경국(2003. 4), 「독일경제가 망하고 있다」, 『에머지』, pp.169~188에서
2003년만 제외하고 전재한 것임.

---

12) 민경국, 「독일경제가 망하고 있다—한국경제는 독일경제를 反面教師로 삼아야 한다」, 『에머지』, 2003. 4, 169~188쪽.

독일의 성장률은 1951~1960년 간 연평균 7.9%부터 시작하여 10년마다 4.5%, 2.7%, 2.6%, 1.4%로 지속적으로 감소해 왔고, 2002년에는 아마도 OECD 회원국 가운데서 가장 낮은 0.2%를 기록했으며, 특히 2003년 전반기에는 마이너스 성장률까지 기록했다. 실업률은 1961~1970년 간 놀랍게도 0.97%를 기록했다가 1981~1990년 간 8.22%로 곤두박질 친 후 2003년 11월에는 10.5%를 기록했다.

다음에는 독일경제의 '저효율·고비용' 실상을 보자.

1992~2001년 간 독일의 제조업 연평균 노동생산성 증가율은 3.0%로(미국 4.0%, 일본 3.6%, 한국 10.7%) 다른 나라보다도 훨씬 낮고, 시간당 임금 증가율은 4.5%로(미국 3.7%, 일본 2.4%, 한국 12.3%) 한국을 제외하고 미국과 일본보다 훨씬 높다. 이 결과 같은 기간 동안 독일은 단위노동비용 증가율이 1.5%로(미국 -0.2%, 일본 -1.2%, 한국 2.0%) 미국과 일본보다 훨씬 높다.[13]

1970년대까지 세계적으로 명성이 높았던 독일경제가 오늘날 왜 이 꼴이 되고 말았는가? 민경극 교수는 그 이유를 '독일병'에서 찾고 있다. '독일병'이 노동시장을 경직될 대로 경직시키고 말았기 때문이다. '독일병'은 1970년대부터 꿈틀거리기 시작하여, 1980년대 동유럽 사회주의 몰락을 계기로 독일식 자본주의가 싹틀 무렵부터 본격적으로 만연되기 시작한 것으로 얘기된다. '독일병'의 원인은 막강한 노조파워, 노동자 경영참여 제도, 그리고 경쟁이 금지된 교육제도에서 찾을 수 있다.

---

13) Cobet, A. E. and Wilson, G. A.(June, 2000), "Comparing 50 Years of Labor Productivity in U.S. and Foreign Manufacturing," *Monthly Labor Review*, pp.51-65.

2) 막강한 노조파워

'독일병'의 첫 번째 원인은 막강한 노조파워이다. 막강한 노조파워가 노동시장을 어떻게 경직시켰는가를 보자.

첫째, 독일 노동조합은 입법부처럼 막강한 파워를 가지고 있다. 독일에서는 산업별 노조의 단체협약 없이 임금과 근로조건 등이 결정된다는 것은 생각할 수도 없다. 단체협약은 강제규정이다. 따라서 단체협약에서 결정된 사항만이 기업단위의 노사합의 대상이 되므로 노동시장 유연성을 높일 수 있는 분권적 노사합의는 아예 금지되어 있다.

둘째, 독일 연방노동법원의 판결은 연방의회의 법률과 똑같은 효력을 갖고 있어서 노동시장을 경직시킨다. 독일 노동법원은 개별적인 노동분쟁을 해결하기 위한 기구로서 지방노동법원, 주노동법원, 연방노동법원 3심제로 구성되어 있다. 특히 노동법원은 소송비용이 아주 적어 (500유로) 노조가 이용하기 쉽다. 연방노동법원의 판결은 노동시장 전체를 고려하는 것이 아니라 개별적인 노동분쟁 해결만을 고려하는 것이어서 노동시장을 경직시키게 된다.

셋째, 정부의 실업정책이 노동시장을 경직시킨다. 정부는 실업문제를 해결하고자 복지정책 차원에서 실업보험, 실업보조금, 사회부조 등을 위해 많은 돈을 쓰는데 이는 오히려 실업을 부추기게 된다. 예를 들면, 2000년 독일 제조업의 시간당 평균 노동비용은 25.81유로로로 세계에서 가장 높은데 이 가운데 55.1%인 14.23유로는 근로자가 직접 쓸 수 있는 임금이고 나머지 44.9%인 11.58유로는 복리후생 관련 각종 사회보장기여금이다. 그런데 정부는 근로자의 복지를 위해 사회보장기여금 11.58유로의 40%를 보조한다. 정부는 또 고용촉진정책으로 교육훈련비 지원, 일자리창출 지원, 일자리탐색 지원 등 돈을 많이 쓴다. 이처럼 정부가 근로자를 위해 돈을 많이 쓴다는 것은 정부 스스로가 실업을 부추기는 셈이다. 정부의 보조 덕분에 근로자들은 그만큼 놀고

먹을 수 있을 테니까. OECD가 노동시장 유연성을 높이기 위해서는 회원국들이 복리후생비를 낮춰야 한다고 권고해 오고 있다는 점을 감안할 때 '독일병'의 원인은 정부의 복지정책에서도 찾아볼 수 있다.

3) 노동자 경영참여 제도

'독일병'의 두 번째 원인은 노동자 경영참여 제도이다. 노동자 경영참여 제도가 노동시장을 어떻게 경직시켰는가를 보자.

독일에서 노동자 경영참여 제도는 계약이 아닌 정치권력에 의해서 1976년 입법된 후 지금까지 실시되어 오고 있다. J. Vanek에 따르면 노동자 경영참여 제도의 대표적인 특징은 노동자가 기업을 경영하고 기업소득은 노동자들에게 균등하게 분배된다는 점이다.[14] 이렇게 볼 때, 노동자 경영참여 제도란 노동자가 기업의 재산과 이윤을 사용할 수 있는 권리를 갖는 제도이다. 노동자 경영참여 제도에서는 노동자들이 주주의 이윤을 공동재산으로 만들어서 기업경영에 참여하게 된다. 그런데 노동자 경영참여 제도의 문제점은 기업경영 결과가 좋지 않을 때 책임을 누가 지느냐 하는 점이다. 노동자는 물론 지지 않는다. 이는 곧 노동자 경영참여 제도에서는 시장경제 원리 가운데 하나인 '자기책임원리'가 지켜질 수 없다는 것을 의미한다. 따라서 노동자 경영참여 제도에서는 기업이 경쟁력을 잃기 마련이다. 현재 독일경제가 앓고 있는 '독일병' 원인의 하나가 바로 노동자 경영참여 제도로 인해 독일 기업이 경쟁력을 상실했다는 데 있다.

그런데 노무현 정부는 집권 직후 독일식 노동자 경영참여 제도 도입을 고려했다가 한국 실정에서는 아직 빠르다고 판단되어 종업원 지주 제도로 선회한 것으로 보도되었다.[15] 천만다행이다.

---

14) Vanek, J.(1975), *The Participatory Economy*. (정갑영 역, 『참여의 경제』, 학민글 밭, 1987.)

4) 경쟁이 금지된 교육제도

'독일병'은 경쟁을 허용하지 않는 잘못된 교육제도가 가져온 낮은 효율성 때문에 비롯되었다. 경쟁이 금지된 교육제도가 노동시장을 어떻게 경직시켰는가를 보자.16)

독일은 20세기 초만 해도 학문적 명성이 세계에서 가장 높았다. 예를 들면, 노벨상의 45%가 독일학자이고, 자연과학 문헌의 80%가 독일어로 쓰여졌고, 1915년 베를린 의과 대학생의 40%가 미국학생이었다. 그러나 오늘날 독일은 교육면에서 후진국으로 전락하고 말았다. 2002년 8월에 실시된 국제학력평가 계획에서 한국, 일본, 미국, 영국, 핀란드 등은 모두 상위권에 속했지만 독일은 포르투갈 다음으로 꼴찌를 차지했다. 이 평가에서 독일은 바이에른 주를 제외한 나머지 15개 주가 모두 OECD 평균치에도 이르지 못하고, 특히 사회민주당이 집권하는 주는 모두 최하위권에 머물렀다. 놀랍게도 독일에는 현재 100만 명 이상의 문맹자가 있다고 한다.

독일교육의 효율성은 왜 이처럼 추락하고 말았을까? 그 이유는 첫째, 전통적 가치로부터 해방을 촉구한 1968년의 교육개혁(이를 '68문화혁명이라고도 부름)이 잘못되었고 둘째, 교육개혁을 통해 교육제도가 경쟁원리를 배제시켰기 때문이다.

독일의 교육개혁은 시험 없는 학교가 이상적이고, 공부하기 싫으면 안 해도 되고, 학생이나 학교간의 경쟁은 불필요하다는 등의 이념을 바탕으로 추진되었다. 특히 교육개정 과정에서 각 주들은 서로 협조관계를 맺어가면서 교육정책과 관련하여 유권자들이 주 정부를 통제할 수 없게 만들어 버렸다.

그 결과는 어떻게 나타났는가. 유치원생부터 시작하여 초등학생,

---

15) 조선일보, 2003. 4.
16) 주 12)와 같음.

중·고등학생, 대학생들은 지역학교에 구속되어 지역을 떠나 학교를 선택하는 것도, 지역 내에서 학교를 바꾸는 것도 제한되고 말았다. 대학은 학생 선발권이 대폭 제한되어 현재 25%만을 자율적으로 선발할 수 있을 뿐이고, 대학생들은 거주지를 원칙으로 대학이 배정되며 대학을 손쉽게 바꿀 수도 없다. 재정문제와 관련하여 대학운영은 주 정부가 맡고 있다. 따라서 유치원에서부터 박사학위를 받을 때까지 개인은 돈을 내지 않는다. 또 교수들은 공무원 신분으로 '철밥통' 보장을 받고 있어서 쫓겨날 위험이 전혀 없고, 월급도 실적에 따라 지급되지 않는다. 이와 같은 교육제도에서는 경쟁이란 아예 발붙일 여지가 없다. 따라서 대학은 경쟁력을 잃게 되고, 시대에 알맞는 인적자원을 쌓을 수 없다. 이 결과 질적인 면에서 노동시장은 경직될 수밖에 없게 된 것이다.

지금까지 논의한 대로 독일은 노동문제, 기업문제, 교육문제로 인해 '독일병'을 앓게 되었다. 이 결과 '독일병'은 독일 노동시장을 경직될 대로 경직시켜 독일경제를 '저성장·고실업, 저효율·고비용'의 늪에 빠뜨리고 만 것이다.

Ⅳ. 노동시장 유연성 평가: 미국, 일본, 독일, 한국

노동시장 유연성 평가에 관한 논의는 별로 눈에 띄지 않는다.17) 노동시장 평가기준은 기껏해야 고용보호 수준 정도가 아닌가 생각된다. 그러나 이는 지나치게 추상적인 표현이다. 그래서 필자는 이를테면, 경

---

17) Monn, Marie-Laure(2001), Redundancy, Business Flexibility and Worker's Security: Findings of Comparative European Survey", *International Labour Review*, 140-1.

조정방법	조정내용	평가항목	점수 및 등급 순위
간접적 조정	노동비용상승 완화	1. 단위노동비용 상승 완화	일본(4)〉 미국(3)〉 독일(2)〉 한국(1)
		2. 임금 이외의 노동비용상승 완화	일본(4)〉 미국(3)〉 한국(2)〉 독일(1)
직접적 조정	수량적 고용조정	3. 노동이동 촉진	한국(4)〉 미국(3)〉 일본(2)〉 독일(1)
		4. 근로시간 조정	미국(4)〉 독일(3)〉 일본(2)〉 한국(1)
		5. 근로관행 조정	미국(4)〉 한국(3)〉 일본(2)〉 독일(1)
		6. 근로자수 조정	미국(4)〉 일본(3)〉 독일(2)〉 한국(1)
	기능적 고용조정	7. 근로조직 개편	—————
		8. 훈련 실시	독일(4)〉 미국(3)〉 일본(2)〉 한국(1)
정책적 조정	노동시장정책 실시	9. 소극적 노동시장 정책 실시	독일(4)〉 일본(3)〉 미국(2)〉 한국(1)
		10. 적극적 노동시장 정책 실시	한국(4)〉 일본(3)〉 독일(2)〉 미국(1)
	법과 제도 도입 및 개선	11. 법과 제도 도입 및 개선	미국(4)〉 일본(3)〉 한국(2)〉 독일(1)

<표-3> 노동시장 유연성의 평가내용

* 자료: 조정방법, 조정내용, 평가항목은 Ⅱ장의 내용 참조. 점수 및 등급 순위는
평가자료를 바탕으로 평가한 것임.

제자유지수나 고용보호지수 같은 지수를 마련하여 노동시장 유연성을
측정할 수 없을까 생각해 왔다. 다음에 논의하는 노동시장 유연성 평
가방법은 필자가 처음으로 시도하는 것이 아닌가 생각된다.

1. 평가방법

여기에서는 단순한 측정방법 하나를 소개하고자 한다.

필자는 Ⅱ장에서 노동시장 유연성 모형을 논의했다. 이 모형은 노동
시장 유연성 제고를 정책목표로 삼고 이를 실현하기 위한 11가지 정

책수단을 제시했다. 관련된 내용은 <표-3>의 '평가항목'에 다시 나타냈다. 여기에서는 이 항목들을 바탕으로 노동시장 유연성을 평가할 것이다. 평가방법을 간략하게 요약하면 다음과 같다.

첫째, 노동시장 유연성 제고를 위한 11가지 정책수단을 대상으로 평가한다.

둘째, 평가방법은 OECD의 고용보호 수준 평가에서처럼 절대평가가 적합하지만 자료부족 때문에 그렇게 하는 데는 한계가 있다. 대신 필자는 점수투표제를 적용할 것이다. 점수투표제란 평가대상 항목에서 순위가 가장 높은 나라부터 가장 낮은 나라에 이르기까지 일정한 점수를 부여하여 마지막에 이를 합산한 다음 등급을 매기는 방법이다. 여기에서는 네 나라의 등급을 평가하므로 순위에 따라 점수를 각각 4점, 3점, 2점, 1점을 준다. 순위가 높을수록 점수가 높다.

2. 평가자료

미국, 일본, 독일 노동시장 유연성을 평가하기 위해 필자는 1990년대 이후의 기간을 대상으로 삼고 주로 OECD가 발표해 온 노동시장 관련 자료를 활용했다.[18] 각 변수에 관한 설명과 자료는 다음과 같다.

1) 단위노동비용 상승률: 1992-2001 연간 연평균 임금 상승률과 노동생산성 증가율로 평가
   → 미국(-0.2%), 일본(-1.2%), 독일(1.5%), 한국(2.0%)
2) 노동비용 중 임금 이외의 노동비용 비율: 2001년 또는 2002년의 비율로 평가

---

18) 자료는 졸저(2003) 『한국 노동시장, 지금 어디로 가고 있는가』를 참조하기 바람.

→ 미국(27.4%), 일본(18.3%), 독일(44.9%), 한국(30.8%)

3) 노동이동 촉진: 2000년 장기 실업률/단기실업률 비율로 평가

→ 미국(6.0/31.9), 일본(25.5/23.9), 독일(51.5/11.7), 한국(2.3/59.5)

4) 근로시간 조정: 법정근로시간 수 또는 법정근로시간 법제화 여부로 평가

→ 미국(법제화 안 함), 일본(40시간), 독일(40시간, 유연함), 한국(44시간)

5) 근로관행: 근로형태 다양화: OECD의 임시직 보호수준 순위로 평가

→ 미국(1위), 일본(17위), 독일(18위), 한국(16위)

6) 근로자 수 조정: OECD의 정규직 고용보호 순위로 평가

→ 미국(1위), 일본(20위), 독일(21위), 한국(26위)

7) 근로조직 개편: 자료 부족으로 등급평가에서 제외

8) 훈련 실시: 2001년 적극적 노동시장정책 중 훈련지출 비율로 평가

→ 미국(27%), 일본(10%), 독일(28%), 한국(26%)

9) 소극적 노동시장정책 실시: 2001년 GDP 대비 실업보험지출 비율로
평가

→ 미국(0.30%), 일본(0.55%), 독일(1.90%), 한국(0.16%)

10) 적극적 노동시장정책 실시: 2001년 노동시장정책지출 중 적극적 노
동시장정책지출 비율로 평가

→ 미국(33%), 일본(55%), 독일(38%), 한국(66%)

11. 법과 제도 도입 및 개선: OECD의 정규직, 임시직 등의 고용보호 순
위로 평가

→ 미국(1위), 일본(14위), 독일(20위), 한국(17위)

3. 평가결과

이제 평가결과를 논의하기로 하자.

평가결과는 <표-3>의 오른쪽 '점수 및 등급 순위'에 나타나 있다.
노동시장 유연성에 관한 네 나라의 평가점수는 다음과 같다.

미국: 31점, 일븐: 28점, 독일: 21점, 한국: 20점

이들 네 나라의 평가에서 노동시장 유연성은 미국이 가장 높고, 그 다음이 일본과 독일이고, 한국이 가장 낮다.

참고로 고용보호 순위를 바탕으로 평가된 노동시장 유연성의 등급은 다음과 같다.

미국: 1위, 일본: 14위, 한국: 17위, 독일: 20위

4. 한국 노동시장에 주는 교훈

Ⅲ장의 내용과 앞에서 논의한 미국, 일본, 독일 노동시장 유연성 평가를 바탕으로 각 나라가 한국 노동시장에 주는 교훈을 7가지로 간략하게 정리하기로 한다.

1) 미국 노동시장이 주는 교훈

미국 노동시장이 한국 노등시장에 주는 교훈은 다음과 같다.

① 임금이 주로 노조파워가 아닌 시장원리에 따라 결정되므로 임금 유연성이 높다.
② 사실상 고용보호가 없기 때문에 고용 유연성이 높다.
③ 사실상 노동시장 규제가 없기 때문에 고용형태가 다양하여 노동시장 유연성이 높다.
④ 일시해고제도가 실업보험제도와 연계되어 있어 사용자는 아무 때나 근로자를 해고할 수 있고, 근로자는 저항 없이 이를 받아들이므로 노동시장 유연성이 세계에서 가장 높다.

⑤ 단기실업률이 높아 실업자가 될 가능성은 OECD 회원국 가운데서 가
장 높지만 고용기회가 많아 장기실업자가 될 가능성은 가장 낮아 노동
시장 유연성이 높다.
⑥ 임금제도가 성과급 중심이어서 임금 유연성이 높다.
⑦ 노조조직률이 낮고, 지속적으로 감소해 오고 있으며, 파워가 약해 노
동시장 유연성이 높다.

2) 일본 노동시장이 주는 교훈

일본 노동시장이 한국 노동시장에 주는 교훈은 다음과 같다.

① 노동력 부족을 해결하기 위해 도입된 종신고용제도가 노동시장을 경직
시켰다.
② 종신고용제도 유지를 위해 도입된 연공급 임금제도가 기업의 노동비용
을 가중시켜 노동시장을 경직시켰다.
③ 종신고용제도 관행 때문에 일본기업은 정리해고 같은 과격한 고용조정
을 하지 않아 고용 유연성이 매우 낮다.
④ 임금과 고용 경직성으로 인해 파트타임 근로를 비롯하여 비정규직 고
용이 빠르게 증가해 왔다.
⑤ 종신고용제도로 인해 기업별 노조가 발전했고, 이로 인해 고용 유연성
이 더욱 낮아졌다.
⑥ 최근 일본 노조는 춘투 포기 선언에 이어 임금삭감 등에서 솔선수범
을 보이고 있다.
⑦ 1995년 이후 일본은 OECD 회원국 가운데서 실업률이 가장 빠르게
증가하는 반면 고용은 가장 느리게 증가해 오고 있어 무엇보다도 노동
시장 유연성 제고가 필요하다.

3) 독일 노동시장이 주는 교훈

독일 노동시장이 한국 노동시장에 주는 교훈은 다음과 같다.

① 독일은 노조파워, 노동자 경영참여 제도, 경쟁 없는 교육제도로 인해
   노동시장이 경직된 대표적인 나라이다.
② 산업별 노조의 단체협약은 연방입법부의 결정보다도 사실상 더 막강한
   파워를 갖고 있으므로 노동시장이 오랫동안 경직되어 왔다.
③ 노동자 경영참여 제도로 인해 노동시장이 경직될 대로 경직되어 기업
   은 경쟁력을 잃었다.
④ 산업별 노조의 단체협약에 따라 임금이 결정되므로 임금 유연성이 지
   나치게 낮다.
⑤ 노동비용 가운데서 소위 복리후생비 비중이 세계에서 가장 높아 노동
   시장이 경직되었다.
⑥ 경쟁이 허용되지 않는 교육제도로 인해 시대에 맞는 인적자본을 축적
   할 수 없어 노동시장 유연성이 낮다.
⑦ 시장경제를 바탕으로 이룩된 '라인강의 기적'은 독일식 자본주의 또는
   사회적 시장경제 도입 후 노동시장이 경직되어 막을 내렸다.

V. 결론

이 글은 노동시장 유연성은 현대경제에서 성장의 엔진이라는 시각에
서 쓴 것이다.

세계경제는 전반적으로 1992년부터 침체에서 벗어나 활기를 찾아가
고 있다. 이 과정을 지켜보면, 미국경제는 성장하고, 일본경제는 침체
에 빠져 있고, 독일경제는 망하고 있다는 것을 알 수 있다. 그렇다면
성장률의 차이를 결정하는 요인은 무엇인가. 필자는 이 글에서 그 대

답을 노동시장 유연성에서 찾고자 했다. 실제로 미국경제는 자유로운 경쟁 때문에 노동시장이 유연하여 성장하고, 일본경제는 잘못된 관행 때문에 노동시장이 경직되어 추락하고, 독일경제는 노조파워 때문에 노동시장이 경직되어 망하고 있는 것이다.

최근의 독일경제는 우리에게 좋은 교훈을 줄 수 있다. 독일은 2002년에 일본과 함께 아마도 OECD 국가들 가운데서 가장 낮은 0.2%의 성장률을 기록했는데 2003년 1/4분기에는 2002년보다도 못한 −0.2%, 2/4분기에 −0.1%를 기록했다. 이와 관련하여 슈뢰더 독일 총리는 2003년 8월 '독일 자체의 붕괴를 막기 위해 경제체제를 개혁해야 한다'고 강조한 후 독일은 '분배중심의 사회주의 정책에서 성장중심의 시장경제 정책으로 돌아선다'고 선언했다. 이를 위해 노동시장 유연성을 높일 것이라고 언급하기도 했다.

한국은행은 2003년 3월 「우리 경제의 중장기 발전과제」라는 보고서를 통해 2003~2012년 간의 한국경제 전망을 제시한 바 있다.[19] 이 보고서는 한국경제가 지속적으로 성장·발전할 수 있으려면 경제안정기조 확립, 경제성장기반 확충, 경제시스템 선진화, 대외협력 강화, 효과적인 사회복지제도 구축이 필요하다고 강조했다. 이 보고서는 특히 5년 이내에 해결해야 할 중기과제로는 정부조직의 효율화 및 투명성 향상, 기업의 경영투명성 및 저수익구조 개선, 금융에 대한 정부의 과도개입 억제, 노동시장 유연성 제고 등이 필요하다고 밝혔다.

그런데 한국은행 보고서는 한국이 이와 같은 정책과제를 효과적으로 달성하지 못할 경우, 한국은 2012년 1인당 소득이 1만 2천 3백 달러로 세계 58위에 그치게 되리라고 경고했다. 필자는 노동시장 유연성 제고가 주요 정책과제의 하나로 한은 보고서에 포함되어 있다는 점에 관심을 갖지 않을 수 없다.

---

19) 한국은행 조사국, 『우리 경제의 중장기 발전과제』, 한은조사연구 2003. 2.

이렇듯 노동시장 유연성은 현대경제에서 성장의 엔진이라고 말할 수 있다. 현대경제에서 사용자는 자본, 경영, 토지 등과 같은 생산요소 사용은 유연하게 조정할 수 있지만 노동만은 그렇게 하기가 쉽지 않기 때문이다. 어떻든 한국경제가 발전하려면 노동시장 유연성은 반드시 제고되어야 한다. 노동시장 유연성을 높이지 않으면 한국경제는 미국경제처럼 성장하다가 일본경제처럼 추락하여 독일경제처럼 망할 것이다.

< 참고문헌 >

김적교, 『경제정책론』 박영사, 1996.

김황조, 『세계 각국의 노사관계 』, 세경사, 1995.

민경국, 「독일경제가 망하고 있다」, 『에머지』, 2003. 4, 169-188쪽.

박덕제, 『유럽의 고용조정 실태와 정책과제』, 한국노동연구원, 1997. 9.

＿＿＿, 『영국의 고용조정』 한국노동연구원, 2002.

박동운, 「한국의 소득정책과 소득재분배 효과」, 『산업연구』 7집, 단국대 산업연구소, 1984.

＿＿＿, 『노동시장의 유연성』, 자유기업원, 1997.

＿＿＿, 『구조개혁과 실업대책－OECD 국가들의 경험을 중심으로』, 집문당, 2000.

＿＿＿, 『Q&A 형식으로 엮은 시장경제 이야기』, FKI미디어, 2001. 12.

＿＿＿, 『개방경제 거시경제론—이론과 정책』, 개정판, 영지문화사, 2002.

＿＿＿, 『시장경제인가, 반(反)시장경제인가』, CFE, 2002.

박훤구・강순희, 『일본의 고용조정: 실태와 시사점』, 한국노동연구원, 1997. 11..

이원덕・김훈・방하남・이병희・장지연・전병유, 『21세기 노동정책』, 한국노동연구원, 2000. 1.

이종원・신영수・이규용, 『한국 제조업의 고용조정 분석』, 집문당, 2001, 12.

조준모, 『미국의 고용조정: 경험과 시사점』, 한국노동연구원, 1997. 10.

최성수, 『선진국 사회적 합의주의의 특성과 시사점』, 한국경제연구원, 2000. 8.

최강식 · 이규용, 『우리나라 기업의 고용조정 실태』, 한국노동연구원, 1998. 3.
______ · ____, 『우리나라 기업의 고용조정 실태(Ⅱ)』, 한국노동연구원, 1998. 7.
______ · ____, 『우리나라 기업의 고용조정 실태(Ⅲ)』, 한국노동연구원, 1998. 11..
한국은행, 『우리 경제의 중장기 발전계획』, 2003. 3.
한국노동연구원, 『해외노동통계』, 각 연도.
____________, 『KLI 노동통계』, 각 연도.
한국 하이에크 소사이어티 편, 『이제는 자유를 말할 때』, 율곡출판사, 2001. 12.
____________________, 『자유와 법치 – 시장경제 창달을 위한 차기정부의
    과제』, 에머지(주), 2002. 12.

Brodsky, Melvin M.(Nov. 1994), "Labor Market Flexibility", *Monthly Labor
    Review*, pp.53-8.
Cobet, A. E. and Wilson, G. A.(June 2002), "Comparing 50 Years of Labor
    Productivity in U.S. and Foreign Manufacturing", *Monthly Labor
    Review*, pp. 51-65.
Ehrenberg, R. G. & Smith, R. S.(1988), *Modern Labor Economics*, 3rd ed.,
    Scott, Foresman and Company.
Martin, J. P.(2000/1), "What Works among Active Labour Market Policies:
    Evidence from OECD Countries' Experiences", OECD Economic
    Studies No. 30, pp.70-113.
Monn, Marie-Laure(2001), "Redundancy, Business Flexibility and Workers'
    Security: Findings of a Comparative European Survey", *International
    Labour Review*, 140-1.
OECD(1986), Labour Market Flexibility, Report by a high-level group of
    experts to the Secretary-General.
OECD, Labour Market Flexibility, Trends in Enterprises.
______(1994), The OECD Jobs Study, Part Ⅰ, Ⅱ.
______, OECD Economic Outlook, 각 연도.
______, OECD Employment Outlook, 각 연도.
Vanek, J.(1975), The Participatory Economy. (정갑영(1987) 역, 『참여의 경
    제』, 학민글밭.
Watanabe, S.(2000), The Japan Model and the Future of Employment and
    Wage System, *International Labour Review*, 139-3.

「노동시장 유연성의 국제비교」에 관한 논평

남성일 (서강대 교수, 경제학)

1. 유연성의 개념에 대한 소고

□ 유연성이란 시장주체들이 환경에 따라 거래 내역을 자유롭게 선택할 수 있는 정도를 말한다고 생각됨.
 － 거래의 종류, 거래 상대, 거래의 크기 및 거래 가격 등에 대한 자유선택 정도

□ 또 유연성은 각 시장 및 부문간에 자원이 자연스럽게 유통될 수 있는 정도를 말한다고 생각됨.
 － (예) 노동시장 및 자본시장 간의 흐름, 지역 및 산업 간의 이동 등

□ 마지막으로 유연성은 재산권 행사의 자유로움을 말하기도 한다고 생각됨.

□ 이상에 근거하여 노동시장의 유연성은 임금을 포함하여 각종 근로조건의 자유로운 선택가능성, 노동시장 간의 원활한 흐름, 및 재산권 행사의 자유로움을 뜻한다고 생각됨.
 － 임금수준, 임금종류, 고용형태, 고용규모, 근로시간형태, 근로시간크기, 승진형태, 근로환경, 등 근로조건에 관해 자유롭게 노사

가 거래할 수 있는 정도

- 청년노동시장과 장년노동시장, 여성노동시장과 남성노동시장, 대기업노동시장과 중소기업 노동시장 등 시장간의 흐름.
- 사업장 조직, 인력의 배치, 승진 등 인사경영권의 자유로운 행사여부.

□ 노동시장 유연성은 참가주체들의 의식 및 관행과 함께 시장을 둘러싼 제도, 법 및 정책에 의해 영향을 받음.

□ 이러한 개념에 비추어 볼 때 박동운 교수님의 모형은 유연성 자체보다는 유연성에 영향을 주는 수단이나 정책을 포함하고 있어 약간 혼란스러운 느낌을 줌.

- 예컨대 소극적 노동시장정책, 혹은 적극적 노동시장정책 등은 유연성에 영향을 주는 정책들임.

2. 우리나라 노동시장 경직성의 영향

□ 노동시장 경직성의 효과는 우선 생산성을 상회하는 고임금 구조로 나타남.

■ 자료입수 가능한 2만 불 달성 선진국 11개국의 국민소득 1-2만 불 기간 중 실질임금 증가율 및 생산성 증가율을 한국의 현실과 비교함.

■ 비교대상국들이 소득 1-2만 불 기간 중 실질임금 증가율은 평균 1% 내외로 물가상승율을 약간 상회하는 수준임. 반면 생산성 증가율은 평균 3% 내외를 보이고 있음. 따라서 실질임금 증가율이 생산성 증가율보다 낮음.

  ⟹ (의미) 지속적인 성장과 고용창출이 가능.

■ 특히 캐나다와 미국은 실질임금 증가율이 거의 제로임.

■ 이에 비해 한국은 실질임금 증가율이 생산성 증가율을 훨씬 상회하는 고임금 구조로 가고 있음.

■ 외환위기를 극복한 99년 이후 생산성 증가율은 연평균 4.6%, 물가상승율은 2.7%인 데 반해 명목임금 증가율은 연평균 8.6%, 실질임금 증가율은 5.8%임.

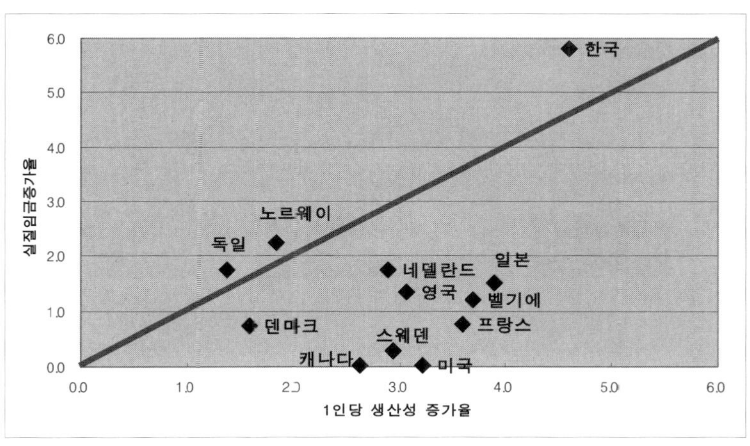

<그림-1> 소득 1-2만 불 기간 중 생산성과 실질임금 증가율 비교

□ 아울러 노동시장 간 격차가 확대되는 경향이 생김.

– 대표적인 여가 대기업- 중소기업간 임금격차가 지속적으로 확대되는 것임.

– 아울러 근로조건 또한 기업규모간 격차가 벌어지고 있음.

□ 내부자(insiders)에 의해 보호받지 못하는 계층의 경제활동이 제약을 받게 됨.

- 청년실업율이 평균실업율보다 2배 이상 높은 현상이 지속되고 있음.
- 한국의 여성 취업자 비율은 약 50% 정도로 선진국 평균보다 낮음.

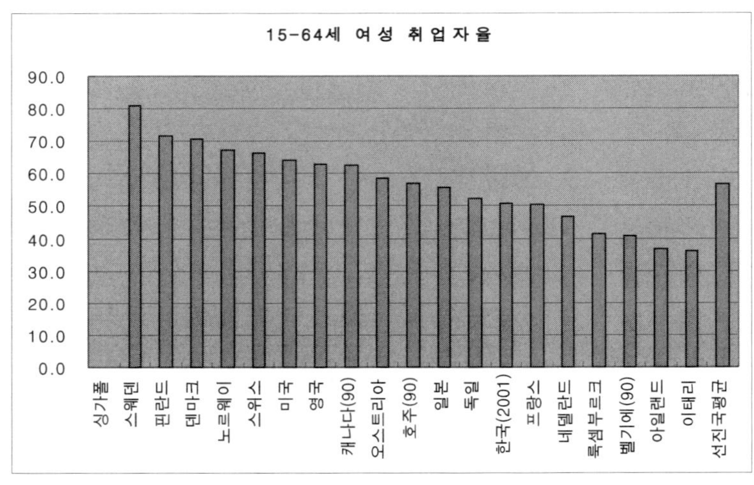

<그림-2> 2만 불 넘는 국가들의 여성 취업자 비율

「노동시장 유연성의 국제비교」에 대한 토론

조준모 (숭실대 교수, 경제학)

1. 연구요약

- 박동운 교수님의 연구는 노동시장 유연성의 정도를 계측하는 객관적인 지표를 개발하고 이 지표를 토대로 노동시장의 특징이 서로 다른 미국, 일본, 독일 노동시장 유연성을 평가하는 것임.

2. 연구기여

- 주제의 중요도에 비하여, 그간 노동경제학계에서 노동시장 유연성을 객관적으로 연구한 연구결과물은 드물며, 연구결과물이 축적된 한국노동연구원에서도 노동시장 유연성에 관한 실증연구를 2004년 기초과제로 채택하여 연구할 정도로, 많이 회자되지만 정작 제대로 연구가 진행되지 않았던 주제임.
- 이런 환경 하에 본고는 노동시장 유연성 정도를 객관적으로 정의하고 우리나라 노동시장의 유연성 정도를 계량적으로 평가하고자 노력하였다는 차원에서 그 기여를 둘 수 있음.

3. 연구개선점

1) 영미패러다임 지상주의

- 본 연구는 한국형 노동시장 패러다임을 제시함 없이 영미 지상
  주의-유럽 파탄주의식 이분법적 평가를 하고 있음.
- 설사 그렇다고 하여도 특정한 노동제도를 영미식 제도로 무조
  건적으로 벤치마킹해 가는 데는 분단노동시장구조, 부실한 사회
  안전망 운영체계와 근로감독체계 및 모호한 법률규정, 부실한 사
  법기능, 인기영합적 정치권 등과 같이 질적토양이 달라 영미에서
  보이지 않는 문제점이 유발될 수 있음.

2) 수량적 고용유연화에 경도된 해석

- 닉켈(Nickell)의 실증 연구결과에 의하면 해고비용과 고용수준
  은 역의 상관관계를 가짐.
- 그러나 이렇게 수량적 유연화를 지지하는 닉켈의 연구도 기능
  적 유연성과의 조화를 부인하지는 않음.
- 지난 15년간의 우리나라 인적자원관리 변화의 방향성은 기능적
  유연성의 증대라기보다는 수량적 유연성의 증대 모색으로 요약
  할 수 있음.
- 그러나 수량적 유연성 추구가 단기적인 비용 효율성은 가져올
  지 모르지만 반드시 장기적으로 기업에 유리하다고 볼 수 없으
  며, 기업의 인적자원관리는 일국의 사회제도의 영향을 받기 때문
  에 경로 의존성이 강하며 향후에도 우리의 현실에 맞는 인적자
  원관리 모색이 계속되어야 함.
- 이제까지의 시각을 볼 때, 노동시장의 유연성과 안정성은 서로
  상반된 개념으로 유연성은 경영계에게 무조건 좋고, 노동계에는
  불리한 것, 안정성은 노동계에게 무조건적으로 좋고 경영계에는
  해로운 것으로 이해되는 경향이 있음.
- 우선 노동시장의 유연성은 노사에게 모두 자유로운 정리해고의

가능, 경영계에게만 이로운 것, 신자유주의 논리, 비정규직화 등
으로 단순 도식화되어 이해됨.
- 한편 노동시장의 안정성은 경영계에서 구조조정시 고용승계, 비
정규직의 정규직화 등 경직성의 상징으로 단순 도식화되어 이해
된 측면이 있으며, 경영계는 경영합리화와 생산성 향상을 위해
정리해고법제 유연화에 큰 비중을 둠.
- 이로 인해 경영계는 노동시장의 유연성을, 노동계는 고용안정성
을 최대의 가치로 여기고 서로 대립과 갈등을 보이게 되며, 유
연성과 안정성을 동시적으로 추구할 수 있는 방법에 대해서는
합리적인 토론을 진행시키지 못해 왔음.

4. 생산적 제고를 위한 기능적 유연화

1) 생산성을 초과하는 임금상승

- <그림-1>은 임금이 노동생산성을 초과하고 있음을 보여주고
있고, 이러한 현상은 2003년도 2/4분기까지의 통계치에서도 잘
나타남.
- 노동조합은 소모적인 임금투쟁과 사용자를 향한 무조건적인 고
용안정만을 고집할 것이 아니라, 근로자 생산성 향상과 인적자원
개발을 위한 노동조합 자체의 Positive Program을 개발하고 그
것을 통해 사용자측에 건설적인 제안을 할 필요성이 있음.
- 경영계는 노동시장의 유연성을 정리해고 내지 사용자에게 이익
이라는 단순도식을 통해 기계적으로만 이해할 것이 아니라 노동
의 부가가치를 높여 생산성 향상을 도모한다는 적극적인 차원에
서 근로자 생산성을 높이고 인적자원을 개발하는데 더 많은 투
자와 노력을 집중할 필요가 있음.

- 노동 상품의 질(Quality) 향상과 인적자원의 개발에 노사가 협
  조하고 같이 고민할 경우, 유연성과 안정성은 동시적으로 추구할
  수 있는 상생의 개념으로 발전할 수 있음.

- 노사가 교육훈련이나 인적자원개발 프로그램을 통해 한 노동자
  의 노동상품의 질을 향상시켜 놓을 경우, 높은 노동의 질을 보
  유한 노동자는 사용자가 정리해고라는 강압적 수단을 통해 굳이
  노동시장 밖으로 내몰지 않더라도 노동시장에서 보다 좋은 조건
  을 찾아 자발적으로 이동할 가능성이 높아지며, 사용자는 그러한
  노동자를 정리해고할 유인이 줄어들게 됨.

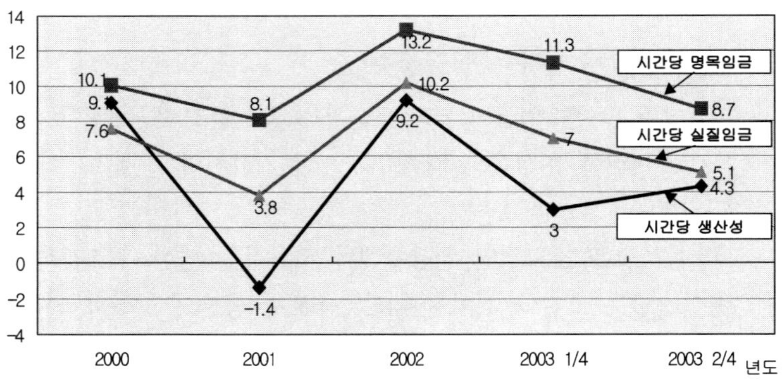

<그림-1> 최근의 연도별 생산성과 임금증가율 비교

주) 자료 : 노동부

화물연대의 집단행동:
오류, 원인 그리고 과제[*]

전용덕

(대구대 교수, 경제무역학부)

* 이 글의 기본 틀은 전용덕, 「화물연대 집단행동이 남긴 과제」, 자유기업원 OLD 03-15(No. 220, 2003. 5. 16)에서 왔다. 제3회 자유주의 정책 심포지엄에서 유익한 논평을 준 복거일, 최성수 두 분에게 감사드린다.

I. 서론

　민주노총 산하 전국운송하역노조 소속 화물운송특수고용 노동자연대
(이하 '화물연대')는 지난 5월과 8월, 두 번에 걸쳐서 운송거부라는 집
단행동을 감행했다.[1] 지난 몇 년 동안 화물차의 공급은 급격히 증가한
반면에 화물 운송 서비스에 대한 수요는 거의 증가하지 않아 화물차
경영이 악화되어 왔다.[2] 이에 따라 화물연대는 운송비 인상 등과 함께
무엇보다 노동3권을 확보하고 산별노조로서의 지위를 획득함으로써 화
물 수송 서비스를 독점화하기 위하여 운송거부라는 집단행동을 한 것
이다. 이 글은 화물차 공급의 증가와 화물 운송 서비스 수요의 정체에
대한 원인을 분석하는 것을 주요 목적으로 한다.

　집단행동에 참여했던 차주도 다양했다. 컨테이너 트레일러, 벌크 시
멘트 트레일러, 일반 화물차 등의 차주였다. 두 번의 집단행동의 폐해
는 금전적으로도 모두 계산할 수 없지만 사회 전체가 겪은 혼란이나
대외 신인도의 하락 등과 같은 비금전적 손실도 결코 작은 것이 아니
었다. 이러한 손실이나 폐해의 상당 부분은 집단행동과 관련하여 정부
를 포함한 일부 경제 주체의 잘못된 인식이나 오류에 의해 발생했다.
즉, 두 번의 물류대란의 상당 부분은 인재(人災)라는 것이다. 이 글의
두 번째 목적은 일부 경제 주체의 잘못된 인식이나 오류를 지적하는
것이다.

　화물연대는 화물 운송 서비스에 대한 수급의 불일치를 운송거부라는

---

1) 두 번의 집단행동을 구분해야 하는 경우에는 '5월 운송거부'와 '8월 운송거부'
로 각각 표기한다.
2) 화물연대는 전국에 10개 지부가 있고 두 번의 집단행동에 가담했던 지부와
차주는 각기 다르다. 화물의 성격, 보유 차량의 종류, 계약의 내용과 방법 등이
서로 다르다는 점에서 두 번의 운송거부에 가담했던 지부와 차주가 제기한 문제
도 조금씩 다르다. 그러나 편의상 화물의 운송 서비스라는 관점에서 통합하여 분
석하고자 한다.

집단행동을 통해 운송 서비스의 가격을 인위적으로 올리고 각종 세금이나 공과금에 대한 정부의 양보를 얻어내고자 했다. 그리고 그러한 시도는 상당 부분 성공했다. 화물연대가 정부로부터 각종 세금이나 공과금에 대해 정부의 양보를 얻어낸 것은 국민에게 자신의 비용의 일부를 전가하는 것이다. 8월의 운송거부에서 정부는 '업무복귀 명령제'와 '화물차 운전자격제'를 도입할 것을 천명했다. 이러한 시장 간섭은, 아래에서 자세히 보겠지만, 그 이유가 타당하지 않다. 두 제도는 임기응변적으로 대응하는 방법이고, 별로 유용하지 않는 법을 만들어내어 경제주체를 규제하고 통제하게 된다. 두 번의 운송거부에서 크게 부각되지는 않았지만, 화물차 차주를 노동자로 취급하여 노동3권을 허용할 것을 요구한 내용은 진지한 검토와 논의가 필요하다. 노동3권 허용 요구는 화물연대가 화물 수송 서비스의 독점화를 시도한 것이다. 이 글의 세 번째 목적은 화물연대와 정부가 합의한 내용의 정치경제(political economy)적인 의미와 비시장적 해결 방법의 문제점을 지적하는 것이다. 이와 함께 화물연대의 운송거부가 남긴 과제의 의미와 시장적 해결 방안을 모색한다.

결론적으로, 화물연대는 화물 운송 서비스 시장의 경쟁 격화로 인한 화물차 경영의 악화라는 시장적 결과에 대응하여 운송비의 강제적인 인상, 정부에 의한 각종 공과금의 할인, 노동3권 보장을 통한 화물 운송 서비스 시장의 독점화 등, 비시장적 해결 방법을 시도하거나 관철시켰다.

이 글의 순서는 다음과 같다. II장에서는 차주의 운송거부라는 집단행동이 발생했을 때 정부, 언론, 운송회사 또는 화주가 범한 각종 오류와 인식상의 문제를 지적하고, 그것이 가지는 시사점을 분석하고자 한다. III장에서는 집단행동의 원인을 집중 분석한다. IV장에서는 정부와 화물연대의 합의 내용과 정부 대책을 평가하고 정치 경제적 의미를 분석한다. V장에서는 화물연대의 운송거부에 대한 시장적 해결 방안을 모색하고 결론을 내린다.

II. 경제주체의 오류와 문제인식 능력

화물연대의 운송거부 사태가 발생했을 때, 정부, 언론, 운송회사 또는 화주 등은 오류를 범했거나 문제인식 능력에 결함이 있음이 드러났다. 이 절에서는 세 주체가 범한 오류나 문제 인식 능력 등을 지적하고 그것이 경제나 사회에 미치는 영향과 의미를 검토하고자 한다.

1. 정부

첫째, 정부의 문제 인식 능력에 관한 것이다. 집회·결사의 자유는 헌법에 보장되어 있다. 그러므로 집단행동은 대한민국 국민이라면 누구나 언제든지 가능하다. 그러나 그것은 어디까지나 합법적이어야 한다.[3] 화물연대는 두 가지 불법행동을 저질렀다. 예를 들어, 화물연대 포항지부가 '포스코' 출입문을 막고 화물의 출입을 통제한 것은 명백한 불법행동이다. 그런 행동은 화주와 운송회사에게 큰 손실을 안겨주었다. 사정이 이런데도, 당시 정부는 '불법행동'은 허용하지 않겠다는 말만 되풀이했다. 즉, 불법행동이 이미 자행되고 있는데도 정부는 불법행동을 허용하지 않겠다고 하는, 문제 인식상의 오류를 범했다. 문제를

---

3) 여기에서 합법성의 문제는 장소와 밀접한 관련이 있다. 그러나 이 점은 이 글의 범위를 벗어나기 때문에 생략한다. 자세한 것은 전용덕, 「재산권으로서의 인간권리」, 김영용·김정호·전용덕 공저, 『헌법재판소 판례 연구』, 자유기업원, 2003.과 Rothbard, N. Murray, *The Ethics of Liberty*, Highlands, Humanities, 1982.를 참고.

아예 인식하지 못한 것이라고 하겠다. 아마도 그러한 오류는 정부의 친노동자적인 정책으로 인한 결과인 것처럼 보인다. 이 점은 현 정부가 문제를 바라보는 시각과 원칙이 얼마나 잘못되어 있는가 하는 점을 보여준다.

두 번째 불법행동은 비화물연대 차량의 화물 운송을 화물연대가 폭력으로 방해한 것이다. 폭력은 비화물연대 차량의 화물 운송으로 자신들의 집단행동의 효과가 물거품이 되는 것을 막기 위하여 취한 행동이었다. 이러한 행동은 5월 물류대란 시에 두드러졌다. 당시 정부는 이러한 불법적 행동을 그대로 방관했다. 법을 집행할 정부가 자신의 역할을 포기한 것이다. 법 집행의 포기는 정부가 화물연대를 노동자로 보았기 때문으로 여겨진다. 물론 정부의 친노동자적 행동은 이번에단 문제되는 것은 아니다.[4]

둘째, 공정거래위원회(이하 '공정위'로 표기)의 문제 인식 능력과 공정거래법의 정당성에 관한 것이다. 현행 공정거래법은 '제4장 부당한 공동행위의 제한'에서 집단행동 또는 공동행동을 불법으로 금지하고 있다. 구체적으로 공정거래법 제19~22조가 여기에 해당한다. 집단행동이 담합이기 때문이라는 것이다. 그러나 공정위는 차주의 집단행동이 불법이기 때문에 그러한 행동의 중지, 과징금, 법 위반 사실의 공표 등을 명령한 적이 없다. 자신들의 직무를 태만한 것이다. 교통과 통신수단의 발달은 공동행위의 범위가 상상을 초월할 정도로 대규모가 될 수 있음을 이번 화물연대 물류대란이 잘 보여주고 있다. 그런데도 공동행위의 범위를 매우 좁게 보고 있다는 점에서 공정위의 문제 인식

---

4) 노조의 폭력적 행동에 대한 정부의 방관적 태도에 대한 자세한 설명은 전용덕, 「노동조합과 정치자금의 기부」, 김영용·김정호·전용덕 공저, 『헌법재판소 판례 연구』, 자유기업원, 2003.과 Rothbard, N. Murray, *Man, Economy and State*, *Auburn*, Ludwig von Mises Institute, 1993[1963].을 참고.

능력에 결함이 있다.

그러나 그것보다 더 중요한 문제는 공정거래법이 시장경제 원리에 맞게 제정되었는가 하는 점이다. 시장에는 소비자와 생산자가 있고, 그들은 자신의 자산을 자신의 자유의지대로 처분할 자유와 권리가 있다.5) 시장에는 소비자만 존재하는 것이 아니라는 것이다. 시장에서 소비자가 자신의 이익을 위하여 공동으로 행동할 수 있듯이 생산자도 자신의 이익을 위하여 공동으로 행동할 수 있다. 그러므로 집단행동은 담합이 아니라 자신의 이익을 위한 공동행동으로 자발적 카르텔 결성 행위이다.6) 그러한 자유와 권리는 앞에서 본 집회·결사의 자유와 잘 일치한다. 다만 앞에서도 지적하였지만, 집단행동이 타인의 생명과 재산을 직접적으로 침해하는 불법이어서는 안 된다. 한 마디로, 공정거래법은 시장경제 원리에 맞게 제정된 것이 아니다. 그러므로 역설적이지만 공정위가 공정거래법을 집행하지 않음으로써 화물연대의 집단행동에 대한 정부의 대응이 자유시장경제 원리에 맞게 되는 결과를 가져왔다.

셋째, 정부는 운송계약이 개별계약임에도 불구하고 단체계약인 것처럼 강제로 협상하게 했다. 이러한 강제의 문제점은 집단행동이 끝난 연후에 드러났다. 운송회사나 차주가 단체계약을 무시하거나 존중하지 않음으로써 화물연대가 불만을 가지게 되었다는 것이다. 이 점은 향후 정부의 화물연대 정책에 제약을 가할 것이다.

---

5) 그 점에서 소비자 보호라는 말은 잘못된 것이다. 시장에서 생산자를 희생으로 소비자만을 보호하는 정책을 소비자주의(consumerism)로 총칭한다. 이 점에서도 공정거래법을 포함한 많은 법이 문제가 있다.

6) 카르텔에는 자발적인 것과 비자발적인 것이 있다. 비자발적인 카르텔은 독점으로 규제해야 한다. 자세한 내용에 대해서는, 전용덕, 「카르텔과 합병: 이론과 현실」, 2001, 미발표 원고와 Rothbard, N. Murray, *Man, Economy and State, Auburn*, Ludwig von Mises Institute, 1993[1963], Salin, Pascal, "Cartel as Efficient Production Structure," *Review of Austrian Economics*, vol. 9, no. 2, pp. 29-42를 참고.

넷째, 차주의 집단행동으로 물류대란이 염려된다는 뉴스가 전해지면서 고위공직자는 새로운 위기관리 체제가 아직도 구축되지 않았다고 말한 적이 있다. 그러나 차주의 행동은 법치가 무너지고 있음을 보여주는 것이지 위기관리 체제와 아무런 관련이 없다.

다섯째, 정부는 화물연대의 차주가 운송하역노조에 가입하는 것을 방치함으로써 화물연대 차주의 집단행동을 비록 간접적이지만 도와주었다. 현행 노조법상 화물연대 소속 차주는 노조에 가입할 수 있는 근로자가 아님에도 불구하고 운송하역노조를 만들어 가입해 왔다. 이는 근로자가 아닌 자가 노조에 가입한 경우로써 노조법상 노조원 자격의 결격사유에 해당한다.[7] 정부는 화물연대 차주의 법위반을 평소에 처벌하지 않았을 뿐만 아니라 집단행동이 일어났을 때도 그 점을 문제 삼지 않았다. 이것은 정부가 오류를 범한 것이 아니라 법집행에 있어서 드러난 문제점이라고 하겠다.

2. 언론

일부 언론은 화물연대의 집단행동을 '파업', 그에 따른 협상 타결을 '화물파업 전격타결' 등으로 보도했다. 그러나 그들의 행동은 결코 파업이 아니다. 차주라는 사업자가 일치하여 운송거부라는 집단행동을 한 것이다. 왜냐하면 차주는 사업자이지 결코 노동자가 아니기 때문이다. 대법원이 시멘트 레미콘 지입 차주의 노동자 여부를 묻는 판결에서 이미 이 점을 분명히 했다. 법적으로 지입 차주는 노동자가 아니기 때문에 차주들이 한 운송거부는 이익단체의 집단행동일 뿐이다.

법적으로 뿐만 아니라 경제적으로도 화물연대의 행동이 파업이 아님은 분명하다. 차주는 운송회사나 화주와 화물의 운송을 위한 계약을

---

7) 이 점은 최성수를 참고. 최성수, 「화물연대 주장의 검토」, 『제3회 자유주의 정책 심포지엄』, 한국 하이에크 소사이어티, 2003.

맺는다. 이 때 계약이란 사용자와 노동자 간의 고용계약이 아니라 독립 사업자 간의 화물운송 계약이다. 차주와 운전사 간에는 고용 관계가 성립한다. 화물연대의 경우에 차주는 자신 소유 화물차의 운전사이기 때문에 차주와 운전사라는 일반적인 고용 관계는 아니다. 운전사로서 고용 조건을 변경할 것을 차주인 자신에게 요구하는 것 자체가 의미가 없기 때문이다. 차주가 어떤 운송회사에 운전사로 고용된 경우와 비교하면 화물연대의 사업자적 성격을 더 또렷이 알 수 있다. 운송회사나 화주와 차주의 관계와 차주와 운전사의 관계에서, 화물연대의 지입 차주에게는 후자의 관계는 없다. 다시 말해, 지입 차주는 자신이 사장이자 노동자이면서 경영상의 이유로 다른 노동자를 고용하지 않는 (고용할 수 없는) 독립 자영업자이다. 그러므로 경제적 관점에서도 화물연대의 집단행동은 파업이 아님이 분명하다.

화물연대의 운송거부에 대한 언론의 오류는 크게 두 가지 부작용을 낳았다. 첫째, 이러한 오류는 언론이-의식적이었든 또는 무의식적이었든-차주의 집단행동을 노사문제로 몰아가는 결과를 가져왔다. 집단행동을 노사문제로 바라보게 만듦으로써 여론이 화물연대에게 유리하게 되도록 하는 데 상당히 기여했다. 이러한 여론은 친노동자적인 정부 정책과 맞물려 물류대란을 증폭시키는 결과를 가져왔을 것으로 생각된다. 만약 언론이 화물연대의 행동을 파업으로 보도하지 않았다면 5월 운송거부 초기에 여론이 화물연대에게 그렇게 유리하게 조성되지 않았을 수도 있다. 물론 그 결과는 상대적으로 축소된 형태의 물류 난으로 나타났을 것이다.

둘째, 화물연대의 집단행동에 대한 언론의 잘못된 인식은 언론의 보도 방향에도 영향을 미쳤을 것으로 여겨진다. 집단행동 현장에 있었던 사람들에 의하면, 실제로 지난 5월 운송거부 시에 화물연대 회원의 비화물연대 차주의 화물 운송에 대한 방해 행위는 상당히 많았다고 한다. 그러나 상당수 언론은 화물연대의 이러한 폭력적이고 불법적인 행동을 거의 보도하지 않았다. 이 점은 8월 운송거부와 대비하면 금방 드러난다. 8월에 비해 5월에 폭력행위가 더 자주 일어났고 더 과격했음에도 불구하고, 실제로는 8월에 비해 5월의 폭력행위 보도는 상대적으로 적었다. 이러한 언론의 보도 방향은 화물연대의 집단행동에 대한 언론 자신의 잘못된 인식에서 왔을 것으로 추정된다. 그러므로 언론의 잘못된 보도는 화물연대가 소기의 목적을 달성하는 데 어느 정도 기여했을 것으로 여겨진다.

3. 운송회사 또는 화주

집단행동은 한 사업자와 동일 산업의 다른 사업자가 공동으로 자신들의 이익을 위하여 하는 행위를 말한다. 비록 집단행동이 헌법에 저촉되지 않는 경우에도 사업자와 소비자 또는 자신의 고객과의 관계는 집단행동과 독립된 것이다. 차주가 집단행동에 참가하더라도 화주나 운송회사와의 계약은 이행해야 한다.

운송계약에는 두 가지 종류가 있다. 장기계약과 단기계약이 그것이다. 장기계약은 통상 1-2년 간 일정한 화물을 단위당 얼마에 운송한다는 운송회사 또는 화주와 차주의 계약이다. 장기계약은 화물이 정규적이고 운송물량이 많을 때 안정적인 관계를 유지하기 위하여 체결하는 계약이다. 단기계약은 화물을 운송하는 조건을 정하고 일반적으로 단기간에 그 계약을 완료하는 경우이다. 단기계약은 화물이 비정규적이고 운송 물량이 적을 때 통상적으로 체결한다.

이번 화물연대의 집단행동은 화주나 운송회사와의 장기계약을 어긴 것이다.8) 이러한 계약 위반은 민사상 손해 배상의 대상이다. 그러나

---

8) 복거일은 계약경제학(economics of contract) 관점에서 화물연대 차주와 화주나 운송회사의 관계를 바라볼 것을 제안하고 있다. 복거일, 「'화물연대의 집단행동:

예외를 제외하고, 5월 운송거부에서 운송회사가 차주에게 계약 파기로 인한 손해배상을 청구하지 않았다. 운송회사는 화주에게 상당한 손해 배상을 했는데도 말이다. 그 결과로 8월 운송거부가 초래된 측면이 있음을 부인할 수 없다. 8월 운송거부에서도 운송회사나 화주는 차주에게 계약 파기로 인한 손해배상을 청구하지 않았다. 이러한 결정이 정부의 강제와 장기계약 관계로 인한 정서적 요인에 의해 내려졌을 것으로 짐작된다. 자의든 타의든, 운송회사나 화주의 이러한 결정은 향후 화물연대의 집단행동의 과격성을 결정 짓는 중요한 선례가 될 것이다.

III. 집단행동의 원인

이 절에서는 화물연대의 차주가 집단행동을 하게 된 원인을 화물차 공급, 화물 서비스 수요, 화물차 경영, 지입제, 운송 알선업 등으로 나누어 검토하고자 한다. 첫째, 화물차 공급의 증가를 가져온 요인들을 검토한다. 1997년 이후 운송 서비스 수요는 크게 늘지 않았는데도 운송 서비스 공급을 할 수 있는 화물차는 크게 늘어왔다. 통계청 자료에 의하면, 1997년 17만 5천 대이던 사업용 화물차는 2001년 27만 1천 대로 54%나 증가했다. 특히 5톤 이상 대형 화물차는 97년 9만 9천여 대, 2000년 10만 6천여 대 수준이던 것이, 2001년에 14만 1천여 대, 2002년에는 16만 3천여 대로 증가했다. 즉, 사업용 화물차가 2001년부터 극적으로 증가했음을 알 수 있다. 화물차 증가의 대부분은 지입 차주에 의한 것이다. 문제는 이러한 증가가 어떻게 가능했는가 하는 것이다.

오류, 원인 그리고 과제'에 대한 논평」,『제3회 자유주의 정책 심포지엄』, 한국 하이에크 소사이어티, 2003. 참고.

대형 화물차의 가격은 엄청나다. 25톤 화물차는 1억여 원, 25톤 컨테이너 화물차는 1억 4천만여 원 정도이다. 할부 금융으로 차를 구입한다면 이자만도 적은 것이 아니다. 거기에 원금을 상환할 수 있어야 차를 구입할 수 있는 엄두를 낼 수 있을 것이다. 가계대출금리는 98년에 15-16％대, 99년에 10-12％대, 2000년에 9-10％대, 2001년에 7-8％대, 2002년에 7％대로 하락했다. 컨테이너 화물차의 경우에 이자비용만 연간 1998년에 2,100-2,200만 원 정도를 부담해야 하는 것이, 2001년에는 1,000-1,100만 원으로 절반 수준으로 감소했다. 대형 화물차가 2001년부터 갑자기 증가한 것은 정부의 낮은 이자율 정책에 의해 화물차와 같은 고가의 자본재 구입비용, 특히 금융비용이 절반 이하로 낮아졌기 때문으로 볼 수 있다. 즉, 이번 물류대란의 원인으로 정부의 저이자율 정책을 꼽지 않을 수 없다. 이번 사건은 정부가 인위적으로 이자율을 결정하면 자본재 시장이 왜곡된다는 점을 보여주는 좋은 예이다. 여기에 덧붙여, 소득이 늘어나면서 저축에 의해 차를 구입할 수 있는 능력이 어느 정도 늘어난 것도 사실이다. 이 점은 장기적인 원인이다.

1997년 외환 위기 이후에 많은 제조업체는 비용을 절감하기 위하여 운송을 아웃 소싱(out sourcing)하는 방법으로 인력과 장비를 구조 조정했다. 그것은 화물차와 운전사를 과거에 제조업체가 책임지게 하던 것을 차주가 화물차와 운전 서비스를 책임지게 만들었다. 이러한 아웃 소싱의 증가는 정부의 저이자율 정책으로 차주가 화물차를 구입할 수 있는 능력의 증가와 맞아 떨어졌다. 즉, 외환위기로 인한 물류체계의 변화가 차주의 증가를 가져온 제도적 요인이다.

2000년에는 운송 서비스 산업에서 중요한 규제 완화가 있었다. 2000년 이전에는 운송회사를 설립하기 위한 기준 등록대수가 화물차 25대였다. 2000년에 운송회사 설립을 자유롭게 한다는 취지에서 등록대수를 현행 화물차 5대로 낮추었다. 그 결과, 앞에서 지적한 요인들과 맞물려 운송회사는 극적으로 증가했다. 비공식 집계에 의하면, 운송회사의 수가 2000년 이전에 2,000-3,000개이던 것이 현재는 6,000-7,000개로 증가했다고 한다.

둘째, 전국 육상 운송 물량은 1997년 4억 8,900만 톤에서 2001년 5억 3,500만 톤으로 9% 증가하는 데 그쳤다. 1997년에서 2001년까지, 화물차 공급의 증가에 비하면 화물 운송 서비스 수요는 매우 낮게 증가했다. 수요와 공급 원리에 따라 단위당 운송 가격은 하락할 것임을 예측할 수 있다. 보도에 의하면, 화주가 지급하는 명목 운송비는 지난 10년 동안 거의 변하지 않았다고 한다. 그러나 1993년 1월 기준으로 2003년 4월까지 소비자 물가 상승률은 약 54%이다. 인플레이션을 감안하면 실질 운송 가격은 하락해 온 셈이다.

화물차의 증가에 미치지 못하는 수송 물량의 증가는 어디에 원인이 있는가. 수송 물량의 증가와 감소는 경기의 상승·하강과 밀접한 관련이 있다. 화물의 대종을 이루는 1차 금속산업의 경기실사지수는 1997년 1/4분기에서 4/4분기까지 각각 53, 77, 66, 63이었다.9) 1998년에는 분기별로 14, 41, 42. 71이었다. 1999년에는 79, 115, 112, 127이었다. 2000년에는 102, 104, 90, 64이었다. 2001년에는 55, 91, 67, 86이었다. 2002년에는 102, 123, 106, 91이었다. 99년 4/4분기 127을 정점으로, 2001년 1/4분기에 55, 2002년 2/4분기에 123, 2002년 4/4분기에 91이었다. 1997년을 기준으로 1999년까지 경기가 상승하여 수송 물량의 증가가 있었다. 이후 2002년에 일시적으로 반등한 것을 제외하고 1차 금속산업의 경기가 하강했다.

이러한 경기의 상승과 하강이 어떻게 일어났는가를 살펴볼 필요가 있다. 경기의 상승과 하강은 화폐 공급과 밀접한 관련이 있다.10) 광의

---

9) 경기실사지수 추이는 한국은행의 경제자료 DB 참고.

의 통화량(M2)은 1997년에 약 517.3조 원에서, 1998년 약 639.7조 원, 1999년 약 672.5조 원, 2000년 약 707.7조 원, 2001년 약 765.0조 원, 2002년 약 872.1조 원으로 증가했다. 전년대비 증가율은 1998년에 약 23.7%, 1999년 약 5.1%, 2000년 약 5.2%, 2001년 약 8.1%, 2002년 약 14.0%이다. 화폐 공급의 이러한 변화는 1차 금속산업의 경기의 상승과 하강을 어느 정도 설명할 수 있다. 한 마디로, 화물 수송 물량의 증감은 화폐 공급의 변화와 밀접한 관련이 있다고 하겠다.

셋째, 화물차 서비스에 대한 수요와 공급을 제외하고, 화물차 경영을 어렵게 만든 요인은 무엇인가? 경유(저유황, SK제품 기준)의 가격은 1999년 1월에 리터당 510-520원 하던 것이 2002년 12월에 825원으로 올라 4년 만에 약 60% 증가했다. 이러한 상승의 원인은 유류세의 개편에 따른 것이다. 같은 기간에 휘발유 가격은 거의 변하지 않았다. 그러므로 경우 가격의 급격한 상승은 화물차 경영을 악화시키는 요인 중의 하나이다.

인건비 등의 상승은 화물차의 대형화를 촉진하고 있다. 그만큼 위험이 커지고 화물차 차주의 경영자로서의 능력이 문제가 되고 있다. 차주들이 그에 대한 충분한 준비를 하고 차를 구입하고 있는 것인지 의심이 가지 않을 수 없다. 시장이 확대되면서 무능한 기업가 즉, 차주도 운송업계에 유입될 것임은 두말할 필요도 없다. 여기에 더하여, 화물 운송 서비스 시장의 흐름을 파악하지 못한 화물 차주의 판단 착오도 화물차 경영의 악화를 초래했을 것으로 짐작된다.

넷째, 지입제는 운송업계에서는 아주 오래된 관행이다. 화물차 운수사업법에 따르면, 5톤 이상의 화물차를 소유한 사람이 운수사업자로

---

10) 화폐의 공급과 경기의 상승과 하강의 관계에 대한 자세한 설명은, 전용덕, 「화폐와 금융 제도의 개혁」, 2001. 미발표 원고와 Rothbard, N. Murray, *The Mystery of Banking*, Richardson & Synder, 1983을 참고.

등록하기 위해서는 5톤 이상 화물차 최소 5대가 필요하다.[11] 1대의 차량을 소유한 차주는 운수사업자 면허가 있는 운송회사에 차량을 등록하고 실제로는 개인 영업을 한다. 이것이 이른바 지입제다. 지입제는 시멘트 레미콘 차량, 관광버스 등에서도 널리 사용되고 있다. 지입제는 화주가 자신의 화물차를 구입해서 운송회사에 재산권을 잠정적으로 넘기는 제도이다. 결과적으로, 차량의 실질적인 소유자는 화주이지만 법적인 소유자는 운송회사가 된다. 이러한 잘못된 제도 때문에 지입 차주가 자기 차량에 대한 법적인 소유권을 전혀 행사할 수 없게 돼 있다.

지입 차주는 물량의 확보와 상관없이 상당한 액수의 금액을 운송회사에 징구 당한다. 문제는 빈약한 서비스에 비해 그 금액이 상당히 많다는 데 있다. 아마도 지입 여부를 결정하는 권한을 운송회사가 쥐고 있을 뿐만 아니라 법적으로 운송회사가 지입 차량의 소유자이기 때문으로 여겨진다. 지입제는 정부가 차량 등록 관리의 비용을 운송회사를 거쳐 지입 차주에게 부담시키고 있는 제도이다. 예를 들어, 모든 대형 화물차는 차고지를 의무화하고 있다. 이러한 의무 규정으로 인하여 운송회사는 차고지 증명을 발행하고 비용을 징수한다. 그 과정에서 제도적 착취가 발생할 수 있는 여지가 있다.

제도적인 결함을 이용하여 운송업체 사장이 지입 차주의 동의 없이 차량을 담보 삼아 개인 빚을 얻어 쓰는 경우도 있다고 한다. 또, 운송회사를 떠나는 경우에 차주는 차량을 운송회사에만 팔 수 있다. 그 결과, 차주는 시장 가격보다 낮은 가격에 화물차를 운송회사에 매매할 수밖에 없다. 또, 지입 차주는 운송회사가 부도가 나면 자신의 차를 돌려받을 수 없다. 앞에서 든 몇 가지 예들은 지입제가 화물 운송 서

---

11) 5톤 미만 소형 화물차, 용달차, 개인 택시 등은 1대만 가지고 독자 사업을 할 수 있다.

비스의 진입장벽과 퇴출장벽이 동시에 되고 있음을 보여주고 있다. 특히 지입제가 진입장벽보다 퇴출장벽으로 더 영향력을 발휘하고 있는 것처럼 보인다. 결론적으로, 지입제가 진입과 퇴출의 장벽이 됨으로써 제도적 착취를 가능케 하는 수단이 되고 있는 것이다.

다섯째, 화물연대는 운송 알선의 착취성을 주장했다. 그러나 지입제와 달리 알선업자는 차주가 할 수 없는 기능, 즉 물량 홍보와 중개 기능을 해주고 서비스에 상응하는 대가를 받는 조직이다.[12] 일종의 중개인인 셈이다. 동네 구멍가게가 없다고 생각해 보면 알선업자의 기능을 알 수 있다. 화물 운송 중개를 맡는 알선업자가 없다면 화주와 차주가 직접 만나야 한다. 그러나 물량과 숫자가 적은 경우에는 그것이 가능하나, 물량과 숫자가 증가하면 그 비용은 눈덩이처럼 불어난다. 그런 비용을 알선의 전문화를 통해서 절약할 수 있다. 그렇지 않다면 화주와 차주는 자신의 비용으로 알선업자가 하는 기능을 부담해야 한다. 화물연대의 비난에도 불구하고 운송 알선은 생산적인 행위로 문제될 것이 없다.

알선업을 비난하는 밑바닥에는 장사와 상인에 대한 뿌리 깊은 의혹이 놓여 있다. 이러한 의혹에 기대어 화물연대는 생산적인 기능을 하는 알선업자를 집단행동의 원인인 것처럼 비난했다. 그러나 알선업자는 결코 착취자가 아니다. 또, 그렇게 될 수도 없다. 최근에 알선업자가 늘어나고 그 단계가 증가한 것은 수송 물동량이 늘어나면서 알선과 중개 서비스에 대한 수요가 증가하고 있기 때문이다. 그 과정에서 시장의 확대에 따라 분업이 진전되고 있다. 알선업에 대한 비난은 반자본주의 심리의 일종이다.

요약하면, 화물차의 급격한 증가로 떨어지고 있는 화물차 경영의 수

---

12) 복거일은 중개기능이 가치증가 행위임을 농산물을 예로 들어 자세하게 설명하고 있다. 복거일(2003), 앞의 논문 참고.

익성을 막기 위하여 차주가 운송거부라는 집단행동을 한 것이다. 즉 자신들의 이익을 위하여 집단행동을 한 것이다. 수익성 하락에 가장 결정적으로 기여한 요인은 화물차의 급격한 증가이다. 이외에도 많은 요인이 화물차 운영의 수익성 하락에 기여했다. 그러나 화물연대의 주장과 달리 화물의 중개 알선업은 생산적 행위이다.

IV. 집단행동이 남긴 과제

이 절에서는 두 번의 집단행동에서 차주, 운송회사, 정부가 합의한 내용을 평가하고, 경제이론에 비추어 정부 대책을 평가하고자 한다. 또, 화물 운송 서비스에 대한 수급 불일치의 시장적 해결 방안을 모색하고자 한다.

첫째, 화물연대는 정부가 자신들을 노동자로 간주하여 노동3권을 보장할 뿐만 아니라 산별노조로서의 지위도 허용해 줄 것을 요구했다. 먼저 화물연대가 왜 이런 요구를 하게 되었는가를 이해할 필요가 있다. 화물연대 차주들은 화물 수급의 불균형으로 경쟁이 격화되면서 화물차 영업이 점점 악화되고 있음을 알았다. 화물연대는 이러한 환경변화에 대응하는 방법으로 자신들의 영업 행위를 독점화 하는 것이라는 점을 인식하고 있었다. 운송회사의 설립이 허가제였을 때는 면허제가 독점화의 한 방법이었다.[13] 그러나 운송회사의 설립이 비교적 자유롭게 되면서 그 길은 사라졌다. 이제 남은 독점화의 길은 노동조합을 결성하는 것이다. 왜냐하면 경제이론에 의하면 명목적인 노동조합의 기능과 달리 실질적인 의미에서 노동조합은 독점의 대표적인 예이기 때문이다.[14] 그러므로 거시적 관점에서 보면 화물연대의 집단행동은 화

---

13) 독점에 대한 자세한 설명은 전용덕, 「독점과 MS독점소송」, 2001. 미발표원고.

물운송 서비스 시장이 자유로워지면서 경영의 압박을 받아 온 차주들이 자신들의 영업을 독점화 하는 시도의 일환이다.

이제 노동3권 보장 요구와 산별노조 지위 확보 시도를 나누어 평가하고자 한다. 일부 논평가는 화물연대의 요구 중에서 노동3권 보장이 가장 중요한 것이었다고 지적한다. 대형 화물 트럭의 90% 가까이가 지입제 차량이다. 그들은 차주이면서 운전사 기능을 겸하고 있다. 기업과 비교하면, 기업의 소유주가 자신을 최고 경영자(노동자)로 임명한 것과 같다. 차주로서 그들은 자본가이면서 사용자이고, 운전사로서 그들은 자신에게 고용된 피고용자이다. 만약 노동3권을 허용한다면 운전사가 차주에게 행사할 수 있다. 운전사로서 사용자인 자신에게 노동3권을 행사하겠다면 문제될 것이 없다. 그러나 그런 행위는 사실상 무의미하다. 화물연대가 자신들을 '노동자연대'라고 표시하고 있지만 그들은 결코 노동자가 아니다. 사용자와 노동자가 맺는 노동계약 또는 임금과 근로조건 계약이 없다는 사실이 화물연대가 노동자가 아님을 보여주는 좋은 증거이다. 정부도 이 점을 고려하여 노동3권을 보장하지는 않았다. 그러나 화물연대는 정부로부터 노동3권 보장을 전향적으로 검토한다는 정도의 양보를 얻어냈다. 필자의 추측으르는, 화물연대는 향후 지속적으로 이 점을 쟁점화할 것으로 보인다. 정부는 화물연대에게 노동3권을 결코 허용해서는 안 된다. 그런 일은 법을 어기는 일일 뿐만 아니라 화물차를 제외한 관광버스업계, 레미콘 차량업계 등에도 노동3권을 허용하는 것이 될 것이다.

화물연대는 노동3권 보장과 아울러 산별노조로서의 지위를 확보하고자 시도했다. 사실 화물연대의 차주는 운송회사나 화주와 단체교섭을 할 수 없다. 그러나 화물연대는 운송회사나 화주와 노동자와 사용자의 관계를 구축할 의도로 '교섭방식'이나 '합의서 명칭'에 집착했다. 이러

---

14) 독점으로서의 노동조합에 대하여는 전용덕(2003), 앞의 논문 참고.

한 시도는 장기적으로 화물연대가 산별노조의 지위를 확보하고자 함이었다.

정부가 화물연대의 이러한 의도를 알고 있었는지는 알 수 없다. 다만, 정부는 운송회사로 하여금 반강제적으로 화물연대와 운송비 협상을 하도록 하였다. 정부의 이러한 행동은, 앞에서 보았듯이, 비록 암묵적이지만 화물연대를 노동자로 인정하고 산별노조로서의 지위를 인정한 것이다. 그러나 최근 일부 운송회사는 운송비를 화물연대와의 협상에 의하지 않고 일방적으로 결정하여 차주에게 통보하고 있다.15) 운송회사가 차주를 노동자로 인정할 수 없기 때문이다. 상당 부분 차주를 노동자로 보고 있는 정부의 태도나 중재 방식은 향후 운송회사와 화물연대의 갈등의 한 원인이 될 가능성이 있다.

둘째, 운송비의 상승은 물류비용의 상승을 초래한다. 단기적으로 그것을 회피할 방법이 없기 때문에 전체 경제가 그만큼의 비용 상승과 그에 따른 비효율을 겪게 될 것이다. 그러나 정부가 강제력에 의해 가격을 통제하는 방법을 통하지 않고 가격을 일정한 선에서 묶어 놓을 수 있는 방법은 없다. 시장에서 수요와 공급의 힘을 누구도 막거나 그 작동을 멈추게 할 수는 없다. 그것이 시장인 것이다. 정부가 그 작동을 통제하거나 억제한 경우에도 시장은 비록 왜곡되지만 수요와 공급의 원리에 따라 움직인다. 규제로 시장이 억제되면 암시장이 발달하는 경우가 그러한 예이다. 암시장도 시장일 뿐이다.

운송 서비스에 대한 강제적인 가격 인상은 장기적으로는 운송 물량의 감소, 직영 체제의 구축 등의 결과를 초래할 것이다.16) 또, 운송비의 상승은 화물 운송 서비스 산업의 위축과 그로 인한 전체 경제의 비용 상승을 가져올 것이다. 강제적인 가격 인상이 초래할 더 큰 문제는

---

15) 『중앙일보』, 2003년 9월 29일자.
16) 화주들이 공동 물류회사를 만들기로 하겠다는 보도가 있었다.

운송 서비스 시장에서 초과공급이 발생할 것이라는 점이다. 강제적인 가격 인상은 마치 노동조합이 협상에 의해 임금을 시장에서 결정되는 것보다 더 높게 결정하는 것과 유사하다. 강제적인 가격 인상은 화물 운송 서비스 산업에서의 실업률을 증가하게 만들 것이다.

셋째, 경유세 인하, 도로비 인하, 고속도 휴게소 개선 등은 화물 차주가 부담해야 할 부분을 차주가 아닌 다른 사람, 즉 일반 국민에게 전가한 것이다. 화물연대의 경유세 등의 인하 요구는 소득재분배를 염두에 두고 한 행위이다. 정부에 의한 소득재분배 행위는 장기적으로는 국민간에 갈등을 초래하는 원인이 된다.

넷째, 단기적으로 화물연대가 비이성적으로 운송거부를 할 수도 있다. 이 경우에는 화물연대 회원이 아닌 차주와 차량의 가동률을 높이면 문제를 상당히 해결할 수 있다. 5톤 이상 화물차 차주는 화물연대 가입자 8%, 운송회사 직영 10%, 화물연대 비회원 80% 등으로 구분할 수 있다. 즉, 화물연대 가입자가 아닌 차주가 화물연대 회원보다 압도적으로 많다. 그러나 지난 5월 물류대란 때, 운송 서비스에서 비회원이 거의 역할을 하지 못했다. 화물연대 회원이 폭력을 행사하여 비회원이 화물을 수송하는 일을 대대적으로 막았기 때문이다. 그러한 폭력 행위를 정부가 엄단하지 않은 것은 물류대란의 시장적 해결을 정부가 막은 것과 큰 차이가 없다. 만약 화물연대 비회원의 화물 운송을 8월 운송거부처럼 정부가 보호했다면, 지난 5월의 운송거부는 물류대란으로까지 이어지지는 않았을 것이다. 사정이 이러함에도, 아래에서 보겠지만, 업무복귀 명령제와 화물차 운전자격제를 도입하고자 하는 것은 정부가 자신의 책임을 차주에게 전가하는 것이다.

다섯째, 8월 운송거부에서 정부는 대책의 일환으로 화물운수사업법을 고쳐 업무복귀 명령제와 화물차 운전자격제를 도입할 것을 천명했다. 먼저 업무복귀 명령제란 비상시에 정부가 차주에게 업무복귀를 강제할 수 있는 제도를 말한다. 업무복귀 명령제는 자영업자인 차주의 재산권을 침해한다. 그리고 시장경제에서 전쟁과 같은 특수한 상황이 아니라면 명령제의 득보다는 실이 클 것이다. 차주를 강압적으로 운송에 복귀하게 만든다고 하더라도 그들의 불만은 언젠가는 폭발할 뿐만 아니라 불만이 누적되어 상태를 더 나쁘게 만들 것이기 때문이다. 즉, 업무복귀 명령제는 문제를 연기하거나 누적시킬 뿐이지 해결하는 방법은 아니다.

이제 화물차 운전자격제의 문제점을 검토한다. 차주는 화주, 운송회사 또는 화물 알선회사와 계약을 맺고 운송에 나선다. 통상적으로 운송계약은 1-2년이다. 문제가 없는 경우에는 자동적으로 계약을 연장할 수 있기 때문에 그 경우에는 운송계약 기간은 2-4년이 된다. 운송계약 중이면서 운송을 거부하는 것은 계약을 위반한 것으로 화주나 운송회사가 민사상의 책임을 물을 수 있다. 민사상의 책임을 제대로 추궁한다면 장기적으로 운송 서비스에 문제가 발생할 수 없다. 8월에 운송거부가 재발한 것은 운송회사가 정부와 여론의 압력으로 민사상의 책임을 차주에게 제대로 추궁하지 않았기 때문이다.

화물차 운전자격제는 다음과 같이 악용될 소지가 있다.[17] 정부가 자격을 정함으로써 면허와 같은 효과를 낼 수 있다. 즉, 운전자격제가 규제의 일종으로 작용하여 화물 운송 서비스 공급업자의 수를 정부가 조절하는 것과 같이 될 것이다. 면허의 폐해는 그것이 독점이라는 점이다. 독점의 폐해는 많다. 먼저 차주가 되고자 하는 자는 화물차 운전자격을 획득하기 위하여 상당한 비용을 지불해야 할 것이다. 이러한 비용은 화물 운송 서비스 가격을 인위적으로 인상시키는 결과를 가져올 것이다. 한 마디로, 택시 면허의 문제점과 유사한 문제점이 화물차

---

17) 현재로서는 운전자격제의 구체적인 내용을 정확히 알 수 없기 때문에 가장 나쁜 경우를 가정하고 논리를 전개한 것이다.

운전자격제에 나타날 것이다.

　요약하면, 정부가 도입할 예정인 업무복귀 명령제와 화물차 운전자격제는 단기적인 위기 타개책이 될 수는 있지만 장기적으로 부정적인 효과가 더 클 것이다. 불필요한 규제를 도입할 것이 아니라, 정부는 운송회사가 화물연대에게 민사상의 책임을 묻는 일에 개입하지 말고, 화물연대 회원의 폭력 행사와 같은 불법 행위를 엄단토록 해야 한다.

　여섯째, 지입제는 제도적 착취의 원인이 되고 있다. 지입제는 운송회사 설립을 규제하는 최저기준등록대수에 의해 만들어진 것이다. 지입제는 진입장벽의 일종이다. 그러나 앞에서 보았듯이, 지입제는 퇴출장벽의 역할도 한다. 최저기준등록대수를 폐지하고 1인 사업자도 운송회사를 설립할 수 있도록 하면 지입제의 폐단은 없어질 것이다. 지입제의 폐지는 화물 운송 서비스 시장, 특히 대형 화물차에 의한 운송서비스 시장의 진입장벽과 퇴출장벽을 동시에 철폐하는 것이다.

　마지막으로, 정부는 운송회사가 차주에게 계약 불이행에 따른 손해 배상을 청구하는 일을 막지 말아야 한다. 손해 배상 청구의 억제는 집단행동의 가능성을 높이는 일이다. 화물연대가 계약 불이행에 따른 손해를 배상해야 한다면 집단행동의 가능성은 비교적 낮아질 것이다.

V. 요약과 결론

　화물차의 증가가 화물 운송 서비스의 실질 가격의 하락을 초래하고 그것이 차주의 수입의 정체 또는 하락을 가져왔다. 이에 대한 대처 방안으로 차주들은 먼저 운송 서비스의 가격 상승을 요구했고 그 요구가 어느 정도 받아들여졌다. 그러나 운송비의 상승이 차주의 수입 상승으로 이어질지는 알 수 없다. 가격이 상승하면 수요자를 포함한 다른 경제주체도 거기에 대한 대응을 할 것이기 때문이다. 두 번째 방법으로 차주들은 정부에게 각종 세금과 공과금을 깎아줄 것을 요구했다. 그러한 요구는 정부에 의해 대부분 받아들여졌다. 불행히도 각종 세금과 공과금의 할인은, 정부 지출이 줄어들지 않는 한에 있어서는, 자신들의 몫을 다른 국민에게 전가하는 행위이다. 세 번째 방법으로 화물연대는 노동3권 보장과 산별노조 지위 확보를 시도했다. 이러한 요구와 시도는 화물 수송 서비스 시장을 독점으로 만들겠다는 것이다. 노동조합은 명목적 목적과 달리 실질적으로는 독점 기구이기 때문이다. 그리고 향후 화물차주는 운송 서비스 시장의 독점화를 끊임없이 요구할 것이다. 강제적인 운송비 인상, 정부에 의한 각종 세금과 공과금 할인, 실질적 의미에서의 노동조합 결성 허용 요구는 시장적 해결 방법이 아니다. 한 마디로, 화물연대는 화물차 경영의 악화라는 시장적 결과를 비시장적 방법으로 해결하기를 시도했고 상당 부분은 성공했다.

그러면 시장적 해결 방법은 무엇인가? 화물 서비스 산업의 문제에 대한 시장적 해결 방안은 간단하다. 화물 운송 서비스에 대한 수요와 공급에 의하여 가격이 결정되어야 한다. 이 과정에서 화물차 차주는 기업가로서 미래를 잘 예측해야 한다. 민간 차원에서 화주들이 공동 물류회사를 설립한다고 한다. 장기적으로는 이러한 방안이 화물연대의 영향력을 크게 줄이는 시장적 해결 방법의 하나이다. 화물연대에게 계약을 이행하지 않은 부분에 대한 책임을 묻지 않도록 한 것이나 5월 운송거부시에 화물연대 회원이 비회원에게 폭력을 가하는 행동을 정부가 처벌하지 않은 것은, 정부가 물류대란의 시장적 해결을 막은 것이나 다름없다. 5월 운송거부에서는 언론도 화물연대의 폭력 행위를 축소 보도함으로써 친화물연대적인 보도 방향을 고수했다. 이러한 태도는 화물연대의 폭력적 행동을 처벌하지 않는 정부와 크게 다르지 않다. 그 점에서 언론도 5월 운송거부의 경우에 시장적 해결을 막는 데 조력했다고 볼 수 있다. 지입제의 폐지는 대형 화물차에 의한 화물 운송 서비스 시장의 진입장벽과 퇴출장벽을 폐지하는 것이다. 이 방법이야말로 가장 시장적인 해결 방안의 하나이다. 화물 연대의 운송 알선업에 대한 비난은 터무니없는 것이다. 한 마디로, 운송 알선업은 분업에 의해 시장에서 발달한 기구이다.

앞으로 상당한 기간 동안, 화물 운송 서비스 산업은 과도기에 있게 될 것이다. 화물 운송 서비스의 수급 불균형이 해소될 때까지 물류 시스템은 불안정할 것으로 예측된다. 그럴수록 업무복귀 명령제와 화물차 운전자격제와 같은 정부가 시장에 개입하여 강제적으로 시스템을 안정시키고자 하는 방법을 쓰지 말아야 한다. 장기적으로 그러한 시장 개입은 물류 시스템을 더 왜곡시키고 불안정하게 만들 것이다. 정부가 해야 할 일은 진입과 퇴출에 장벽이 되는 각종 제도를 정비하는 일이다. 그 이외에는 시장 참가자에게 맡겨야 한다. 또, 화물연대의 운송거부는 규제 완화가 시장에서 다른 요인과 맞물려 어떤 결과를 초래할 수 있는가를 보여 주었다. 규제를 도입해야 하는 경우에 신중해야 한다는 것이다.

마지막으로, 두 번의 물류대란은 우리 사회에서 '노동운동'이 상대적으로 쇠퇴하고 이익단체의 집단행동이 부각되고 있음을 의미한다.[18] 집단행동에 의한 문제 제기는 '만인에 의한 만인의 투쟁'을 가져오지 않을까 염려하게 만든다. 이익단체의 집단행동은 현 정부의 이념성향과 맞물려 빈번해질 것으로 예측된다. 이제 우리에게 던져진 과제는 이익집단의 이러한 준동을 어떤 원칙과 규칙으로 억제하고 길들이느냐 하는 것이다.

---

18) 과거에 이익단체의 집단행동이 일어나지 않았던 것은 아니다. 다만 과거에는 집단행동이 은밀하게 이루어졌고 상대적으로 규모가 적었다고 할 수 있다.

< 참고문헌 >

복거일, 「'화물연대의 집단행동: 오류, 원인 그리고 과제'에 대한 논평」, 『제3회 자유주의 정책 심포지엄』, 한국 하이에크 소사이어티, 2003.

전용덕, 「카르텔과 합병: 이론과 현실」, 2001. 미발표 원고.

______, 「화폐와 금융 제도의 개혁」, 2001. 미발표 원고.

______, 「독점과 MS독점소송」, 2001. 미발표원고.

______, 「화물연대 집단행동이 남긴 과제」, 자유기업원 OLD 03-15(No. 220, 2003. 5. 16).

______, 「재산권으로서의 인간권리」, 김영용·김정호·전용덕 공저, 『헌법재판소 판례 연구』, 자유기업원, 2003.

______, 「노동조합과 정치자금의 기부」, 김영용·김정호·전용덕 공저, 『헌법재판소 판례 연구』, 자유기업원, 2003.

최성수, 「화물연대 주장의 검토」, 『제3회 자유주의 정책 심포지엄』, 한국 하이에크 소사이어티, 2003.

Rothbard, N. Murray, *Man, Economy and State*, Auburn, Ludwig von Mises Institute, 1993[1963].

Rothbard, N. Murray, *The Mystery of Banking*, Richardson & Synder, 1983.

Rothbard, N. Murray, *The Ethics of Liberty*, Highlands, Humanities, 1982.

Salin, Pascal, "Cartel as Efficient Production Structure," *Review of Austrian Economics*, vol. 9, no. 2, pp. 29-42.

화물연대 주장의 검토

최성수 (전국경제인연합회)

○ 화물연대는 노동자성을 인정받을 수 없는 자영업자인 개별 차주로 구성된 이익단체.

○ 그러나 화물연대는 불법집단행동을 통해 자신들의 요구사항을 관철시켜 비록 노등법상 노조는 아니더라도 실질적인 산별노조로서의 지위 확보 시도
  - 화물연대가 '교섭방식'과 '합의서 명칭'에 집착하는 것은 화물운송 분야에도 노조와 사용자 관계를 설정함으로써 향후 일반노조와 같이 1년마다 임금 및 단체교섭을 하는 등 소위 임단협의 틀 구축 의도.

○ 근로3권은 근로자에게만 인정되는 헌법상 기본권이기 때문에 근로자성이 인정되지 않는 차주에게 근로3권의 일부 또는 전부를 요구하는 것은 위헌의 소지.
  - 현행 노조법상 화물연대 소속 운행차주는 노조에 가입할 수 있는 근로자가 아님에도 운송하역노조에 가입되어 있는 바, 이는 근로자 아닌 자가 노조에 가입한 경우로써 노조법상 노조 결격 사유에 해당함(노조법 제2조 제4호 라목).

○ 화물연대의 목표는 노동3권 확보, 산별중앙교섭 체계 구축, 향후 항운노조와 같은 closed shop으로 만들어 노무 독점공급권을 확보하여 우리나라 물류체계를 노동계가 완전 장악하는 데 있음.

○ 화물연대가 산별체제로 전환될 경우에는 노동관계법의 혼란(노조가 아닌 단체가 노조의 권리 향유)을 유발하고, 국내 물류산업이 화물연대에 의해 좌우되는 위험한 결과가 될 것임.

○ '개인사업가 노조' 출현
 − 독립자영업자인 차주의 근로자성을 인정할 경우 유사형태의 사업자들도 동등한 보장을 요구하게 될 것임.
 − 건전한 영업활동보다는 이익집단화하여 심각한 부작용이 우려됨.
 − 최근 노조가 아님에도 노조 명칭을 쓰고 노조처럼 파업을 통해 요구사항 관철을 시도하는 사태가 빈번히 발생.

○ 이번 화물연대의 집단운송거부는 공정거래법상 부당한 공동행위(19조)와 불공정한 거래행위(23조)에 해당하는 명백한 불법행위.
 − 화물연대 소속 운행차주들은 자기소유의 화물차로 운송업을 하는 자영업자 즉 사업자에 해당되므로 이들의 집단행동은 「독점규제 및 공정거래에 관한 법률」상 부당한 공동행위(동법 제19조) 및 불공정한 거래행위(동법 제23조)에 해당.
 − 따라서 화물연대 소속 운행차주들의 집단행동과 관련 공정한 거래질서 유지를 위해 이들에 대해 공정거래위원회는 집단행동의 중지명령을 내리는 시정조치를 취해야 함.
 − 이와 같은 시정조치에 따르지 않을 경우 공정거래위원회는 검

찰에 고발하여 공정거래법정 위반행위에 대해 처벌이 이루어지
도록 해야 함.

※ 법적근거

○ 제19조(부당한 공동행위의 금지)

① 사업자는 계약·협정·결의 기타 어떠한 방법으로도 다른 사
업자와 공동으로 부당하게 경쟁을 제한하는 다음 각호의 1에 해
당하는 행위를 할 것을 합의(이하 "부당한 공동행위"라 한다)하
여서는 아니된다.

— 1. 가격을 결정·유지 또는 변경하는 행위

— 2. 상품 또는 용역의 거래조건이나, 그 대금 또는 대가의 지급
조건을 정하는 행위

— 3. 상품의 생산·출고·수송 또는 거래의 제한이나 용역의 거
래를 제한하는 행위

— 4. 거래지역 또는 거래상대방을 제한하는 행위

— 5. 생산 또는 용역의 거래를 위한 설비의 신설 또는 증설이나
장비의 도입을 방해하거나 제한하는 행위

— 6. 상품의 생산 또는 거래시에 그 상품의 종류 또는 규격을 제
한하는 행위

— 7. 영업의 주요부문을 공동으로 수행하거나 관리하기 위한 회
사 등을 설립하는 행위

— 8. 기타 다른 사업자의 사업활동 또는 사업내용을 방해하거나
제한함으로써 일정한 거래분야에서 경쟁을 실질적으로 제한하는
행위

○ 제21조(시정조치) 공정거래위원회는 제19조(부당한 공동행위의

금지)의 규정에 위반하는 부당한 공동행위가 있을 때에는 당해 사업자에 대하여 당해 행위의 중지, 법위반 사실의 공표 기타 시정을 위한 필요한 조치를 명할 수 있다.

○ 제23조(불공정거래행위의 금지)

① 사업자는 다음 각호의 1에 해당하는 행위로서 공정한 거래를 저해할 우려가 있는 행위(이하 "불공정거래행위"라 한다)를 하거나, 계열회사 또는 다른 사업자로 하여금 이를 행하도록 하여서는 아니된다.

— 1. 부당하게 거래를 거절하거나 거래의 상대방을 차별하여 취급하는 행위

— 2. 부당하게 경쟁자를 배제하는 행위

— 3. 부당하게 경쟁자의 고객을 자기와 거래하도록 유인·강제하는 행위

— 4. 자기의 거래상의 지위를 부당하게 이용하여 상대방과 거래하는 행위

— 5. 거래의 상대방의 사업활동을 부당하게 구속하는 조건으로 거래하거나 다른 사업자의 사업활동을 방해하는 행위

— 6. 부당하게 특수관계인 또는 다른 회사에 대하여 가지급금·대여금·인력·부동산·유가증권·무체재산권 등을 제공하거나 현저히 유리한 조건으로 거래하여 특수관계인 또는 다른 회사를 지원하는 행위

— 7. 제1호 내지 제7호 이외의 행위로서 공정한 거래를 저해할 우려가 있는 행위

○ 제24조(시정조치) 공정거래위원회는 제23조(불공정거래행위의 금

지) 제1항의 규정에 위반하는 행위가 있을 때에는 당해사업자에 대하여 당해불공정거래행위의 중지, 계약조항의 삭제, 법 위반 사실의 공표 기타 시정을 위한 필요한 조치를 명할 수 있다.

○ 제71조(고발)

① 제66조(벌칙) 및 제67조(벌칙)의 죄는 공정거래위원회의 고발이 있어야 공소를 제기할 수 있다.

② 공정거래위원회는 제66조 및 제67조의 죄중 그 위반의 정도가 객관적으로 명백하고 중대하여 경쟁질서를 현저히 저해한다고 인정하는 경우에는 검찰총장에게 고발하여야 한다.

③ 검찰총장은 제2항의 규정에 의한 고발요건에 해당하는 사실이 있음을 공정거래위원회에 통보하여 고발을 요청할 수 있다.

④ 공정거래위원회는 공소가 제기된 후에는 고발을 취소하지 못한다.

「화물연대의 집단 행동: 오류, 원인 그리고 과제」에 대한 논평

복거일 (소설가, 경제평론가)

2003년 5월과 8월에 민주노총 산하 전국운송하역노조 소속 화물운송특수고용노동자연대(화물연대)이 파업한 사건은 흥미롭고 중요한 함의들을 여럿 지닌 사건이었다. 전용덕 교수의 「화물연대의 집단 행동: 오류, 원인 그리고 과제」는 이 사건에 대해 널리 조망하고 깊이 분석했다. 이 사건에 관해 지금까지 나온 글들 가운데 가장 충실하고 종합적인 글이라 할 수 있다. 이런 업적은 높이 평가되어야 하고 실제로 정책들에 반영되어야 할 것이다. 아울러, 이 업적을 바탕으로 삼아 앞으로 보다 진전된 연구들이 나와야 할 터이다. 그런 연구들의 주제가 될 만한 사항 둘을 지적하고자 한다.

1. 제2절 오류와 문제 인식 능력의 제3항 운송회사 또는 화주

이번 화물연대의 집단 행동은 화주나 운송회사의 장기 계약을 어긴 것이다. 이러한 계약 위반은 민사상 손해 배상의 대상이다. 그러나 예외를 제외하고, 5월 운송 거부에서 운송회사가 차주에게 계약 파기로 인한 손해 배상을 청구하지 않았다. 운송회사는 화주에게 상당한 손해배상을 했는데도 말이다. 그 결과로 8월 운송거부가 초래된 측면이 있음을 부인할 수 없다. 8월의 운송 거부에서도 운송회사나 화주는 차주에게 계약 파기로 인한 손해배상을 청구하지 않았다. 이러한 결정이 정부의 강제와 장기 계약 관계로 인한 정서적 요인에 의해 내려졌을 것으로 짐작된다. 자의든 타의든, 운송회사나 화주의 이러한 결정은 향후 화물연대의 집단행동의 고격성을 결정짓는 중요한 선례가 될 것이다.

운송회사들이나 화주들이 계약을 파기한 차주들에게 손해 배상을 요구하지 않은 것은 비정상적이었고, 전 교수가 지적했듯이, 여러 가지 부정적 영향들을 미쳤다. 따라서 그런 비정상적 결정이 나오게 된 사정을 보다 정확하고 자세하기 파악하고 분석해야 할 것이다. 장기 계약이었으므로, 그것은 아마도 상당히 불완전한 계약(incomplete contract)이었을 것이다. 따라서 이 문제는 계약경제학(economics of contracts)의 관점에서 주인-대리인 계약의 설계 문제로 파악하고 접근하는 것이 바람직할 터이다. 특히 중요한 논점은 화물연대가 노동조합으로 간주되는 상황에서 자기시행(self-enforcement) 메커니즘을 지닌 장기 계약 모형을 과연 찾아낼 수 있는가 하는 점이다.

2. 제3절 집단행동의 원인

다섯째, 화물연대는 운송 알선의 착취성을 주장했다. 그러나 지입제와 달리 알선업자는 차주가 할 수 없는 기능, 즉 물량 확브와 중개 기능을 해주고 서비스에 상응하는 대가를 받는 조직이다.

알선업을 비난하는 밑바닥에는 장사와 상인에 대한 뿌리 깊은 의혹이 놓여 있다. 이것은 두척 중요한 지적이다. 중개자들으 기능에 대한 무지와 편견은 흔히 합리적 대책을 어렵게 만드므로, 이러한 무지으

편견을 줄이는 일은 긴요하다. 이 문제에 대한 전 교수의 지적이 비교적 짧으므로, 토론자가 2003년 5월에 발표한 글의 일부를 인용한다. 토론자는 중개자들의 기능들 가운데 위험부담을 특히 중요하게 평가한다.

이 문제에 대한 해결책을 찾는 데 가장 큰 장애가 되는 것은 낮은 화물 운임의 근본적 원인이 화주와 화물차 소유주들 사이에 자리잡은 여러 중개자들이라는 견해다. 그런 중개자들이 화주가 지불하는 운임의 상당 부분을 가져가므로, 그런 다단계 구조를 줄여야 한다는 얘기다. 이런 견해는 지금 우리 사회에서 자명한 진실로 여겨진다. 그러나 그것은 상업과 중개 활동의 기능에 대한 무지에서 나왔고 문제를 오히려 키울 수 있다.

상업의 공헌은 재화들을 실제로 만들어내는 농업이나 제조업의 공헌보다 파악하기가 훨씬 어렵다. 그래서 상업 활동을 억제하거나 상인들을 재화의 유통 경로에서 배제하려는 충동은 늘 강하고 흔히 정책으로 채택된다. 한문문명권에서 오래 지속된 사농공상(士農工商)의 신분적 질서는 그런 사정을 잘 말해준다. 그러나 상인들을 재화의 유통 경로에서 배제하려는 시도는 성과를 거두기 어렵다. 재화의 유통에 대한 상업의 기여가 워낙 크고 필수적이기 때문이다. 대표적인 예는 농산물의 경우다. 농민들이 낮은 농산물 값에 대해 집단적으로 항의할 때마다, 사람들은 농산물 유통 경로에 여러 중개자들이 있다는 사실을 지적하면서 그런 중개자들을 줄이라고 말한다. 실제로 정부는 그렇게 하려고 적잖이 투자했고, 농민들도 소비자들과 직거래를 시도해 왔다. 그러나 그런 노력은 별다른 성과를 거두지 못했고, 농산물은 아직도 여러 중개자들을 거친다. 그렇게 중개자들을 배제하기 어려운 까닭은 그들이 모두 나름의 기여를 하기 때문이다. 농산물은 종류가 많고 나오는 철이 다르고 작황에 따라 공급량이 크게 출렁이며 상하기 쉽다. 게다가 생산자들과 소비자들은 널리 흩어졌고, 생산과 소비가 아주 작은 규모로 이루어진다. 따라서 농산물의 수급을 맞추는 일은 무척 복잡하고 시행착오가 많고 손실의 위험도 크다. 반면에, 생산자들이나 중개자들이나 대부분 작은 자본으로 영업을 하므로 큰 위험을 질 형편이 못 된다. 자연히, 농산물의 유통 과정은 여러 사람들이 위험을 조금씩 나누어지도록 조직되었다. 아무 것도 하지 않고 큰 이익을 남기는 것처럼 보이는 중개자들도 실은 상당한 위험을 지며 그들이 보는 이윤은 그런 위험 부담에 대한 보상인 것이다.

육상 화물운송의 경우도 마찬가지다. 화주들의 운송 서비스에 대한 수요와 화물차 소유자들의 운송 서비스 공급을 연결하는 일은 무척 복잡하고 위험하다. 운송 서비스의 공급자들이 대부분 작은 자본으로 영업하므로, 그들은 그런 연결 기능을 대부분 다른 사람들에게 의존할 수밖에 없다. 무엇보다도, 큰 위험을 질 수 없다. 자연히, 여러 가지 기능들을 수행하고 위험을 부담하는 중개자들이 많이 필요하게 된다. 기업들이 근년에 의주(outsourcing)를 적극적으로 추구했다는 사실은 그런 사정을 심화했다. 자연히, 그런 중개자들을 줄이려는 노력은 어리석을 뿐 아니라 성공할 가능성도 아주 작다. 농산물 시장이나 육상 화물운송 시장처럼 거래 비용이 큰 분야들에선 중개자들은 중요한 기능들을 맡는다. 지금 육상 화물운송 체계의 다단계 구조에서 줄일 수 있는 단계는 아마도 영업 허가를 얻는 데 필요한 최소한의 규모를 정한 규정 때문에 생긴 것일 터이다. 이런 규정은 대개 경제에 해롭다. 그래서 그 규정을 없애면, 지입제를 운영하는 중개자들 가운데 상당수는 사라질 수도 있다.

그러나 이렇게 중개자들의 기능을 지적하고 강조하는 것만으로는 부족하다. 중개자들이 실제로 어떤 기능들을 어떻게 수행해서 가치를 얻

마나 만들어내는가 계량적으로 확인하는 연구가 필요하다. 우리 경제
학계의 약점이 바로 그런 실증적 연구의 부족이다. 육상 화물운송에서
의 중개자들의 몫은 비교적 단순하고 명확하므로, 실증적 연구가 그리
어렵지 않을 것이다.

손실보전이면계약에 관한 사법심사의 문제점

전삼헌
(숭실대 교수, 법학과)

I. 문제제기

최근 SK사건과 관련하여 손실보전이면계약이 관심사가 된 바 있다. 그러한 손실보전이면계약 유가증권시장에서는 이를 풋옵션(put option) 거래라고 하는 파생금융상품 중의 하나로 보고 있다. 또한 이러한 풋옵션거래에 의하여 발생하는 계약상의 권리는 결제시에 현금유입을 가져올 수 있는 미래의 경제적 이익에 대한 권리라고 할 수 있다. 이러한 손실보전이면 계약은 1997년 6월 증권거래소의 "선물·옵션 업무규정"을 제정하기 이전에는 거의 증권시장에서 이루어지지 않았던 주식거래유형이다. 그러나 증권거래소의 동 규정이 제정됨으로 인하여 우리 정부는 손실보전이면계약을 합법화한 바 있다. 그리고 이를 규율함에 있어서는 행정규제의 방식을 취하였으며, 그 중에서도 특히 법적 규제보다는 자율적 규제를 통하여 옵션을 통한 유가증권의 유통시장을 규율하고 있다.

이처럼 옵션거래를 자율적 규제방식으로 통제하고자 하는 가장 큰 이유는 유통시장에 대한 정부의 법적 규제가 현실적으로 불가능하다는 점과, 굳이 법적 규제를 가하는 경우 우리 자본시장으로의 자본유입이 차단될 위험성이 크기 때문이라고 생각한다.

원래 옵션이란 투자자 입장에서 볼 때에는 주식투자보다도 적은 비용으로 주가변동에 따른 이익을 누릴 수 있는 장점이 있고, 또한 그가 이미 취하고 있는 시장 포지션(market position)에 대한 안전장치를 할 수 있다는 점에서 볼 때 매력적인 투자수단이라고 할 수 있다.

그리고 WTO체제 출범 이후 전세계적으로 자본시장이 완전 개방된 현 시점에서 국제적 정합성에 부합하는 자본시장을 구축하기 위해서는 이러한 옵션제도의 적극적 운용이 필요한 시점이라고 할 수 있다. 또한 IMF 이후에 외국자본의 조달을 위하여 우리나라의 많은 기업들이

옵션제도에 관하여 많은 관심을 갖고 또한 이를 통하여 자본을 조달하는 경우가 있었다.

그러나 아직 우리나라에 있어서 풋옵션거래란 매우 생소한 파생금융상품인 동시에 자본시장에서의 직접적 자금조달을 위하여는 불가피한 제도라고 할 수 있다.

이와 관련하여 최근에 풋옵션거래를 한 기업의 이사를 상대로 형사상 배임혐의나 증권거래법상의 공시의무 위반혐의를 물어 형사처벌을 하고자 하였던 사례들이 있었다. 즉, 풋옵션제도가 투자론적인 입장에서의 논의가 성숙되기도 이전에 이미 규범론적인 차원에서의 논의의 대상이 되고 있다.

이러한 점들을 볼 때 우선적으로 손실보전이면거래(풋옵션거래)의 본질에 대하여 구체적으로 검토하여 본 후 규범론적인 차원에서 이를 검토하는 것이 시급하다고 사료된다.

따라서 이하에서는 간략하게나마 손실보전이면거래에 대한 개념을 검토하여 본 후 규범론적인 차원에서 이루어지고 있는 논점들을 검토하여 보고 나름대로 그 해결방안을 제시해 보고자 한다.

II. 사례검토

1. Pan Pacific Industrial Investments

1) 사건개요

고발인 김00 외 2인은 1998년 6월 11일 서울지방검찰청에 삼성자동차의 계열사이자 주요주주들인 삼성전자, 삼성전관, 삼성전기 및 대주주들을 상대로 외자도입법 및 외국환관리법, 증권거래법 위반으로 형사고발한 바 있다.

상기 고발장에 따르면 상기의 피고발인 등은 1997년 1월 30일 아일랜드에 주사무소를 두고 있는 Pan-Pacific Industrial Investments(이하 "PP"라 함)사와 더불어 삼성자동차에 미화 2억 8천 2십만 달러 상당의 2,500억 원을 신규출자하는 내용의 합작투자계약을 체결하였다.

이와 관련하여 피고발인들에 따르면 위 합작투자계약은 형식적으로는 외자도입법에 따른 외국인 직접투자의 형태를 띠고 있으나 그 실질은 삼성자동차가 그 계열사인 삼성전자, 삼성전관, 삼성전기와의 공모하에 해외에서 불법적으로 상업차관을 도입한 것에 해당하며 이 과정에서 피고발인들은 외국인투자신고 등에 필요한 서류를 허위로 작성하여 제출하고 재무부의 인가를 편법적으로 회피하는 한편 증권거래법상 공시의무를 게을리하는 등 여러 가지 위법행위를 저질렀다고 한다.

2) 법리적 쟁점

상기의 내용을 보면 첫 번째 쟁점이 되었던 부분이 외자도입법 위반 사항이었다. 즉, 풋옵션거래시 외자도입법상의 제48조에서 규정하고 있는 인가, 허가 또는 신고의무를 위반하였다는 주장을 한 바 있으나, 동법은 1998년 폐지되었기 때문에 본 글에서는 논외로 하고자 한다.

그리고 두 번째 쟁점은 피고발인 등의 외국환관리법 위반 여부였다. 그러나 동 사항도 1998년 외국환관리법이 폐지되고 외국환거래법이 제정됨에 따라 동 쟁점도 논외로 하기로 한다.

세 번째 쟁점은 증권거래법 위반여부였다. 즉, 고발인의 주장에 따르면, 피고발인 삼성전자, 삼성전관, 삼성전기는 삼성자동차의 외화차입(10년 만기 7억 1천5백만 불, 원금만 해도 2억 8천8백2십만 불)과 관련하여 아무런 대가 없이 막대한 액수의 보증을 제공하였으며(Put Option의 형태로), 심지어는 주식을 되사주기 어려운 경우 PP가 발행하는 대체채권을 상환가액상당의 금액으로 인수하기로 하는 명백한 채무보증까지 제공한 바 있다고 한다.

그리고 이러한 행위는 모두 피고발인 회사의 이사회결의를 거쳐 이루어졌다고 한다.

이와 관련하여 피고발인 삼성전자, 삼성전관, 삼성전기는 삼성자동차와는 달리 상장법인으로서 수많은 일반투자자와 소액투자자들로부터 자금을 조달한 공개법인들로서 이러한 중대한 자본거래에 관여함에 있어서 피고발인들은 마땅히 관련규정에 따라 이 사실을 공시하였어야 함에도 불구하고 전혀 공시하지 아니하였기 때문에 증권거래법 위반으로 동 법 제211조에서 정하고 있는 500만 원 이하의 벌금에 처하여야 한다고 주장하였다.

3) 증권거래법의 관련 규정

증권거래법 제186조 제13호는 상장법인으로 하여금 법인의 경영, 재산 등에 관하여 중대한 영향을 미칠 사항으로서 대통령령이 정하는 사항이 발생한 경우 이를 지체없이 위원회와 증권거래소에 신고하도록 하고 있다.[1)

한편 고발당시 증권거래법시행령 제3조 제3항 제7호에 근거한 상장법인공시규정 제5조에 따르면, 자본금의 10분의 1 이상에 해당하는 타법인출자 또는 출자지분의 처분에 관한 이사회의 결의가 있은 때(제5

---

1) 증권거래법 제186조 (상장법인 등의 신고·공시의무 등) 제1항:
상장법인 또는 협회등록법인은 다음 각호의 1에 해당하는 경우에는 그 사실 또는 이사회의 결의내용을 대통령령이 정하는 바에 따라 지체없이 금융감독위원회와 증권거래소 또는 협회에 신고하여야 한다.
 1. 발행한 어음 또는 수표가 부도로 되거나 은행과의 거래가 정지 또는 금지된 때.
 13. 제1호 내지 제12호외에 법인의 경영·재산 등에 관하여 중대한 영향을 미칠 사항으로서 대통령령이 정하는 사실이 발생한 때.

호), 신규 또는 기설립법인의 발행주식총수의 10분의 2 이상으로서 그 금액이 10억 원 이상에 상당하는 주식의 취득 또는 처분에 관한 이사회의 결의가 있은 때(제7호), 자본금의 10분의 1에 상당하는 금액 이상의 담보제공(타인을 위하여 담보를 제공한 경우에 한한다) 또는 채무보증에 관한 이사회결의가 있은 때(제22호), 기타 법인경영 또는 재산상황이나 투자자의 투자판단에 중요한 영향을 미칠 사실이 발생한 때(제34호) 이를 공시하도록 하고 있는 규정을 위반하였다는 주장을 하였으나, 관련규정이 1998년 2월 삭제되었다. 따라서 상장법인공시규정 제5조 위반여부에 대한 검토는 필요가 없는 상황이 되었다.

4) 결론

상기 고발건에 대하여 검찰은 혐의가 없거나, 공소권 없음을 이유로 불기소처분 결정을 한 바 있다 (1998년 형제 62869호).

2. SK사건

1) 사건개요

1999년 9월경 SK증권이 JP Morgan Chase Bank N.Y.(이하 "JP모건")와 사이에, SK증권이 파생금융상품인 TRS (Total Return Swap)를 이용하여 JP모건으로부터 차입한 자금으로 태국 바트화 및 인도네시아 루피아화 관련 채권에 투자(이하 "TRS 관련투자"라고 한다)하였다가 발생한 손해 미화 3억 5천6백만 달러 상당을 JP모건에 배상하여야 하는지 여부를 둘러싸고 미국과 우리나라에서 소송이 진행 중에 있었고, 당시 SK증권은 금융감독위원회로부터 1999년 9월 30일을 기한으로 개선명령을 받은 상태로서 만약 JP모건에 현금으로 바로 손해배상을 하여 줄 경우 그 명령을 제대로 이행하지 못하게 되어 SK증권뿐만 아니라 SK그룹 계열사 전체에 대한 신인도 추락까지 예상되는 상황에 처하게 되자, 1999년 9월 17일 경 및 1999년 11월 3일 경 SK증권이 JP모건의 요구를 받아들여 JP모건과 사이에 손해배상소송에 관한 화해계약을 체결하면서 SK증권이 JP모건에게 지급하는 손해배상금 3억 2천만 달러 중 합계 1억 7천만 달러(1999년 9월 17일자 및 1999년 11월 3일자 화해계약을 통하여 각 8천5백만 달러)에 대하여는 JP모건이 손해배상금을 지급받아 SK증권의 유상증자에 참여하기로 하되 그 사실을 외부에 공개하지 않는다는 합의하에 이면계약을 체결하게 되었으며, 그 과정에서 JP모건이 해외법인이 상장사가 되는 풋옵션(Put Option)이 포함된 옵션계약의 체결을 요구하여 왔는 바, 그러한 상황에서 SK글로벌의 영향 하에서 해외 현지법인인 SK Global Asia-Pacific Pte, Ltd.(이하 "싱가폴 법인")의 대표이사들이 옵션계약의 당사자가 되어 옵션계약을 체결할 것을 지시하고, 이에 따라 싱가폴법인과 미국법인의 대표이사가 풋옵션계약을 체결한 바 있다.

풋옵션 내용은 해외법인들로 하여금 JP모건과 사이에 JP모건이 싱가폴 법인에 대하여 3년 후에 SK증권 주식의 유상증자분(이하 모두 "SK증권 주식") 중 10,416,128주를 주당 4.79달러씩 합계 49,912,778여 달러에, 미국 법인에 대하여 2년 후에 유상증자분 중 1,838,140주를 주당 4.79달러씩 합계 8,782,199여 달러에 각각 되팔 수 있다는 풋옵션 등이 포함되었다.

그리고 2001년 10월 경 이 사건 옵션계약 중 미국 법인 부분에 대하여 만기가 도래하자 미국 법인이 만기를 1년 연장하는 조건으로 그 소유의 1,820만 달러 상당 예금을 옵션계약의 담보로 제공한 다음, 이어 2002년 10월경 JP모건이 이 사건 옵션계약의 이행을 요구하여 오고 국내 증권거래법 및 관련 규정상 해외법인들이 JP모건으로부터 SK증권의 주식을 직접 취득할 수 없게 되자(그 사정은 이 사건 옵션계약

체결 당시에도 마찬가지였다). 해외 법인들이 JP모건에 대하여 2002년 10월 11일 SK증권 주식을 되사는 콜옵션을 행사하여 옵션 SK글로벌 본사의 지급보증 하에 해외 금융기관에서 차입한 자금으로 JP모건에게, 싱가폴 법인이 99,452,822달러를, 미국법인이 18,140,169달러를 각각 지급하는 한편 그 날 이 사건 옵션계약의 당사자가 아닌 SK 그룹의 다른 계열사인 주식회사 워커힐(이하 "워커힐"이라 한다)과 에스케이캐피탈 주식회사(이하 "SK캐피탈")로 하여금 JP모건으로부터 SK증권 주식을 당시 증권거래소 장내 가격인 주당 1,535원씩 총 369억 여 원에 매수하도록 한 후 JP모건이 그와 같이 수수한 SK증권 주식대금을 2002년 10월 15일 싱가폴 법인에게 24,792,240달러, 미국 법인에게 4,375,101달러를 되돌려 지급함으로써 해외법인들로 하여금 그 차액인 74,660,582달러(싱가폴법인), 13,765,068달러(미국법인) 등 합계 88,425,650달러를 부담하게 하는 방법으로 이 사건 옵션계약을 이행하여, SK증권으로 하여금 합계 88,425,650달러(1,114억여 원)의 재산상 이익을 취하게 하고 반면에 JP모건에 대한 손해배상책임과 무관한 SK글로벌의 해외법인인 피해자가 싱가폴 법인에게 74,660,582달러(941억여 원), 미국법인에게 13,765,068달러(173억여 원), 합계 88,425,650달러(1,114억여 원) 상당의 손해를 가하였다.

2) 배임죄 성립여부

① 피고인의 주장내용

피고인들의 주장에 따르면 이 사건 옵션계약은 피고인들과 해외법인들이 대표이사가 그 임무에 위배하여 SK증권에 이익을 주고 해외법인들에게 손해를 가한다는 의사로 행하여진 것이 아니었으므로, 피고인들로서는 판시 특정경제범죄가중 처벌 등에 관한 법률위반(배임)죄의 죄책을 질 수 없고, 가사 임무에 위배한 행위로 인정된다 하더라도 손해가 발생하였다고 볼 수 없거나 적어도 SK증권의 이득액과 해외법인들의 손해액을 구체적으로 산정할 수 없으므로 재산상 이득액을 기준으로 가중 처벌하는 특정경제범죄가중처벌 등에 관한 법률위반(배임)죄로 규율할 수 없다고 주장하였다.

즉, 이 사건 옵션계약의 내용에 풋옵션과 함께 해외법인들이 만기범위 내에서 언제든지 SK증권 주식을 매수할 수 있는 콜옵션(Call Option)이 포함되어 있고, 오를 수도 내릴 수도 있는 주가의 성질 등에 비추어 볼 때 이 사건 옵션계약은 옵션행사시점에서의 SK증권 주가에 따라 이익과 손실이 결정되는 중립적 계약이었다. 또한 옵션행사가격이 계약체결 당시의 주가보다 오히려 낮았고, SK증권이 계약체결시 신용연계채권(CLN, Credit-Linked Note, 이하 'CLN'이라 한다)을 매입하여 해외법인들의 손실을 담보하였기 때문에 SK증권의 대표이사 등이 싱가폴법인이나 미국법인에게 손해를 가하고자 하는 의도는 없었다고 하였다.

또한 구두로 해외법인들에게 추후 손해가 발생할 경우 이를 보전해 주기로 약정하는 등 옵션계약 관련 당사자들은 모두 계약체결에 따라 발생할 수 있는 손해를 궁극적으로 해외법인들이 아닌 SK증권에 부담시킨다는 공통인식이 있었다고 하였다.

그리고 이 사건 옵션계약의 실질이 해외법인들이 JP모건으로부터 자금을 차용하여 SK증권의 유상증자에 참여한 것이라 볼 수 있는데, 그러한 모험계약의 특성상 그 후 옵션계약 이행단계에 이르러 주가가 떨어졌다고 하여 배임으로 볼 수는 없다고 주장하였다.

그리고 SK증권의 도산이 SK그룹 특히 SK글로벌과 그 해외법인들의 도산으로 이어질 수도 있는 상황 하에서 이른바 '경영판단의 법칙'에 따라 불가피하게 해외법인들이 옵션계약의 당사자가 되었던 점 등의 사정에 비추어 보면, 이 사건 옵션계약은 피고인 등이 그 임무에 위배하여 SK증권에 이익을 주고 해외법인들에게 손해를 가한다는 의사로 행하여진 것이 아니었으므로, 피고인들로서는 판시 특정경제범죄 가중처벌 등에 관한 법률위반(배임)죄의 죄책을 질 수 없다고 주장하였다.

② 검찰의 주장

형사법상의 배임이란 '임무에 위배하는 행위'를 의미하며, 이는 행위자가 처리하는 사무의 내용, 성질 등에 비추어 법령의 규정, 계약의 내용 또는 신의칙상 당연히 하여야 할 것으로 기대되는 행위를 하지 않거나 당연히 하지 않아야 할 것으로 기대되는 행위를 함으로써 본인과의 신임관계를 저버리는 일체의 행위를 의미한다(대법원 2003. 1. 10. 선고 2002도758판결 등 참조).

SK사건의 경우에 있어서 문제가 되는 것으로는 첫 번째, 해외법인의 대표이사들이 피고인들의 지시 내지 요청에 따라 구조본이 정해준 내용과 조건에 맞추어 해외법인들로 하여금 자신들의 업무와 무관한 옵션계약의 당사자가 되도록 하였다는 점이다. 그리고 둘째로는 해외법인들이 옵션계약체결 시 이사회 등 제반절차를 거쳤다는 사정이 확인되지 않았을 뿐만 아니라 계약 체결 자체도 피고인 민00으로 하여금 체결하도록 위임해 버렸다는 점이다. 셋째로는 옵션계약 체결 당시 과다한 부실자산이 존재(분식회계가 의심되는 상황이었으며 피고인들은 검찰 조사시 일부 분식회계 사실을 인정하기도 하였다)하였으며, 상당한 채무 부담 등으로 경영 상태가 매우 어려웠고, 옵션계약을 이행할 경우 현지 금융을 용도 외로 사용함으로써 외국환거래법위반 문제 등이 제기되는 상황이었는데도 불구하고(그 외 해외법인 설립 목적 위반, SK증권 부당지원에 따른 법적 문제도 제기되는 상황이었다) 무리하게 통상의 업무집행범위에서 벗어나 옵션계약을 체결하였다는 점이다. 넷째는 옵션계약 체결 당시를 기준으로 보면 만기시 옵션행사가격이 체결 당시의 주가보다 다소 높고 만기 도래 전이라도 해외법인들이 임의로 시기를 정하여 콜옵션을 행사할 수 있도록 되어 있기는 하지만, 변화무쌍한 주가의 성질 및 달러가치의 변동, 그리고 옵션계약이 장기인 점 등에 비추어 볼 때 현실적 손해발생가능성을 충분히 예상할 수 있었다는 점이다. 다섯 번째로는 해외법인들이 옵션계약 체결할 당시 SK증권으로부터 아무런 손해보전약정을 얻어내거나 손해담보도 취득하지 못하였다는 점이다.

여섯 번째로는 싱가폴 법인으로서는 CLN으로써 이 사건 옵션계약의 이행을 면할 수 없었다는 점이다. 일곱 번째로는 옵션계약이 해외법인들 자신의 경영적 판단에 기초하여 이루어지지 않았고, SK증권을 도와줄 목적에서 체결되었기 때문에 당해 옵션계약이 해외법인들의 투자이익 창출을 위한 목적으로 체결되지는 않았다는 점이다. 여덟 번째로는 실무자들이 조성하여 피고인들에게 보고된 각종 문건에서 스스로 옵션계약이 부당지원으로 문제가 생길 수 있고 배임죄 등 형사적 책임이 발생할 수도 있다고 여러 차례 기재하고 있어 피고인들 스스로도 임무위배행위와 손해발생에 대한 위법인식이 있었던 점 등이다.

따라서 본 옵션거래는 제반 사정에 비추어 볼 때 해외법인들의 대표이사로서는 사무의 내용, 성질 등에 비추어 법령의 규정, 계약의 내용 또는 신의칙상 당연히 하여야 할 것으로 기대되는 행위를 하지 않거나 당연히 하지 않아야 할 것으로 기대되는 행위를 함으로써 본인인 해외법인들과의 신임관계를 저버리는 행위를 하였고 피고인들은 이에 가담하였다 할 것이므로 이 사건 옵션계약 체결은 배임죄에서 말하는 임무위배행위에 해당한다.

4) 법원의 결정

법원은 이에 대하여 옵션계약 체결 당시에 관여하지 않고 옵션이행만을 실행한 피고에 대하여는 무죄를 선고하였다.

또한 JP모건이 그 계약의 이행을 소송으로 구할 경우, 이 사건 옵션계약의 효력을 부인하는 등 이를 저지할 만한 특별한 사유가 소명되지 아니하고 있는 상황 하에서는 피고인들이 그 이행을 거절함으로써 결국 소송을 통하여 이행하게 된다면 오히려 그 비용의 증가로 손해가 커질 수 있다는 점을 들어 볼 때 손실보전행위가 배임행위에 해당한다고 보기는 어렵다고 하였다.

또한 옵션계약의 체결만으로는 범죄가 기수에 이르지 아니하였다 할 것이므로, 그 단계에서 범행이 기수에 이르렀음을 전제로 한 검사의 이 부분 주장은 더 나아가 살펴볼 필요없이 이유 없다고 하였다. 결론적으로 풋옵션거래의 경우 범죄로 되지 않기 때문에 무죄라고 판결하였다.

III. 손실보전이면계약의 본질

1. 의의

풋옵션이란 무엇인가 하는 점에 대하여 우리 법률은 이에 대한 명문규정을 두고 있지 않다. 다만, 1997년 6월 제정된 증권거래소의 "선물·옵션업무규정"에서 이에 관한 규정을 둠으로써 풋옵션은 자율규제의 대상이 되고 있다.

동 규정에서는 풋옵션과 관련하여 주식풋옵션과 주가지수풋옵션으로 구분하여 개념을 정의하고 있다. 즉, 동규정에 따르면 주식풋옵션이란

"당해 권리의 매수자의 일방적인 의사표시에 의하여 주권의 매도로 되
는 거래를 성립시킬 수 있는 권리를 상대방에게 이전할 것을 약정하고
상대방은 그 대금을 지급할 것을 약정하는 매매거래"라고 정의하고 있
다 (동규정 제2조 제2항 1호 나목). 그리고 주가지수 풋옵션이란 "당
해 권리의 매수자의 일방적 의사표시에 의하여 권리행사가격이 당해
의사표시를 하는 시기에 현실로 나타나는 주가지수의 수치보다 높은
경우 그 차에 의하여 산출되는 금전을 권리의 매수자가 권리의 매도자
로부터 수령하게 되는 거래를 성립시킬 수 있는 권리"라고 정의하고
있다(동규정 제2조 제2항 2호 나목). 현재 우리나라에서 논의되고 있
는 것은 주식풋옵션을 의미한다. 따라서 이하에서는 논의하고자 하는
풋옵션이란 주식풋옵션을 의미한다.

이러한 풋옵션은 파생금융상품[2] 중의 하나로서 우리나라 자본시장이
개방되기 이전에는 거의 이루어지지 않은 주식거래방법이었지만 IMF
이후에는 우리 기업들이 직접자금조달의 방법으로 외화를 조달하는 과
정에서 널리 이용된 제도이다.

그리고 풋옵션거래는 풋옵션 매수자가 풋옵션매도자에게 약정기일이
나(유럽의 경우), 약정기간 내에(미국의 경우) 언제라도 옵션기준물을
옵션행사가격에 매도할 수 있는 권리를 부여하는 상사계약으로써 풋옵
션매도자는 풋옵션매수자가 옵션대상상품을 판매하고자 할 때에는 언
제라도 매수해야 할 의무가 있는 거래는 말한다.[3]

---

2) 이러한 파생금융상품의 종류로는 선물(future), 옵션(option), 스왑(swap) 등으로
대별하여 볼 수 있다.
3) 이러한 풋옵션거래는 콜옵션(call option)에 반대되는 개념으로서 콜옵션은 옵
션거래에서 특정한 기초자산을 만기일(유럽)이나 만기일 이전(미국)에 미리 정한
행사가격으로 살 수 있는 권리를 의미하는 반면에 풋옵션은 특정자산을 정해진
기간 내(또는 정해진 기일)에 대매계약시 정한 가격으로 매도할 수 있는 권리라
는 점에서 차이가 있으며, 그 대상 상품은 주식이나 채권이 일반적인 형태를 이
루고 있다.

그러나 이러한 옵션거래는 선물거래와는 달리 권리만 있고 의무는 없기 때문에 매수자는 해당 옵션의 매도자에게 일정한 대가(프리미엄)를 미리 지불해야 하는 불이익을 감수하여야 한다. 그러나 이러한 프리미엄의 지불대가로 옵션매수자는 주식시세가 자신에게 유리한 경우에는 권리를 행사하여 이익을 누리고, 손실의 위험이 있을 때에는 당해 권리행사를 포기하는 등의 선택권을 행사할 수 있는 장점을 갖게 된다.

한편, 옵션매도자의 입장에서는 매수자의 권리행사에 응해야 할 의무를 갖는 대신 옵션매수자로부터 프리미엄을 취득하는 이점을 갖는다.

이 때 옵션매수자의 손익은 기초자산의 현재가격, 행사가격 및 매입시 지불한 프리미엄에 의하여 결정되는데, 풋옵션의 경우 현재주식가격이 행사가격보다 낮을 경우 매수자는 권리를 행사함으로써 그 차액만큼 이익을 얻을 수 있으며, 현재가격이 행사가격보다 높을 경우에는 권리행사를 포기할 수 있다. 따라서 가격상승 정도에 따라 매수자의 이익은 확대될 수 있으며, 가격이 상승하더라도 손실을 계약 당시에 지급한 프리미엄에 한정시킬 수 있다.

또 옵션매도자의 손익은 현재가격이 행사가격보다 높을 경우 매수자가 권리행사를 포기하게 되므로 이미 지불받은 프리미엄만큼 이익이 발생하지만 현재가격이 행사가격보다 높을 경우에는 가격수준에 관계없이 기초자산을 행사가격으로 인도해야 하므로 가격상승 정도에 따라 큰 손실을 감수해야 하는 투기성이 강한 자금조달 및 투자 수단이라고 할 수 있다.

2. 손실보전이면계약의 기능

풋옵션거래와 같은 파생금융상품은 궁극적으로는 투자상의 위험을 전가 내지 회피, 즉 헤지(hedge)하는 데 목적을 두고 있다. 특히, 파생금융상품은 환율, 금리, 증권시세의 급격한 변동에 따라 발생할 수 있는 손실의 위험을 타인에게 전가하거나 인수하는 것을 용이하게 하는 투자기법이라고 할 수 있다.[4]

따라서 투자자 입장에서는 이러한 풋옵션거래를 통하여 헷지효과를 누리는 반면에 기업은 자금조달을 용이하게 할 수 있는 장점을 갖고 있다. 구체적으로 투자자들이 풋옵션에 투자하는 목적은 여러 가지가 있을 수 있으나, 가장 중요한 것으로는 ①투기적 목적(speculative use)과 ②보험 목적(insurance use)을 들 수 있다. 우선 투기적 목적으로 풋옵션을 매수하는 투자자는 미래의 주가가 하락하는 경우, 주식투자에서 소요되는 자금보다 소규모의 투자금액(프리미엄)으로 기초자산인 주가의 변화에서 발생하는 이익을 얻는 것을 목적으로 한다는 특징을 갖는다. 이러한 투기적 목적의 풋옵션투자는 주식투자와 비교하여 커다란 차이점을 갖는다. 즉, 풋옵션투자는 주식투자에 비해 주가가 하락할 경우 이익의 확대효과가 매우 크다. 이러한 점에서 본다면, 풋옵션에 대한 투자는 주식투자에 비해 손익확대효과가 매우 큰 투자방법(a highly leveraged means)이라고 할 수 있다. 따라서 이와 같은 풋옵션의 레버리지 효과로 인해 많은 투자자들은 투기목적을 위해 옵션에 투자하게 된다.

그리고 풋옵션을 보험목적으로 이용한다는 것은 투자자로 하여금 그가 이미 취하고 있는 시장 포지션(market position)에 대한 안전장치를 제공해준다는 것을 의미한다. 즉, 주식을 매수하여 보유하고 있는 투자자가 당해 보유주식의 가격이 조만간에 하락할 위험이 있다고 판단되는 경우, 당해 주식을 대각하는 대신 이를 기초자산으로 하는 풋옵션을 매입하는 경우 손실을 상각할 수 있게 된다.

즉, 투자자가 우려한 대로 보유하고 있던 주식의 가격이 하락할 경

---

4) 윤봉한, 『금융학원톤』, 법문사, 1995, 477쪽 참조.

우 한편으로는 보유주식의 가치감소로 손실을 보게 되나, 다른 한편으로는 풋옵션을 행사함으로써 이익을 얻게 됨으로써 주식투자의 손실을 줄일 수 있게 된다. 이와 반대로, 주식가격이 상승한다면 풋옵션을 행사할 필요가 없게 된다. 이 때 풋옵션을 매입하기 위해 지불된 프리미엄은 결국 가격하락으로 인한 위험을 제거하기 위해 지불된 보험료(insurance)로 본다면 투자손실을 줄일 수 있는 효율적인 투자기법이라고 할 수 있다.[5]

3. 손실보전이면거래의 법적 문제점

파생상품거래는 그 종류도 많고, 범위도 넓어 법률상의 문제를 일률적으로 유형화하는 것은 쉽지 않다. 따라서 풋옵션거래의 문제를 법리적으로 명백히 정의하고 규율하기는 어려운 것이 사실이다.

이와 관련하여 풋옵션거래에서 문제제기가 될 수 있는 쟁점들은 과연 풋옵션계약이 일방 당사자의 요구에 따라 이행하여야 할 의무가 있다는 점에서 불평등·편무계약이 아닌가 하는 의문이 제기될 수 있다.

이와 관련하여 옵션계약도 일정조건하에서, 즉 매도인은 옵션을 매도하고, 매수인은 그 대가로 프리미엄을 지급한다는 조건으로 매매한다는 점에서는 다른 계약과 다를 바 없다고 할 수 있다.

그러나 풋옵션거래의 특징은 옵션보유자가 옵션의 행사 여부를 일방적으로 결정할 수 있다는 점이다. 즉, 주식매수인이 매도인에게 재매입을 요구하는 경우 매도입은 무조건 이를 매수하여야 한다.

따라서 이러한 거래형태를 두고 불평등계약이라는 견해들이 많다. 그러나 풋옵션의 경우 매수인에게 일방적으로 매도할 수 있는 권한을 부여한 반면에 옵션매도인은 계약체결시 이러한 거래조건을 승인하는

---

5) 윤봉한, 앞의 책, 477쪽 참조.

대가로 일정한 산식에 기초하여 계산한 프리미엄을 받았기 때문에 이는 전형적인 쌍무계약이라고 할 수 있으므로 법률상 불평등계약이라고 보기는 어렵다.[6]

IV. 손실보전이면계약의 법적 책임

1. 형사상 책임

1) 문제제기

앞에서 본 바와 같은 풋옵션거래에 대하여 형사상 소추 및 판결들을 보면서 과연 유통시장에서의 유가증권거래행위가 형사상 심사상의 대상이 되는 것이 바람직한가 하는 점에 대하여 의문을 제기하게 된다.

이러한 점들이 문제가 되는 이유는 구체적으로 피해자와 피해사실이 확인되지 않았음에도 불구하고 형사처벌의 대상이 되었었다는 점이다.

즉, 형사처벌을 통하여 보호하고자 하였던 보호법익은 당해 회사 및 자회사의 투자자라는 불특정다수의 재산권이라고 할 수 있는 사회적 법익이다.

전통적으로 이러한 사회적 법익을 침해한 자에 대하여는 추상적 위험범의 법리를 적용하여 형사처벌하여 왔는데, 많은 학자들이 이러한 추상적 위험범의 처벌을 엄격히 하는 경우 헌법상의 기본인권을 부당하게 침해할 우려가 있기 때문에 가능한 한 이를 제한하여야 한다는 견해를 피력하고 있다.[7]

그럼에도 불구하고 상기의 SK사건의 경우에는 추상적 위험범의 법

---

6) 정상근, 「파생상품거래의 법이론」, 『기업법연구13집』, 2003. 6, 169쪽.
7) 배종대, 『형법각론 제5판』, 홍문사, 2003, 725쪽.

리를 적용하여 형사처벌하고자 하였다.

2) 형사책임의 근거

앞에서 본 바와 같은 풋옵션거래에 대한 형사처벌을 하기 위하여는 구체적으로 피해자가 특정되어야 하고 재산상 피해사실이 확인되어야 한다. 그러나 풋옵션거래가 기업들간에 이루어진 경우에는 당해 피해자들은 다수의 투자자라는 점에서 피해자가 확정되기 어렵다. 또한 피해사실이 구체적으로 어떠한지에 대한 확인 또한 힘든 것이 사실이다. 따라서 이러한 풋옵션거래에 대한 형사처벌을 하는 것은 전통적인 형벌론적인 입장에서 볼 때에는 법리상 논란의 여지가 많을 수 있다.

그러나 1983년 "특정경제범죄가중처벌 등에 관한 법률"(이하 "특경법")이 발효되면서, 동법 제1조의 "경제질서를 확립하고 나아가 국민경제에 이바지함을 목적으로 한다"는 취지에 따라 단순히 개인적 법익을 침해하지 않았다 하더라도 사회적 법익을 침해하면 형사처벌의 대상이 될 수 있도록 법률상 근거를 마련한 바 있다.[8]

따라서 현대 형법은 이러한 사회적 법익을 침해한 자를 추상적 위험범으로 보고 침해의 사실이 확인되지 않더라도 침해의 위험이 있으면 처벌하는 단계로 발전하기에 이르렀다.[9]

즉, 오늘날 경제형법은 일반적으로 확인이 가능한 물질적·재산적 침해를 예방하는데 목적을 두지 않고 경제질서유지 및 국가산업발전에 그 목적을 두고 있기 때문에 초개인적 법익이 침해를 당한 경우에는 당해 침해가 발생하기 이전의 단계, 즉 법익침해의 "위험성"이 있는

---

8) 정용기, 「경제범죄의 피해와 그 효과적 대책」, 『피해자학연구 제7호』, 265쪽.
9) 추상적 위험의 개념은 독일회사법상의 사기범죄에서도 부실 또는 불완전한 대차대조표의 제출이나 회사설립에 관한 허위신고라는 해위가 재산상 손해의 발생을 기준으로 하지 않고 단순히 기망행위 자체를 범죄로 하여 추상적 위험범의 형태로 규정하고 있다고 한다: 정용기, 앞의 논문, 266쪽.

단계에서 보호하고자 하고 있다.

3) 형사처벌의 문제점

앞에서 본 바와 같이 현재는 사회적 법익침해행위인 경제행위의 경우 피해자와 가해자, 피해사실이 확정되지 않더라도 업무담당자, 더 나아가서는 최고책임자인 대표이사를 형사처벌함으로써 형법의 적용범위를 확대하여 나가고 있다.[10] 그러나 이러한 형법의 적용범위확대는 형법의 비합리적인 비대화와 확장을 의미하며, 동시에 전통적으로 예방적·규제적 차원에서 규제행정법이 주로 담당하여 왔던 기업활동의 영역에까지 형법이 개입함으로써 법집행상의 충돌과 해석상의 혼란을 초래하고 있다.

또한 경제행위에 대하여 형법을 적용하기 위하여 추상적 위험범의 개념을 도입하여 사회적 법익, 즉 초개인적 이익이라는 불명확한 개념을 가지고 형법을 적용하는 경우가 많아 인권침해의 문제를 야기할 수 있다.

물론 오늘날 경제형법은 경제질서유지 및 국가산업발전에 그 목적을 두고 있기 때문에 법익침해의 "위험성"이 있는 단계에서 사법기관이 개입할 필요성이 없다고 보지는 않지만 단순히 공시의무위반 등과 같은 법규위반행위에 대하여까지도 처벌범위를 확장하는 것은 우리 경제현실을 고려하여 볼 때 정경유착을 더욱 부채질하는 현상을 초래할 수 있다.

더욱이 경제행위를 형사처벌의 대상으로 하여 형법상의 가벌성의 컥

---

10) 대검찰청의 공식적인 보고에 따르면 2001년 12월부터 2003년 3월 31일 현재까지 공적자금관련 기업범죄를 수사하여 대표이사를 총 109명을 입건(48명 구속, 53명 불구속, 8명 지명수배)하고, 공적자금 합계 398억 9,800만 원을 회수하였으며, 부실기업주를 포함하여 모두 50여 명 출국금지조치를 취한 바 있다(대검찰청 홈페이지의 보도자료실의 보고내용을 참조하였음).

위를 확대하고자 시장에서 일어나는 유가증권거래행위에 대하여 형사
법적인 판단을 하는 경우, 경제행위가 인신상의 구속과 같은 형벌에
의하여 통제되기 때문에 경제행위가 소극적으로 전개되어 경제가 전반
적으로 위축될 수 있다.

4) 소결

경제질서유지라는 관점에서 보면 위험발생을 예측하고 엄격한 행동
규준을 설정하는 권한을 국가에게 부여하는 것은 당연하다고 할 수 있
으나, 문제는 국가가 어떠한 행동규준을 통하여 경제질서유지 차원에
서 기업의 경제활동에 관여할 것인가 하는 것이 문제이다.

앞에서 본 바와 같이 풋옵션거래에 대하여 국가가 관여하는 방법으
로는 첫 번째로는 형법을 통한 경제질서유지이고, 둘째로는 행정규제
를 통한 경제질서유지를 들 수 있다. 이와 관련하여 최근의 세계적인
추세는 후자라고 할 수 있다. 즉, 후자의 입장에서 국가가 강력한 행
정조치를 통하여 풋옵션거래에 관여하는 경우 한편으로는 적법한 기업
활동을 촉진시킬 수 있고, 다른 한편으로는 사법기관의 권한 남용으로
인한 대규모적 기업재해를 미연에 방지할 수 있는 효과를 갖는다고 할
수 있다. 최근에는 한걸음 더 나아가 국가가 행정규제를 함에 있어도
국가의 직접적 또는 법적 규제보다는 민간 기구에 의한 자율규제나 민
사법적 규제조치 등이 기업재해의 방지에 더 효율적이라는 견해들이
경험론적으로 많은 지지를 받고 있으며, 또한 세계적 추세이다.

이러한 점에서 볼 때 풋옵션거래와 관련하여 이를 사회적 법익을 침
해한 추상적 위험범으로 처벌을 가하고, 한 걸음 더 나아가 범죄사실
의 입증곤란성이라는 문제점을 극복하기 위하여 이러한 유통시장에서
의 거래행위에 대한 형법의 예방적·규제적 기능을 지나치게 강조하는
것은 형법의 비합리적인 비대화와 확장을 초래할 수 있다.

이러한 문제를 해결하기 위하여는 향후 풋옵션거래에 대하여 제재를 가하고자 하는 경우에는 제1차적으로는 행정처분을 원칙으로 하고, 이러한 행정처분이 실효를 거두지 못하는 경우에 한하여 최후 수단으로 형사처벌을 하는 것이 바람직하다.[11]

그리고 형사처벌을 하는 경우에 있어서도 경제행위와 관련하여 상당부분이 1960년대 이후부터 우리 기업들의 경영상 관행으로 이루어진 부분들을 고려하여 당해 경제행위의 사회적 법익의 침해여부를 판단함에 있어서는 직접적인 손익결과뿐만 아니라 이와 관련된 정황과 여건, 장래의 부수효과에 대하여도 종합적으로 판단하여야 하며, 동시에 경영상 필요에 의한 규범위반행위인지도 아울러 판단하는 것이 바람직하다.

2. 민사상 책임

1) 문제제기

상기 SK사건의 경우처럼 풋옵션거래와 관련하여 모회사의 이사가 자회사에게 풋옵션거래에 따른 매수의무를 부담토록 하여 자회사에게 손실이 발생한 경우 자회사의 주주들이 이에 대한 손해배상책임을 모회사의 이사들에게 추궁할 수 있는가 하는 것이 문제가 된다.

이 때 모회사의 이사들이 법에서 정한 절차를 위반한 경우에는 이에 대한 책임추궁이 문제될 수 있을 것으로 생각한다. 그러나 절차상 하자가 없으나 사실상 자회사의 이익을 해하는 부당한 영향력을 행사함으로써 자회사에 손해가 발생한 경우이도 이에 대한 책임문제가 제기될 수 있다.

이 때 모회사의 이사들은 자회사에 대하여 선관주의의무 혹은 충실

---

11) 동지: 정용기, 앞의 논문, 252쪽.

의무를 부담하는가 하는 문제와 이들이 자회사에 대하여 현행법상 업무집행 관여자로서 책임을 부담하는가(상법 제401조의 2), 그리고 독일법상의 사실상의 콘체른 관계에 따른 책임[12]이 부과되는가 하는 점이 논란이 될 수 있다.

2) 선관주의의무 또는 충실의무 위반여부

앞의 SK사건의 경우 SK증권의 대표이사 등, 즉 모회사의 이사가 부당한 영향력을 행사하여 자회사인 SK글로벌의 싱가폴 법인과 미국 법인이 풋옵션거래의 손실보전책임을 지도록 하여 자회사에게 손실을 입힌 경우 모회사인 SK증권의 대표이사 등이 선관주의의무 또는 혹은 충실의무를 위반으로 자회사인 SK글로벌의 소수주주나 채권자에 대하여 부담하는지 여부가 기업결합과 관련하여 중요한 문제가될 수 있다.[13]

특히, 자회사의 손해에 대하여 모회사의 이사는 자회사의 소수주주에 대하여 어떤 법적 근거에 의거하여 책임추궁을 당할 수 있는가 하는 점이 논점이 되고 있다. 우선, 우리 상법상의 충실의무 위반에 기한 손해배상을 청구할 수 있는가 하는 문제를 검토할 필요가 있다(상법 제382조의3).[14]

원래 이사의 충실의무란 이사가 회사의 업무를 수행함에 있어서 그

---

12) 독일에서는 모회사의 소수주주보호와 관련한 문제들이 제기된 바 있고, 이에 대하여 중요한 판례가 있다. 즉, 주식회사의 가장 중요한 부문의 영업자산을 개별승계 방식으로 신설 100% 자회사에게 양도한 Holzmüller 판결에서 법원은 모회사의 주주를 보호하여야 한다는 견해를 피력한 바 있다(BGHZ 83, 122).

13) 충실의무위반책임을 추궁할 수 있다고 하는 견해로는 「出口正義, 株主權法理の展開」, 1991, 3쪽: 김민재, 「순수지주회사의 허용과 관련법제의 대응방향」, 『상사판례연구 제10집』, 1999, 424쪽 참조.

14) 1998년 우리 상법은 영미법상의 Fiduciary Duty를 도입하여 이사에게 회사의 이익을 위하여 최선을 다해 직무를 수행하여야 한다는 충실의무를 부과하고 있다.

에게 부여된 권한을 회사에 가장 유리하다고 믿는 바에 따라 성실하그 정당한 목적을 위하여 행사하여야 하고, 회사의 이익과 이사의 개인적 이익이 충돌하는 경우에는 자기의 개인적 이익을 희생하면서 의사결정을 하여야 하며, 회사의 이익과 이사의 개인적 이익이 충돌하는 계약을 체결하여서는 아니된다는 의무라고 보는 것이 일반적인 견해이다.

따라서 일반적인 견해에 따르면 예를 들어 이사의 충실의무에는 이사가 자기를 선임한 자, 즉 회사 또는 주주에 대하여 모든 사정, 특히 자기에게 유리한 조건이나 사정을 분명히 개시하여야 할 의무까지드 포함되게 된다.15) 이처럼 이사가 충실의무를 부담하는 근거는, 회사와 이사간에 영미법상 신임관계(fiduciary relation)라 말하는 고도의 신뢰 관계를 기초로 하는 특수한 법률관계가 있기 때문이라고 한다.

그러나 이러한 이사의 충실의무가 현행법상 선관주의의무와 동일하다는 견해가 지배적인 현시점을 고려하여 볼 때에 위임관계가 없는 므회사의 이사에게 자회사의 주주가 충실의무 위반으로 인한 손해배상을 청구할 수 있다고 보기에는 이론상의 난점이 많다.16)

또한 모회사의 이사가 자회사의 경영에 참여하여 손해가 발생한 경우 자회사의 주주는 모회사의 이사에 대하여 제3자의 채권침해에 기한 불법행위책임을 추궁할 수 있다는 견해17)가 있다. 이러한 견해에 따르면 모회사의 이사가 영향력을 행사하여 자회사의 이사가 선관주의의므를 위반하여 채무를 불이행하였고, 또한 모회사의 이사는 채무불이행을 교사하였으므로 채권침해에 의한 불법행위책임은 모회사의 이사뿐만 아니라 모회사도 부담하여야 한다고 한다. 그러나 통설에 의하건

---

15) 田中誠二, 『會社法詳論 (上卷)』, 勁草書房, 1993, 631쪽.
16) 이에 대하여 모호사 자체가 자회사에 대하여 충실의무를 부담한다는 규정은 없기 때문에 모회사가 책임지기는 어렵고 모회사의 이사는 충실위반에 대한 책임을 질 수 있다는 견해가 있다: 김민재, 앞의 논문, 424쪽.
17) 柴田和史,「純粹持株會社を前提とした商法上の問題」,『月刊 資本市場』제 127號, 1996, 24쪽.

채권침해형 불법행위가 성립하기 위하여는 고의가 존재하여야 하므로 그 고의여부를 확인하는 데 난점이 있다.

3) 업무집행지시자로서의 책임여부

상기 SK사건의 경우 SK증권의 이사들이 자회사인 SK글로벌의 이사들에 대하여 지시하여 풋옵선계약에 따른 매수의무를 부담토록 한 경우에 과연 이들이 SK글로벌의 이사가 아님에도 불구하고 현행 상법상의 업무집행지시자로서 SK글로벌 및 그 주주 및 채권자들에 대하여 손해배상책임을 부담하여야 하는가 하는 점에 대하여 논란이 있을 수 있다.

종래의 회사법상 모회사와 자회사는 독립된 별개의 법인체이기 때문에 자회사의 경영에 대하여는 자회사의 이사가 책임을 부담하는 것이 원칙이다. 그러나 1998년 개정상법에 따라 도입된 업무집행 관여자의 책임규정(상법 제401조의 2)[18]에 의거 모회사의 이사가 책임을 질 수 있게 되어 있다.[19] 즉, 1998년 상법개정시 동조를 신설하여 회사의 이사가 아니면서 자신의 영향력을 행사하여 이사의 업무집행을 지시하거나 회사의 업무에 관여한 자 및 이사가 아니면서 이사와 유사한 명칭

---

18) 상법 제401조의 2 (업무집행지시자 등의 책임)
　① 회사에 대한 자신의 영향력을 이용하여 이사에게 업무집행을 지시하거나 이사의 이름으로 직접 회사의 업무를 집행한 자는 그 지시하거나 집행한 업무에 관하여 제399조, 제401조 및 제40조의 적용에 있어서 이사로 본다.
　② 이사가 아니면서 명예회장, 회장, 사장, 부사장, 기획조정실장, 전무, 상무 기타 회사의 업무집행할 권한이 있는 것으로 인정될 만한 명칭을 사용하는 자가 회사의 업무를 집행한 때에는 그 집행한 업무에 관하여는 제1항과 같다.
　③ 제1항 또는 제2항의 경우에 회사 또는 제3자에 대하여 손해를 배상할 책임이 있는 이사는 제1항 또는 제2항이 정하는 자와 연대하여 그 책임을 진다.
19) 이러한 책임규정은 독일 주식법 제117조를 수용한 사실상의 이사에 관한 규정으로서, 회사에 대한 자신의 영향력을 이용하여 이사에게 업무집행을 지시한 자에게도 법률상의 이사와 동일한 책임을 부과함으로서 기업경영의 투명성을 꾀하고자 도입된 것이다.

을 사용하여 업무를 집형한 자들에 대하여 상법 제399조와 제401조의 규정에 따라 회사 또는 제3자에 대하여 손해배상책임을 지는 이사와 연대하여 손해배상책임을 지도록 규정하였다. 이러한 입법례는 독일주식법 제117조,[20] 영국회사법(1985) 제741조에서 찾아 볼 수 있다.

그러나 이 때 모회사의 이사는 제401조의 2 제1항 1호에서 정하고 있는 "회사에 대한 자신의 영향력을 이용하여 이사에게 업무집행을 지시한 자"에 해당할 수 있다. 그러나 업무집행 관여자라 함은 다수의 주식을 보유함으로써 주주총회를 지배하고 여기서 선임된 이사를 통해

---

20) 참고로 독일의 경우에는(독일 주식법 117조):

① 회사에 대한 자기의 영향력을 이용하여, 이사회 또는 감사회의 구성원, 지배인 또는 상사대리인으로 하여금 회사 또는 그 주주에게 손해가 되는 행위를 고의로 하게 한 자는 회사에 대하여 그로 인하여 회사에 발생한 손해를 배상할 의무를 진다. 회사의 피해에 의해 주주가 입은 손해를 제외하고 주주가 손해를 받은 경우에는 그 자는 이에 의해 주주가 입은 손해에 대해 주주에게도 배상의무를 진다.

② 이사회 및 감사회의 구성원이 그 의무를 침해하여 행위를 한 때에는 그 이사 및 감사는 전항의 자와 연대하여 책임을 진다. 그 자가 통상 및 성실한 업무지휘자의 주의를 다하였는지에 대해 다툼이 있는 때에는 그 자가 입증책임을 부담한다. 그 행위가 총회의 적법한 결의에 의한 때에는 이사회 및 감사회의 구성원의 배상책임은 회사 또는 주주에 대하여 발생하지 않는다. 감사회가 그 행위를 승인함으로써 배상의무는 면제되지 않는다.

③ 그 가해행위에 의해 이익을 얻은 자가 고의로 영향을 받도록 한 경우에 한하여 제1항의 자와 연대하여 책임을 진다.

④ 회사에 대한 배상의무의 소멸에 대하여는 제93조 4항 3문 및 4문이 준용된다.

⑤ 회사채권자가 회사로부터 만족할 수 없는 경우에 한하여, 회사채권자도 회사의 배상청구권을 행사할 수 있다. 회사의 포기 또는 화해가 있거나 그 행위가 총회의 결의에 기한 것이더라도 배상의무는 채권자에 대하여는 소멸되지 않는다. 회사의 재산에 대한 파산절차가 개시하여 그 계속중인 경우에는 파산관재인이 채권자의 권리를 행사한다.

⑥ 이들 규정에 의한 청구권은 5년의 소멸시효에 걸린다.

⑦ 이들 규정은 이사회 또는 감사회의 구성원, 지배인 또는 상사대리인이 (1) 증회에서의 의결권, (2) 지배계약에 의한 지휘력, 또는 (3) 그 회사가 편입된 주회사 (319조)의 지휘력의 행사에 의해 가해행위가 되어진 때에는 적용되지 않는다.

여 간접적으로 회사의 경영에 영향력을 행사하는 경우가 이에 해당된다고 보고 있다.[21] 이러한 견해에 따르면 업무집행 관여자란 다수의 주식을 보유할 것을 전제로 하고 있으므로 모회사의 이사가 다수의 자회사 주식을 보유하지 못한 경우에는 업무집행 관여자로 볼 수 없는 난점이 있다.[22]

4) 사실상 콘체른 관계에 따른 책임

모회사의 이사가 자회사 및 그 주주들에게 어떠한 법적 근거에 의하여 책임을 부담하여야 하는가 하는 점에 대하여 일부학자는 모회사와 자회사 관계를 독일주식법상의 사실상 콘체른 관계[23]로 보고 이를 해결하여야 한다는 주장이 제기되고 있다.[24]

즉, 모회사의 이사가 부당한 영향력을 행사하여 자회사에 손해가 발생한 경우에는 독일주식법(동법 제317조 3항 참조)을 참조하여 모회사와 모회사의 이사가 연대책임을 부담하는 것이 해석상 가능하다. 따라

---

21) 酒卷俊雄, 「親子會社間の取締役の責任-取締役の責任と會社支配」, 成文堂, 1967, 44쪽.
22) 김민재, 앞의 논문, 424쪽 참조.
23) 독일주식법은 기업결합에 대하여 편입, 지배계약 등에 의하여 규율되는 계약콘체른과 그 밖의 사유로 인하여 지배·종속관계가 인정되는 사실상의 콘체른으로 구분하고 있다. 이 중 계약콘체른에 대하여는 모회사에게 지휘권을 부여하고 있어, 설령 자회사에게 불이익을 가져오는 지시가 있더라도 자회사의 이사는 모회사의 지시를 따를 것을 요구하고 있어(독일주식법 제308조) 종속회사 및 당해 주주 그리고 채권자를 보호하기 위한 법적 장치를 마련하고 있다. 그러나 사실상 콘체른과 관련하여서는 제311조 내지 318조에서 지배기업의 지휘와 책임에 관한 규정은 두고 있지만 이를 사실상의 콘체른에 대하여 적용할 것인가에 대한 명문규정을 두고 있지 않고 있다. 따라서 현재 독일에서는 사실상의 콘체른의 인정여부 및 제311조 이하 규정의 적용요건, 지배기업의 지휘권의 한계와 책임, 그리고 가중된 사실상의 콘체른 등과 관련하여 해석상의 여러 가지 문제점을 안고 있다: 김민재, 앞의 논문, 421쪽 참조.
24) 독일주식법이 대폭 개정된 1965년 이후부터 사실상의 콘체른에 대하여는 이를 긍정하는 설과 부정하는 설로 대립되어 왔다: 노일석, 「콘째른지휘」, 『상사법연구 제11집』, 1992, 80~88쪽 참조.

서 자회사의 주주는 모회사 및 그 법정대표기관에 대하여 자신이 입은 손해는 물론 자회사가 입은 손해에 대하여도 배상청구를 할 수 있게 된다(동조 4항).

물론 모회사는 다른 회사를 지배하는 것을 유일한 목적으로 하기 때문에 이러한 관계가 수직 또는 수평적으로 결합되는 경우, 이를 콘체른 관계로 볼 수 있으며, 더욱이 모회사집단에서는 일반적으로 지배계약을 체결하지 않기 때문에 계약상의 콘체른보다는 사실상의 콘체른에 관한 규정을 적용하는 것이 더 효과적이라고 할 수 있다.

또한 콘체른 관계에 있어서 모회사의 경영진은 기업집단 전체의 이익을 고려하여 자회사를 지배하여야 하지만, 자회사의 경영진은 개개의 회사의 이익을 극대화하여야 한다는 점에서 질적으로 다르기 때문에 모회사의 경영진에게 콘체른 지휘의무가 적용될 여지가 많다는 점에 대하여는 긍정적으로 해석된다.[25]

그러나 모회사의 경우에 법률상의 지휘권이 인정되기는 어렵고, 반드시 자회사의 경영에 관여하여야 하는 것은 아니며, 자회사집단 중의 일부에만 관여하는 등의 경우도 예상된다. 따라서 독일의 콘체른 법제를 통하여도 모회사 이사의 자회사에 대한 법적 책임을 추궁하기에는 법리상의 난점이 있다. 또한 우리 현행법상 사실상 콘체른에 관한 규정이 없는 점을 고려하여 볼 때에 이러한 독일의 해석론에 따라 모회사 및 모회사의 이사가 연대하여 손해배상책임을 지도록 하는 것은 매우 어려운 것이 현실이다.

5) 경영판단의 원칙의 적용여부

풋옵션거래와 관련하여 관련된 이사들의 행위에 대하여 민사법상의 책임을 추궁함에 있어 경영판단의 원칙이 적용될 수 있는가 하는 점에

---

25) 김민재, 앞의 논문, 423쪽.

대하여 고찰하여 볼 필요가 있다. 풋옵션거래와 관련한 이사의 직무는 한편으로는 이사회의 구성원으로서 경영상의 의사결정에 참여하고, 다른 한편으로는 대표이사나 업무담당이사 등의 업무집행을 감시하는 것이다. 그리고 대표이사는 이사자격으로서 갖는 업무 이외에도 이사회의 결정에 따라 이를 구체적으로 집행할 직무를 갖고 있다. 이때 업무집행이사나 대표이사가 풋옵션거래를 이사회의 의사결정 없이 업무를 집행함에 있어 주의의무(충실의무·선관주의의무)를 다한 경우 강학상 정립된 "경영판단의 원칙"을 적용하여 이사의 책임을 면할 수 있는가 하는 것이 문제될 수 있다. 기업의 경영판단은 불확실하고 유동적이며 복잡다양한 제요소를 대상으로 하는 전문적, 예측적, 정책적인 판단능력을 필요로 하는 종합적 판단이다. 따라서 그 재량의 폭이 넓어 이사의 경영판단이 결과적으로 회사에 손해를 가한 경우에도 직접적으로 이사가 필요한 주의의무를 해태하였으므로 손해가 발생하였다고 보기는 어렵다. 즉, 회사는 주주총회에서 선임된 이사에게 경영을 위임하여 이익을 추구하고 있는 것이므로 이사가 그 권한의 범위 내에서 회사를 위하여 최선의 판단을 하여 이를 집행하는 경우에는 기본적으로는 그 판단을 존중하여, 그 결과를 수용하고, 이사가 위축되지 않고 경영에 전념하게 하면, 사회는 이를 통하여 이익을 얻게 된다. 이러한 취지를 반영한 일본의 판례26)에서는 "경영판단의 성질상 이사의 경영판단이 정당한지 여부를 법원이 판단할 수 있는 사항은 아니다. 그러나 법원은 이사의 경영판단 과정에서 경영판단의 전제가 되는 사실에 대하여 부주의하였거나, 의사결정의 과정이 통상의 기업인으로서 불합리하였는가 하는 점에 관하여 심사를 하여야 하고, 만약 경영판단의 전제가 되는 사실에 대하여 부주의하였거나 오류가 있었고, 의사결정의 과정이 불합리하다고 판단되는 경우에는 이사가 선관주의의무 또는 충실의무

---

26) 東京地判, 平成5年 9月 16日 判示 1469. 25.

를 위반하였다고 볼 수 있다"고 판시한 바 있다. 따라서 풋옵션거래와 관련하여 당해 거래의 실행여부에 대하여 선량한 관리자의 주의의무를 다하였다면 그 결과로 손해가 발생하였더라도 당해 이사의 책임은 성립되지 않을 수 있다고 해석된다.

따라서 상법 제401조에서 정하고 있는 이사의 제3자에 대한 책임 및 제399조의 회사에 대한 책임과 관련하여 풋옵션거래시 당해 이사가 정관이나 법령에 위반된 행위가 없고, 선량한 관리자의 주의의무를 다하였다면 당해 이사들에 대하여 경영판단의 원칙을 적용하는 것이 풋옵션거래의 특성상 바람직하다고 사료된다.[27]

V. 결어

전통적인 회사법 이론에 따르면 이러한 풋옵션거래는 상법상 주주평등의 원칙에 위배될 뿐만 아니라 자본충실의 원칙에 반하는 위법행위일 수 있다. 그러나 이러한 풋옵션거래가 경영상 필요에 의해 회사의 자금조달을 목적으로 이루어진 경우에도 형사상 책임추궁이 가능한가 하는 점에 대하여는 의문을 갖게 된다. 물론 이러한 풋옵션거래를 통하여 특정인이 개인적으로 회사이익에 반하는 재산상의 이득을 취하였다면 이는 당연히 형사상 책임뿐만 아니라 상법상의 충실의무위반 또는 선관주의의무 위반, 이사의 위법행위 등으로 인한 민사상의 손해배상책임도 져야 할 것이다. 그러나 개인적으로 재산상의 이득을 취한 사실이 없는 경우에는 경영판단에 의한 업무집행행위일 개연성이 높다.

따라서 풋옵션거래에 대한 위법행위 여부를 형사상으로나 민사상으로 책임을 묻고자 하는 경우에는 좀더 신중한 사법기관의 법집행이 필

---

27) 東京高判平成 7年 9月 26日 資料版商事法務 139號 181쪽.

요하다고 생각한다.

특히, 우리의 경제의 전망이 매우 부정적인 현실을 고려하여 볼 때에 우리 기업들의 경제행위에 대하여 사법부의 직접적인 개입이 현재와 같이 이루어지는 경우 우리 기업들에 대한 역차별의 문제가 매우 우려된다.

따라서 풋옵션거래와 관련한 위법행위에 대한 책임은 제1차적으로는 규제법과 민사법적인 차원에서 논의되는 것이 바람직하다. 즉, 풋옵션 거래시 공시불이행이나, 회계장부허위기재, 외환거래법 등의 절차적 위반이나 세법상의 위반행위가 있었다면 이에 대하여 당연히 규제법상의 행정처분을 하는 것이 바람직하고, 증권거래소 관련규정을 위반한 사실이 있는 경우에는 상장폐지 등의 불이익을 주는 것이 더 효율적인 제재수단이 된다고 본다. 그리고 이러한 행정벌 이외에도 상법상의 위법행위가 있는 경우에는 충실의무 또는 선관주의의무 위반여부 및 이사로서의 위법행위 여부를 따져 민사법적으로 해결하고자 하는 것이 바람직하다고 본다.

「손실보전이면계약에 관한 사법심사의 문제점」에 관한 논평

김정호 (자유기업원 원장)

1. 기업활동에 대한 형사처벌 문제

전 교수님은 기업활동 영역에 형사처벌이 들어오는 것에 대해서 걱정어린 시선으로 보고 있다. 논평자도 같은 시각이다. 다만 법경제학적 관점에서 몇가지 첨언하려고 한다. 어떤 행위에 대해서 형사처벌이 필요한지의 문제는 그것을 통한 억지력과 비용의 문제이다.

의도적으로 저지르지 않은 위법행위의 경우, 모든 피해자가 소송을 제기할 수 있다면 피해액에 상응하는 부담만을 부과함으로써 충분한 억지효과를 기대할 수 있다. 따라서 피해자가 분명하고 피해를 주겠다는 고의성이 없는 행위의 경우 형사처벌의 대상에서 제외하여 민사소송만이 가능하도록 하는 것이 좋다. 그러나 고의성이 있거나 또는 제소의 확률이 작을 경우 피해액만큼의 민사배상만으로는 적절한 억지효과를 기대하기 어렵다. 따라서 징벌적 배상제도가 마련되어 있지 않은 우리나라의 경우 민사소송 이외의 방법을 강구할 필요가 있다. 그것은 과징금 등의 행정적 제재나 형사처벌일 수 있다.

형사처벌의 경우 억지력은 징역형뿐만 아니라 돈으로도 달성할 수 있다. 돈으로 해결한다는 것은 형사벌금의 부과 등을 의미한다. 위의 수단들을 통해서 징역형과 동일한 억지력을 얻을 수 있다면(그리고 실제로 얻을 수 있을 것이다), 징역형보다는 금전적 부담을 시키는 것의 사회적 비용이 더 싸다. 징역형의 경우 위법행위자가 갇혀 있는 동안 경제활동을 할 수 없게 되는 데다가 그 사람을 가두어 두는 데에 국가의 비용지출이 발생하기 때문이다. 따라서 가능하면 자유형보다는 벌금형을 부과하는 것이 좋다. 그리고 충분한 억지력의 유지를 위해 벌금의 액수를 현실화하는 작업도 필요할 것 같다.

그렇더라도 한 가지의 의문은 여전히 남는다. 민사나 행정제재와는 달리 형사처벌을 받으면 전과기록이 남을 텐데, 그럴 필요가 있는 것일까. 전과기록은 거래상대방에게 그 사람의 과거 행적에 대한 정보를 제공한다는 점에서 중요한 의미를 갖는다. 그러나 그 기록이 왜곡된 정보를 전달한다면 오히려 기록을 남기는 것이 해로울 수 있다. 경제관련 범죄들은 그럴 가능성이 높다. 그리 중하지 않은 범법행위 때문일지라도 전과기록이 남는다면 사기꾼으로 치부당할 가능성이 있을 경우 그런 행위를 형사처벌의 대상으로 삼는 데에 조심이 필요하다. 이 문제는 논평자 자신도 아직 답을 구하지 못한 것으로서 좀더 깊은 논의가 필요하다고 생각한다.

2. 자회사와 모회사간의 관계

이들간의 관계는 한 번의 거래로 끝나는 것이 아님에 유의할 필요가 있다. 모회사와 자회사는 계속적으로 거래를 할 것이고, 그 때의 거래조건은 시장가격이 아닐 것이다. 만약 늘 시장가격으로 거래를 할 의사라면 모회사와 자회사의 관계를 만들지도 않았을 것이다. 즉 어떤 때는 모회사에 이익이 되는 거래를 하고 어떤 때는 자회사에 이익이 되는 거래를 할 것이다. 그런데 시장가격에 기초해 있지 않기 때문에 특정거래만으로 놓고 본다면 반드시 어느 한쪽은 손해를 보고 다른 한쪽은 이익을 보게 된다. 하지만 계속 거래의 속성상 그것 자체로는 과연 자회사의 손해를 수단으로 모회사가 이익을 보았는지에 대해 판단하기가 어렵다. 그것을 판단하려면 그 동안의 거래 내역을 전체로 보고 어느 만큼의 이익과 손해가 번갈아가면서 발생했는지를 계산해 보아야 할 것이고, 어쩌면 그런 자료에 의해서조차 진실은 밝혀지지 않을 수 있다. 지금까지는 어느 한쪽에 손해가 나는 거래를 했더라도 앞으로는 관계가 달라질 수 있기 때문이다. 이 부분에서 실정법상의 선관주의 의무나 충실의무와 거래의 현실간에 충돌이 나타나게 된다. 이럴 때에 택할 수 있는 방법이 결정자가 개인적 이익을 취할 목적이 있었는지의 여부를 따져 보는 것 아닐까?

「손실보전이면계약에 관한 사법심사의 문제점」에 관한 논평

안성포 (단국대 교수, 법학부)

　오늘날 금융시장에서 파생상품이 차지하는 비중은 급속히 커지고 있고, 나아가 경제 전체에 있어서의 역할이나 기능도 증가하고 있다. 파생상품은 위험의 이전이라는 긍정적 기능도 하지만 투기요소가 강하여 적절한 법적 규제가 필요하다. 그러나 파생상품이 복잡한 위험 설계구조를 가지며 자꾸만 그 형태가 변화하여 가기 때문에 그에 대한 법적 규제가 그리 간단하지만은 아니하다. 또한 파생상품이 국제적으로 거래가 되므로 우리 법규나 제도 외에 다른 나라의 법규나 제도에 대한 이해가 필요하며, 특히 우리 나라가 금융선진국의 금융기법이나 금융상품을 수입, 모방할 수밖에 없는 실정이어서 더욱 그러하다. 우리 나라의 경우 아직 파생상품에 대한 법적·제도적 틀의 형성은 초기 단계이고 앞으로 많은 정비가 필요한 분야이다. 법 이론도 증권거래법에서의 연구 결과를 일부 차용하고 있는 외에는 미비한 실정이다. 그럼에도 불구하고 전삼현 교수님께서 오늘 파생금융상품거래로 인한 SK그룹 관련 회사들의 손해발생에 대한 법적 책임문제를 대상으로 고견을 제시하는 것은 시의 적절한 것으로 보인다. 발표내용에 대하여 토론자는 기본적으로 동의하며 약간의 보충적 내용으로 토론에 갈음하고

자 한다.

1. SK사건 중에서 옵션계약관련 피고인들에 대한 배임죄의 내용

SK사건에서 옵션계약에 대한 배임죄의 인정은 옵션계약의 거래당사자인 SK글로벌(주)의 해외법인(SK글로벌과는 독립된 법인임)의 대표이사들에 대한 것은 아니다. 왜냐하면 검찰은 해외법인들의 대표이사는 기소하지 않았기 때문이다. 따라서 이 사건은 옵션계약을 직접 체결한 자에 대한 형사책임(배임죄)을 묻는 것은 아니라고 본다. 그러나 법원은 판결문에서 해외법인의 대표이사를 '피고인 등'이라 칭하면서 그들의 옵션거래에 대한 배임죄의 인정을 전제로 하고 있다. 나아가 법원은 옵션계약 관련 피고인들에 대하여 SK증권을 도와주기 위해 SK증권의 JP모건에 대한 손해배상책임과는 아무런 관련이 없는 해외법인들에게 이 사건 옵션계약을 체결하도록 지시하여, 피고인들이 해외법인들에게 손해를 끼친 것은 해외법인들과의 신의를 저버린 임무위배행위에 해당하는 것이라 하여 배임죄를 인정한 것이다.

이 부분에 대한 판결문을 인용하면 다음과 같다:

"무릇 배임죄에 있어서 '임무에 위배하는 행위'라 함은 처리하는 사무의 내용, 성질 등에 비추어 법령의 규정, 계약의 내용 또는 신의칙상 당연히 하여야 할 것으로 기대되는 행위를 하지 않거나 당연히 하지 않아야 할 것으로 기대되는 행위를 함으로써 본인과의 신임관계를 저버리는 일체의 행위를 포함한다(대법원 2003. 1. 10. 선고 2002도758 판결 등 참조).
이 사건의 경우, 앞서 본 바와 같이 해외법인의 대표이사들이 피고인들의 지시 내지 요청에 따라 구조본이 정해준 내용과 조건에 맞추어

해외법인들로 하여금 자신들의 업무와 무관한 이 사건 옵션계약의 당
사자가 되도록 한 사정, 해외법인들이 이 사건 옵션계약을 체결함에
있어 이사회 등 제반절차를 거쳤다는 사정이 소명되지 않으며 계약 체
결 자체도 피고인 민충식으로 하여금 체결하도록 위임해 버린 사정,
그 당시 과다한 부실자산의 존재(분식회계가 의심되는 상황이었으며
피고인들은 검찰 조사시 일부 분식회계 사실을 인정하기도 하였다), 상
당한 채무 부담 등으로 경영 상태가 매우 어려웠고, 옵션계약을 이행
할 경우 현지 금융을 용도 외로 사용함으로써 외국환거래법위반 문제
등이 제기되는 상황이었는데도 불구하고(그 외 해외법인 설립 목적 위
반, SK증권 부당지원에 따른 법적 문제도 제기되는 상황이었다) 무리
하게 통상의 업무집행범위에서 벗어나 이 사건 옵션계약을 체결하게
된 사정, 이 사건 옵션계약 체결 당시를 기준으로 보면 만기시 옵션행
사가격이 체결 당시의 주가보다 다소 높고 만기 도래 전이라도 해외법
인들이 임의로 시기를 정하여 콜옵션을 행사할 수 있도록 되어 있기는
하나, 변화무쌍한 주가의 성질 및 달러가치의 변동, 그리고 옵션계약이
장기인 점 등에 비추어 현실적 손해발생가능성을 충분히 예상할 수 있
었던 사정, 해외법인들이 이 사건 옵션계약 체결에 즈음하여 SK증권
으로부터 아무런 손해보전약정을 얻어내거나 손해담보도 취득하지 못
한 사정, 뒤에서 보는 바와 같이 싱가폴 법인으로서는 CLN으로써 이
사건 옵션계약의 이행을 면할 수 없는 사정, 이 사건 옵션계약이 해외
법인들 자신의 경영적 판단에 기초하여 이루어지지 않았고, SK증권을
도와줄 목적에서 체결되었지 해외법인들의 투자이익 창출을 위한 목적
으로 체결되지는 않은 사정, 실무자들이 작성하여 피고인들에게 보고
된 각종 문건에서 스스로 옵션계약이 부당지원으로 문제가 생길 수 있
고 배임죄 등 형사적 책임이 발생할 수도 있다고 여러 차례 기재하고
있어 피고인들 스스로도 임무위배행위와 손해발생에 대한 위법인식이
있었던 점 등 이 사건 옵션계약 체결을 둘러싼 제반 사정에 비추어
보면, <u>해외법인들의 대표이사로서는 사무의 내용, 성질 등에 비추어 법
령의 규정, 계약의 내용 또는 신의칙상 당연히 하여야 할 것으로 기대
되는 행위를 하지 않거나 당연히 하지 않아야 할 것으로 기대되는 행</u>

위를 함으로써 본인인 해외법인들과의 신임관계를 저버리는 행위를 하였고 피고인들은 이에 가공하였다 할 것이므로 이 사건 옵션계약 체결은 배임죄에서 말하는 임무위배행위에 해당하며, 피고인들로서는 그와 같이 이 사건 옵션계약의 체결이 본인인 해외법인들에 다하여 임무위배행위에 해당한다는 것, 그 결과 해외법인들에게 재산상 손해가 발생한다는 것을 인식하고 이를 용인하였다고 할 것이다".

그리고 옵션계약 관련 피고인들 중 일부가 배임죄 부분에서 무죄가 선고된 것은, 그들이 이 사건 옵션계약이 체결될 무렵인 1999년 10월 14일 및 1999년 11월 30일 당시에는 그 각 계약체결에 관여하지 아니하였고, 다만 그 후의 계약이행과정에만 관여하였으므로, 그 이후 단지 '손해를 발생시키는 계약이행행위'에만 관여하였다는 사정만으로 범죄의 구성요건적 실행행위에 가담하였다고 볼 수 없으므로, 달리 피고인들이 별도로 추가적인 배임행위를 하고 그러한 배임행위에 따라 이 사건 손해가 발생하지 않은 이상 피고인들에게 이 부분 특정경제범죄가중처벌 등에 관한 법률위반(배임)죄의 공동정범으로서의 죄책을 지울 수는 없다고 판단한 것이다(옵션계약관련 피고인들 중 김창근은 2000년 12월경부터 SK그룹 구조본부장으로, 박주철은 2002년 1월경부터 SK글로벌의 부사장으로, 둔덕규는 2000년 4월 1일부터 SK글로벌의 재무지원실장으로 각각 근무하기 시작하였다).

2. 파생상품의 거래당사자가 회사인 경우에 그 거래는 과연 회사의 권리능력 범위 내에 속하는 것인가?

우리 민법 제34조에 의하면 법인은 '정관으로 정한 범위 내에서' 권리능력을 갖는다. 학설상으로 이 규정은 비영리법인에 대해서만 적용되고 영리법인인 회사에 대해서는 적용이 없다고 보는 것이 통설이다.

그러나 판례는 회사의 경우에도 민법 제34조의 적용을 받아 정관의 소정목적의 범위 내에서만 권리능력이 인정된다고 보면서, 다만 목적의 범위를 넓게 해석함으로써 현실적인 불합리를 피하고 있다.

따라서 파생상품거래를 업무로 하는 금융기관의 경우에는 당연히 그것을 할 수 있다고 보아야 하겠지만, 일반회사의 경우에는 문제의 여지가 있는 것으로 보인다. 물론 파생금융상품거래가 가능하다는 취지의 규정이 그 회사의 정관에 있다면 문제가 없을 것이다. 그러나 파생금융상품거래에 대해서 따로 정관에 규정을 둔 회사는 거의 없다고 본다면, 과연 그러한 회사는 파생금융상품거래를 할 수 있는 권리능력이 있다고 볼 것인가?

적어도 업무상 위험관리차원에서 일반적으로 파생금융상품거래를 행할 필요가 인정되는 회사는 정관에 명시적인 규정이 없는 경우에도 행할 수 있다고 보아야 할 것이다. 이런 회사의 경우, 회사의 대표기관의 파생금융상품거래는 유효한 것이며 이 때에는 대표기관의 책임이 문제되지 않을 것이고, 그 행위로 인하여 회사에 손해가 발생한 경우에는 이사의 회사에 대한 책임이 문제된다.

그러나 판례가 기존의 태도를 고수하는 한 그러한 파생금융상품거래의 필요가 인정되지 않는 회사의 거래는 권리능력범위 외의 행위로 무효가 되어, 회사의 불법행위책임이 문제될 수 있으며, 회사가 제3자에 대하여 책임을 지는 경우에는 대표기관에 구상할 수 있고, 제3자는 대표기관에 대하여 무권대리책임, 불법행위책임, 이사의 제3자에 대한 책임 등을 추궁할 수 있게 된다.

3. 파생상품거래를 잘못하였을 경우, 이사가 선관주의의무를 위반하였다고 할 수 있을 것인가?

파생상품거래는 그 구조가 복잡하고, 레버러지 효과로 인해 대규모

손실을 초래할 위험이 상당하므로 경영자는 그 위험을 파악·관리·감독할 수 있는 정도의 지식은 갖추어야 하고, 이러한 지식이 없는 경우에는 적시에 전문가의 조력을 얻을 수 있도록 해야 한다. 따라서 금융기관은 물론이고, 무역이나 금융면에서 국제적인 거래를 많이 행하는 대기업의 이사는 위험에 적절히 대처하지 않아서 손해를 입은 경우에는 선관주의의무위반으로 회사에 대하여 손해배상책임을 질 수 있다.

그러나 금융기관의 경우는 헤징뿐만 아니라 스페큐레이터로서의 기능을 수행할 수 있으므로, 거래의 유무가 이사의 선관주의의무 위반이 되는가의 문제는 발생하지 않는다. 금융기관의 경우에는 오히려 어떤 상품을 언제, 어느 정도의 규모와 조건으로 거래하는가와 그 거래를 적절히 감시할 수 있는 내부장치를 마련하고 있는가의 여부가 선관주의의무위반 여부의 기준이 될 것이다.

최근의 파생상품에 관한 대형스캔들 중에는 이러한 내부관리체제가 제대로 갖추어졌더라면 생겨나지 않았을 경우가 많다. 만약 앞으로도 내부관리체제의 정비에 소홀하여 그러한 사고가 발생하는 경우에는 당해 기업의 이사의 선관주의의무위반이 인정될 가능성이 높을 것이다.

비상장주식 평가의 경제학

김이석
(국제문제조사연구소 선임연구원)

I. 문제 제기

최근 SK사태로 인해 증권시장이 커다란 충격을 받았으며 이 사건이 촉발된 것은 바로 비상장주식의 가치 평가문제와 관련된 것이었다.[1] 주식시장이 정상적으로 잘 작동하는 것은 단순히 주식시장에 그치는 문제가 아니다. 주식시장은 기업이 신기술을 개발하거나 적용하고 그 결과 신제품을 개발하여 시장을 개척하는 자금을 마련해주는 곳이라는 의미에서 그 국가의 생산성은 주식시장의 원활한 기능과 밀접하게 연관되어 있고 생산성은 국민의 실질소득과 복지와 직접 연결된다는 의미에서 이 문제는 매우 중요한 문제이다.[2]

---

[1] 검찰의 SK글로벌의 1조5000억 원 분식회계 혐의 발표에 이은 최태원 회장의 구속으로 시작된 SK사태는 투신권에서의 회사채 환매요구 쇄도, 주가폭락, 금리와 환율의 급등, 외평채 가산금리 폭등 등 금융권에 폭풍에 비유되는 충격을 주었다.

한은은 환매조건부채권 인수에 나서고 환매 연장과 대규모 환매 불응 등의 대책을 세웠으나 사건이 터진 후 3일 만에 13조8000억 원이 투신권에서 빠져나가 투신사들은 유동성 위기에 봉착했으며, SK글로벌 분식회계 발표의 파급 영향은 여기에 그치지 않고 40조 원에 달하는 카드채 부실문제가 발등의 불이 되게 하였고 이에 따라 정부는 카드사의 부대업무비율제한 준수시한의 1년 연장, 적기시정조치의 연체율 기준 완화, 카드사의 대폭 증자(4조6000억 원 규모)를 도모하는 한편, 6월말 만기도래 투신권 보유 카드채의 절반을 은행과 보험사들에 매입하게 하였다. 아울러 무디스가 국가신용평가등급을 낮출 것이라는 소문이 있었으나 다행히 소문으로 그쳤다.

정부의 노력과 수사확대가 없을 것이라는 검찰 발표에 따라 금융권은 진정세를 찾았으나 카드채 부실 처리, 분식회계, SK글로벌의 처리, 외국계자본의 적대적 M&A 가능성 등 많은 문제들이 여전히 잠복해 있는 상태이다. 검찰의 돌출적인 수사와 수사결과 발표가 일파만파를 초래, 자칫 금융위기로 점화될 뻔했던 이 사건으로 그간의 구조조정 노력에도 불구하고 우리 경제가 매우 취약하다는 사실이 확연히 드러났고 검찰의 경제개입의 폭이 예측가능하지 않을 때 일어날 수 있는 파장을 알 수 있게 해 주었다.

[2] Ferguson은 미국의 생산성이 지속적으로 증가한 시기에는 언제나 금융시장의 발전을 통해 정보비대칭 문제가 완화됨으로써 민간의 재원이 기업의 신기술의 활용을 위한 투자를 원활하게 해주었기 때문에 가능하였다고 주장하고 있다. SK 최태원 회장에 대한 검찰의 구속결정이 준 충격을 생각할 때 이런 사태가 지속

그러나 SK와 같은 사태가 일어나게 되면 미국의 엔론 사태가 주식시장에 미친 파장에서 알 수 있는 바와 같이 주식시장은 잘 작동하지 않게 된다. 이런 문제에 대해 올바르고 뚜렷한 정책방향을 정립하는 것은 불필요한 마찰이나 혼란이 일어날 가능성을 미리 최소화할 것이고 궁극적으로는 주식시장을 원활하게 작동하도록 함으로써 최소한 주식시장의 실패에 기인한 우리나라 국민들의 복지 수준의 하락을 막는 데에는 기여할 것이다.

최근 이슈가 되었고 앞으로도 문제가 될 소지를 안고 있는 전환사채나 신주인수권부 사채의 발행을 통한 경영권 이전 등도 SK사태를 촉발했던 비상장주식 평가 문제와 동일한 선상에 있는 문제라고 할 수 있으므로 이 글에서 논의된 것과 유사한 문제를 야기한다. 이 글의 돈적은 경제학적으로 볼 대 비상장주식 평가문제에 대한 어떤 해결방식이 바람직한지 검토함으로써 시장경제에 친화적인 정책의 수립에 참고가 될 수 있도록 하는 데 있다.

II. 비상장주식과 상장주식의 맞교환과 관련된 이슈: SK사례를 중심으로

1. 비상장주식 평가의 적정성과 적법성 문제

SK사태는 비상장주식의 평가 문제에서 출발했으나 이면계약 문제와 함께 분식회계 문제가 불거져 매우 복잡한 양상으로 전개되고 있지만

될 경우 우리나라 주식시장은 기술개발을 위한 주요한 자금 원천으로서의 기능까지 상실할 수 있음을 명심할 필요가 있다. Roger W. Ferguson, "Lessons from Past Productivity Boom," Remarks at the Meetings of the American Economic Association, San Diego, California, January 4, 2004.

이 가운데 비상장주식의 평가 문제와 관련한 SK사태의 내용은 다음과 같다.

최태원 SK(주) 회장은 자신이 보유한 비상장사인 워커힐 호텔의 주식 385만 주를 주당 40,495원으로 산정하여 SK C&C에 325만 주, SK글로벌에 60만 주를 나누어 넘기고, 그 대가로 SK C&C로부터 그 회사가 보유하던 SK(주) 643만 주를 당시 시가인 20,400원으로 계산하여 받고, SK글로벌로부터는 약 240억 원의 현금을 받았다. 즉, 최 회장은 SK C&C와의 거래에서 사실상 워커힐 호텔 주식과 SK(주)의 주식을 맞교환하였다. 검찰 측은 이 주식맞교환 과정에서 최 회장은 비상장사인 워커힐 호텔의 주식가격을 실제 가치보다 2배나 고평가하여 700~800억 원의 부당이득을 취했으므로 배임죄에 해당한다고 보고 최 회장을 기소하였다.

그러나 SK그룹의 최 회장 측은 현행 법률상 회사의 자산가치와 수익성을 고려하여 비상장주식의 가격을 산정하는 방법에 관해 세법(상속세 및 증여세법)상의 규정 이외에는 아무런 별도의 규정이 없는 상태에서 세법에 따라 비상장주식인 워커힐 호텔의 주식의 가치를 평가하였으므로 이는 적법한 것이라고 주장하고 있다. 최 회장 측은 금융감독위원회에 주식맞교환의 적법성 여부를 문의하여 문제가 없다는 답변을 얻었으며[3] 이런 주식맞교환이 총수의 경영지배권 확보를 위한 하나의 관행으로 자리잡고 있는 상황에서 검찰이 이 관행에 대해 갑작스럽게 문제를 삼고 있다고 주장하고 있다.[4]

---

[3] 현행 세법(상속, 증여세법)에서는 아마도 비상장주식의 상속과 증여에 대해 충분한 과세를 하기 위해서 30% 이상 가치를 가산할 수 있도록 하고 있고 SK측은 이런 규정에 따라 워커힐 호텔의 가치를 최대한 높은 방향에서 추정한 것으로 판단된다.

[4] 보도에 의하면 참여연대에서도 이 부분에 대해서는 별다른 반대를 보이지 않았었다. 「"최태원 SK 회장의 야망과 한계: 존경받는 총수, 아직은 갈 길 멀어" 매경Economy」, 2002. 10. 23. 53쪽 참조.

현재 SK 최태원 회장의 태임죄 여부를 판단하는 초점은 세법에 따른 비상장주식의 평가의 적법성보다는 그 가치를 얼마로 평가하는 것이 적정한지에 모아지고 있다. 최태원 회장은 구속에서 풀려나면서 자신이 보유했던 워커힐 주식의 가격은 여전히 2만 원대가 아닌 4만 원대라고 생각하며 따라서 1:2라는 워커힐 호텔 주식 대 SK(주)의 주식의 교환 비율이 적정했으며 다시 두 회사의 주식을 교환하게 되더라도 종전과 같이 할 것이라그 주장하였다. 이에 반해 검찰은 비상장사인 워커힐 호텔의 적정 가격이 4만 원대가 아니라 2만 원대라고 주장하고 있다.

검찰 측은 이런 추정의 근거를 "콥스 보고서"에서 찾고 있다. 이 보고서에 나타난 바에 의하면 최 회장측이 이런 주식맞교환이 반대를 둘러올 수 있음을 인지하고 있었다고 한다. 이와 함께 공정거래위원회와 금융감독원에 따르면 SK그룹이 회사채 발행을 위해 작성한 사업보고서들에서는 SK(주)와 워커힐 호텔의 주식에 대한 평가가 세법상의 평가에 근거하여 워커힐의 주당가격을 SK(주)보다 두 배나 높게 계산하여 이루어진 최태원 회장과 SK C&C의 거래와 달리, SK(주)의 주당 순자산가치가 오히려 워커힐 호텔의 주당 순자산가치보다 38%가량 높았던 것으로 드러난다는 것이다.[5] 검찰은 콥스 보고서를 최 회장이 소액주주들의 이해에 반해 비상장주식인 워커힐 호텔의 가치를 잘못 과대하게 평가하였다는 증거로 보고 있다.[6]

검찰은 SK 그룹 측이 회사채 발행시에는 비상장주식의 "진정한" 가치를 반영하여 사업보고서를 제출한 반면, 비상장주식을 상장주식과

---

5) 연합뉴스 2003.2.20자.
6) 시민단체 측에서도 같은 호텔이자 재무구조가 훨씬 좋은 신라호텔의 주가가 1만여 원이라면서 비상장사인 워커힐 호텔의 주가를 4만여 원에 상당하는 것으로 평가한 것은 지나친 '고가 매각'이라고 주장하고 있으나 이것이 SK측이 주장하는 현행 세법대로 했다는 "적법성" 주장 자체를 논박하기는 쉽지 않아 보인다. (중앙일보 2003.2.18)

맞교환을 할 때에는 비상장주식을 고평가하기 위해 세법 가운데 상속과 증여에 관한 법률에 정한 비상장주식의 평가방식을 이용하였다고 보고 있다.

검찰과 SK 측의 이러한 공방과 관련하여 우리는 다음과 같은 점을 고려할 필요가 있다. 즉, 과세당국은 상속 혹은 증여가 된 비상장주식에 대해 가능한 한 많이 과세를 확보하려는 목적으로 되도록이면 비상장 주식의 가치를 최대한 높게 평가할 수 있도록 세법을 정하고자 하는 유인을 가지고 있는데 반해 SK로서도 회사채발행을 원활하게 하기 위해 SK(주)의 주식의 가치를 높게 평가할 필요가 있었던 것이다.

세법에서는 똑같은 비상장주식이라 하더라도 그것이 경영권의 승계와 관련된 주식이면 그 가치를 30% 가량 더 높게 평가를 할 수 있도록 하고 있는데 얼마나 높게 평가해야 하는지는 산업의 종류나 개별 기업이 처한 상황에 따라 크게 달라질 수 있어 커다란 논란이 있을 수 있다. 그러나 최소한 통상적인 여타의 주식보다는 경영권과 관련된 주식을 더 높게 평가하여 이런 주식의 증여나 상속에 대해서는 그 가치를 좀더 높게 평가하려는 세무당국의 이런 정책방향은 경제적 타당성을 가지고 있다.

검찰은 SK 측이 앞에서 설명했던 것처럼 비상장주식의 평가와 회사채발행을 위한 평가에서 동일한 잣대를 사용하지 않고 이처럼 이중의 잣대를 이용하는 것에 중대한 과실이 있다고 보고 있다. 이에 반해[7] 재계에서도 세금을 내도록 할 때에는 비상장주식의 평가를 세법상 상속 및 증여에 관한 법률에서 적용하는 평가방법을 쓰면 합법이고, 다른

---

7) 아울러 검찰은 SK글로벌이 최 회장 소유의 "유동성이 낮은" 비상장주식을 현금과 교환한 것 자체가 배임죄에 해당한다고 보는 것으로 보도되고 있으나 현금의 보유 자체가 이자율이라는 기회비용을 지불하고 있으므로 SK글로벌의 적정 유동성이 얼마인가에 대한 분석 없이는 이런 판단을 내리기 어렵다. 왜냐하면 이런 논리라면 유동성이 높은 현금을 주고 유동성이 낮은 토지를 사는 모든 사람은 스스로를 배임하고 있는 셈이기 때문이다.

목적을 위해 이 평가방법을 사용하면 불법이 될 수 있다는 점에 대해 강한 불만을 표시하고 있다. 이러한 정부의 정책 자체도 이중의 잣대라는 모순을 가지고 있다는 것이다.

주어진 법률 아래에서 자신에게 가장 유리한 방법을 찾는 것은 자연스러운 것이므로 SK 측에서 금융감독기관에 세법에 의한 주식맞교환의 적법성을 문의한 바 있고 이것이 적법하다는 답을 들었다면,[8] 적법성 여부를 가리는 데 있어서 SK 측이 회사채 발행을 위해 이용한 순자산가치 방법에 따라 평가한 워커힐 호텔의 가치와 세법상의 방법에 의해 평가한 동사의 가치 간에 나타난 괴리가 어느 정도까지 일어나도 무방한 것인지 혹은 문제가 되는 것인지 판단을 내리기도 어렵다.

분명한 것은 증권거래위원회나 재정경제부 관련 부서에서 이런 문제에 대한 법적 예측성을 높이기 위해 필요한 정책들을 조기에 마련하도록 작업을 서둘러야 한다는 사실이다.

2. 동일인의 거래: 소액주주의 이익 침해 가능성

상장사인 SK(주) 주식과 비상장사인 워커힐 호텔 주식을 맞교환한 이번 사건은 또 거래주체가 동일인이라는 특징을 지닌다. 주식맞교환 당시 최 회장은 워커힐 호텔 주식의 48.2%인 385만여 주를 소유하고 있었고 SK C&C 주식의 49%인 49만 주를 소유하고 있었다. 최 회장은 양사의 소유비중이 약 절반에 해당하는 대주주였다.[9]

---

8) 금융감독기관으로부터 적법하다는 답을 들었다면 법원의 비상장주식 평가에 대한 판결은 사실상 금융감독기관에 대한 판결에 해당하므로 이론적으로 볼 때 SK로서는 금융감독기관을 상대로 한 손해배상청구소송과 같은 것을 제기할 수 있을 수도 있다.

9) 이런 점에서 만약 최 회장이 이번 사건에서 SK C&C에 손실을 입혔다면, 그 반은 자신에게 입힌 셈이며 검찰이 추정한 액수는 검찰이 비상장사인 워커힐 호텔의 주식을 정확하게 객관적으로 평가하였다고 하더라도 크게 과장된 셈이다. (전용덕, 2003)

동일인에 의한 거래는 이러한 최 회장의 특수한 지위로 인해 특수거래로 분류될 뿐 아니라 이런 지위를 이용하여 SK C&C의 소액주주들의 재산권을 침해할 소지를 안고 있다. 예컨대 만약 최 회장이 다른 곳으로부터 빌릴 수 있는 금리보다 더 높은 금리로 자신의 특수 관계인으로부터 차입하여 그에게 갚는다면 이는 곧 소액주주들의 이익에 반하는 행동을 하는 것이 될 것이고,[10] 검찰이 주장하는 것처럼 자신이 소유한 비상장주식의 가격을 자신이 평가하고 있는 것보다 고평가하여 다른 주식을 사들이면 이 역시 마찬가지 문제를 야기할 소지가 있다.

이와 관련하여 두 가지 의문이 제기될 수 있다. 첫째는 대주주인 최 회장 동일인에 의한 거래라면 당연히 최 회장은 자신에게 유리한 것으로 판단하여 이를 실행하였을 것으로 추정한다면 최 회장이 본 이득만큼 소액주주들의 재산권이 침해된 것이 아닐까하는 의문이 바로 그것이다. 둘째는 만약 SK C&C의 여타 주주들이 그 비상장주식을 그만한 가격에 매입하려는 의사가 없었다고 한다면, 소액주주들이 그런 의사가 없었음에도 불구하고 이루어진 거래에 대해 이를 대주주 경영자의 경영판단에 의한 거래로 보고 인정할 것인지 아니면 아예 금지할 것인지의 문제이다.

첫째 의문과 관련해서 우리는 소액주주의 재산권을 침해하여 그들을 희생하여 자신의 이득을 얻는 것이 아니라고 하더라도 스스로 거래할 유인이 발생할 수 있다는 점을 환기할 필요가 있다. 왜냐하면 출자총액이 제한되어 그룹의 지배권이 약화되었을 때 경영권을 보다 확고히

---

10) 이와 관련하여 계열사간 내부거래는 반경쟁적이어서 문제가 되는 것이 아니라 오히려 대주주가 자신의 지분이 더 많은 계열사에게 지분이 더 적은 계열사가 지원을 하도록 하여 지분이 더 적은 계열사의 소액주주들의 재산권을 침해하면서 자신의 배당을 늘릴 수 있어서 문제가 된다는 주장이 있다. 이승훈, "Is Unfair Inside Trading Anti-Competitive?" 2003.9. 제도연구회 월례발표문 참고.

하는 것이 소액주주들의 이익을 침해하지 않으면서도 자신에게는 유리한 것일 수 있으며, 경영권 안정에 따라 소액주주들도 혜택을 볼 수 있기 때문이다. 모든 거래는 둘 중 하나가 손해를 보는 네거티브섬(negative-sum) 게임이 아니라 둘 다 이득을 얻는 포지티브섬(positive-sum) 게임일 수 있다. 동일인에 의한 거래라 하더라도 그럴 가능성은 존재한다. 물론 이런 가능성 자체가 대주주에 의한 소액주주들의 재산권 침해 유무를 결정하는 것은 아니지만 이런 가능성은 동일인 거래라고 해서 소액주주권을 침해하는 것으로 예단할 수 없음을 의미한다.

둘째의 의문은 외부인이 판단하기가 가장 어려운 문제이다. 경영상 급전이 필요해서 담보를 제공하며 금융기관에서 빌릴 때보다 높은 이자를 조건으로 하여 가까운 사람으로부터 빌렸다고 할 때, 이것의 진위에 대해 외부인으로서는 정확하게 판단하기 어렵다. 만약 이것이 사실이라면 이는 급전을 마련해 회사를 부도위기에서 구하고 소액주주들의 재산을 지킨 것이 된다. 만약 이것이 사실이 아니라면 소액주주들의 재산의 일부가 돈을 대부해준 사람에게 이전될 수 있다.

이처럼 외부인으로서는 판단하기 어려운 주식회사의 내부의 문제를 해결하기 위해 발전된 것이 바로 기업의 내부통제시스템이다. 상대적으로 감독당국이나 법원과 같은 외부인보다는 기업 내부의 감사나 이사들이 기업의 내부사정에 밝을 것이며 이들이 경영자의 이런 행위의 진위에 대해 적절한 통제를 행사하는 이유가 여기에 있다. 이런 결정 자체에 대한 외부의 경영 간섭은 경영판단을 위축시킬 수 있으므로 내부적 통제에 의할 경우 경영판단을 위축시키는 문제와 소액주주들의 재산권을 침해할 가능성 사이에 균형을 취해나갈 수 있기 때문이다.

소액주주의 재산권 침해가능성과 경영판단의 위축 사이에 어떤 경계를 짓는 것이 기업의 가치를 가장 높게 하는 것인지는 각 기업이 처한 환경에 따라 달라질 것이기 때문에 이를 미리 선험적으로 알 수 없다. 주식시장이 잘 발달하면 주식시장을 통해 자본을 동원해야하는 기업으로서는 소액주주들의 관심을 외면할 때 입을 불이익과 경영판단의 위축에 따른 불이익을 저울질하면서 그런 경계점을 찾아갈 것이다.

3. 기존 시각에 대한 평가

앞서 살펴본 것처럼 현재 SK사태의 법정공방에서는 검찰과 법원이 비상장주식 평가방식의 "적법성" 여부에 초점을 맞추고 있고 그 적법성에 대한 판단도 비상장주식의 적정한 가격에 맞추어져 있다. 그래서 현재 비상장주식을 너무 지나치게 고평가한 것이어서 적법하지 않다는 주장과 세법에 따른 것이므로 적법하다는 주장이 맞서고 있다.

그러나 아무리 오랜 공방을 하더라도 지나치게 고평가했는지 그 여부를 결정지을 수 없다. 이를 결정짓기 위해서는 주식평가에 대한 "객관적" 방법이 있어야 하나 문제는 앞으로 살펴보겠지만 "객관적인" 가격도 "객관적인" 평가의 방법도 없기 때문이다. 더구나 소위 참고할 수 있는 가격(reference price)이 있다고 하더라도 시장에서 형성되는 그 어떤 가격도 누구나 동의할 수 있는 "객관적인" 가격이라고 볼 수 없다. 똑같은 가격에 대해서도 어떤 사람은 너무 비싸다고 느끼고 어떤 사람은 정말 싸다고 느낄 수 있다. 더구나 비상장주식의 경우에는 이런 참고가격마저 없는 경우가 많으므로 그 가치를 모두가 수긍하는 방법으로 확정한다는 것 자체가 불가능한 일이다.

어떤 경제현상이나 문제를 바라보는 경제학적 시각은 우리에게 주어진 제약이 무엇인지 먼저 살펴본 다음 이런 제약 아래에서 풀어야할 문제가 무엇인지 정확하게 정의를 내린다. 그런 다음 주어진 제약 아래에서 최선의 방식이 무엇인지를 살핀다. 비상장주식의 평가 문제에서 주어진 제약이란 "객관적 평가방법의 부재에 따라 외부자가 객관적 평가방식을 확정하는 것이 불가능하다"는 사실이다. 풀어야 할 문제는 "상호 이득이 되는 비상장주식의 거래를 위축시키지 않도록 하면서 어떻게 대주주에 의한 소액주주의 재산권 침해 가능성을 막을 것인가?"로 집약된다.

정보를 획득하고 가공하는 데에는 비용이 든다. 혹은 그런 정보의 획득 자체가 원천적으로 불가능할 수도 있으며 획득하였다고 하더라도 정확성을 장담할 수 없는 경우도 많다. 우리 인간은 이런 다양한 사실로부터 발생하는 정보적 부담 속에 살아야 한다는 제약에 직면해 있다. 이런 제약을 어떻게 풀어갈 것인가에 대한 해답은 결국 자발적 거래에 대해서는 감독당국이나 정부 혹은 법원이 이런 정보적 부담 자체를 지지 않아도 된다는 사실 속에 숨어 있다. 자발적 거래에 대해서는 그 거래가 이루어진 가격이 적절했는지 그 자체를 따질 필요가 없으며 그런 판단 자체가 거래 당사자들의 몫이기 때문이다. 그래서 질문을 다음과 같이 조금 바꿀 필요가 있다.

"대주주가 행한 주식맞교환과 같은 거래를 어떤 경우에는 단순히 대주주 자신 사이의 동일인 거래가 아니라 소액주주들도 동의하는 '자발적 거래'로 볼 수 있는지에 대해 나름대로 그 요건을 정할 수 없는 것인가?"

이런 가장 근본적긴 문제 이외에도 이번 비상장주식의 평가 문제로 인한 법정공방에 따라 법원은 기존 관행에 따른 여타 유사한 거래들에 대해서는 어떻게 처리할 것인지,[11] 재벌 총수의 사재출연과 같은 변칙적 문제해결 방식이 과연 바람직한지 등과 같은 문제에 직면하고 있다.[12]

---

11) 이 문제는 "법 앞의 평등" 문제와도 연계되어 있다. 다른 재벌 혹은 기업그룹들도 SK와 유사한 거래를 한 것으로 알려져 있는데 법이 차별적기 되지 않으려면 다른 재벌들에 대해서도 똑같은 잣대를 적용할 필요가 있기 때문이다.

12) 사실 "사재출연을 통한 허결"은 단기적으로 대주주에 대한 반감은 줄일 수 있

III. 비상장주식 평가 상의 문제 :
객관적 평가방법의 부재

이 장에서는 비상장주식 평가와 관련된 핵심적인 문제인 객관적 평가방법의 부재 혹은 외부인의 인지적 한계에 대해 좀더 자세히 구체적으로 다룰 것이다. 즉, 시장가격은 간주관적 성격을 띠며 따라서 객관적 가격을 확정한다는 것 혹은 객관적 가격을 결정할 수 있는 어떤 룰을 미리 정한다는 것 자체가 불가능하다는 점을 밝힐 것이다.

1. 시장가격의 간주관성(inter-subjectivity)

시장에서 형성된 재화나 서비스의 가격은 間主觀的인 성격을 띠며 주식시장에서의 가격형성은 이중적으로 간주관적인 성격을 띤다. 시장가격이라고 해서 "객관적인" 것은 결코 아니다. 여기에서 시장가격이 간주관적이라 함은 다음과 같은 의미에서이다. 시장가격은 주관적 선호를 가진 개인들이 상호 작용하여 형성된다. 다른 상황은 전혀 변하지 않았다 하더라도 시장에 참여하는 사람들이(선호가 다른 사람들로) 바뀌면 그 재화의 가격이 바뀔 수 있다는 의미에서 시장에서 형성된 가격은 참여하는 사람들과 무관하게 결정되는 "객관적"인 것이 아니라 "주관적"인 것이다. 그러나 시장에서 형성되는 가격은 한 개인의 주관에 의해 결정되는 것이 아니라 여러 시장 참여자들의 상호작용을 통해 결정되기 때문에 다양한 이들의 주관적 선호 혹은 가치평가가 함께 반영된다는 의미에서 "간"주관적이다.

을지 모른다. 그러나 장기적으로 볼 때에는 그런 반감을 줄이는데 기여하지도 않으며, 또 이런 식의 해법은 시장질서에 적합한 해결방식을 정착시키는 데에도 부정적 영향을 미칠 것이기 때문에 이번 기회를 통해 이런 식의 해결방식을 지향해 나가야 할 것이다.

예컨대 어떤 한 주택을 개매할 때 구매자는 자신이 평가하는 가치보다는 더 높게 주려는 의사가 없으므로 구매자의 주관이 그 주택의 최고 가격을 결정하고 판매자는 자신이 평가하는 가치보다 더 낮은 가격에 팔 생각이 없으므로 판매자가 평가하는 가치가 최저가격을 형성하여 실제 가격은 그 사이 어느 중간에서 결정된다. 구매자가 많거나 판매자가 많게 되면 구매자간 경쟁과 판매자간 경쟁이 또한 시장가격의 형성에 영향을 미친다.

시장에서 형성되는 가격기 "객관적"이라고 부를 때 그 의미를 시장에 참여한 사람들이 어떤 선호를 지닌 사람인지와 상관없이 동일한 가격이 형성될 수 있다는 것으로 해석한다면, 그 어떤 시장가격도 객관적이지 않다. "간주관적"이라고 부르는 것이 더 타당하다. 선호(選好)가 다른 사람이 시장에 참여하면 당연히 시장가격은 달라질 것이기 때문이다.

주식시장에서 형성되는 가격이 "이중적으로" 간주관적이라고 하는 것은 비록 시장에 참여하는 사람이 동일하다 하더라도 이들의 미래에 대한 예상이 어떠냐에 따라 다른 가격이 형성될 수 있다는 의미에서 그렇다는 것이다.

1) 일반적 재화 가격의 간주관성

현재 경제학의 논의에서는 가치와 가격을 확실하게 구분하여 논의하기보다는 혼동하거나 혼용하는 경우를 자주 접하게 된다. 시장가격은 말 그대로 시장에서 어떤 시점에 특정 재화가 거래되는 가격이며 이 가격은 거래시점이 달라지거나 구매자나 판매자가 처한 상황이 달라짐에 따라 언제든지 변할 수 있는 성격을 지닌다. 가치는 어떤 재화에 대해 구매자나 판매자가 부여하는 그 재화가 자신에게 주는 사용가치이다.

그러나 시장가격이 형성되면 직접 소비하는 것이 목적이 아니라 다시 팔려고 하는 목적으로 특정 재화를 보유하는 사람, 예컨대 상인들이 등장한다. 이 경우에는 자신이 보유한 재화가 자신에게 지니는 가치는 앞으로 그 재화를 시장에서 내다팔 수 있을 것으로 (예상하는) 시장가격만큼이 될 것이다. 이처럼 직접 소비하지 않는 목적으로 재화를 보유하는 경우가 발생함에 따라 어떤 재화가 개인에게 지니는 가치와 그 재화의 가격을 혼동하는 일이 벌어지게 된 것이다.[13]

비록 시장가격이 "객관적"이 아니라 "간주관적"이라고 하지만 나름대로 중요한 의미가 있다. 왜냐하면 시장참여자들의 구성과 그들의 선호체계가 바뀌지 않는 동안에는 최소한 시장참여자들에게 이 정도의 가격에서 어떤 재화를 사고 팔 수 있을 것이란 예상을 가능하게 해 주기 때문이다. 물론 이 경우의 예상은 전혀 틀리지 않는 그런 종류의 것은 아니다. 그러나 이를 바탕으로 개별 시장참가자들은 자신과 관련한 환경에 대한 지식을 동원하여 나름대로 미래를 예상하고 계획해 나갈 수 있게 된다.

2) 주식가격의 이중적 간주관성

흔히 주식시장은 특이한 형태의 미인 선발대회에 비유된다. 이 비유에 따르면 주식의 가격이 형성되는 것은 자신이 생각하기에 가장 수익이 높을 것이라고 생각하는 주식(최고 미인)을 선택하기보다는 다른 많

---

13) 그러나 그렇다 하더라도 가치와 시장가격은 엄연히 다른 개념이다. 사실 비상장 주식의 가치 평가라는 용어를 쓰는 것 차체에서도 그런 혼동을 엿볼 수 있다. 왜냐하면 재화의 가격은 시장과정을 통해 최소한 드러나는 것이지만 "가치"는 개별 주체들이 머리 속으로 평가하는 것이며 개별 주체마다 다를 뿐 아니라 정확히 드러나기도 어려운 것이기 때문이다. 우리가 알 수 있는 것은 어떤 거래가 있었을 때 그 거래에 참여한 구매자가 그 시점에서는 최소한 그 가치를 시장가격보다는 높게 평가하고 있다는 사실 뿐이다.

은 사람들이 일반적으로 가장 수익이 높을 것이라고 생각하는 주식(미인)을 사야 다시 되팔 때 자본이득을 얻을 수 있기 때문에 사람들은 주식시장에서 특정 주식을 매입할 때 대다수의 다른 사람들이 일반적으로 어떻게 예상하는지에 대해 예상(expectation on expectation)을 한다는 것이다. 이것을 흔히 케인지안 미인선발대회(Keynesian Beauty Contest)라고 부른다.

그래서 라흐만(Ludwig Lachmann)[14]과 같은 학자는 주식시장에서의 낙관적인 공격적 투자자들(bulls)과 비관적인 수비적 투자자들(bears) 간에 균형을 이루는 지점에서 주가가 형성된다고 보았으며 이 경우에도 거래 당사자들은 동상이몽을 하고 있음을 지적하였다. 주식시장을 연구하는 계량경제학자들도 주가 예측 모델을 만들 때 주가가 랜덤 워크(random walk)의 유형을 보인다고 말하거나 혹은 화이트 노이즈(white noise)를 그 모델 속에 포함시킨다. 이것은 다른 말로 하면 주가가 구체적으로는 정확히 어느 방향으로 변화하는지 사전적으로는 결코 알 수 없다는 뜻이다.

당장 소비하는 재화의 경우에 비해 예상의 문제가 보다 깊숙하게 개재된다는 의미에서 주식시장은 불확실성과 변화를 수반하는 시간의 경과(passage of time)가 주는 의미를 보다 확실하게 보여주는 시장인 셈이다. 회사는 지금 생산에 필요한 여러 투입요소들을 구입하여 미래에 판매하므로 회사가 어떤 수익의 흐름을 가질 것인지에 대한 예상에 근거하는 주식의 가격은 미래에 대한 불확실성과 이런 예상의 문제가 개재되지 않을 수 없다. 그래서 주식시장은 예상의 문제가 더 부각된

---

14) 라흐만은 과거의 기록도 객관적으로 존재한다기보다는 사람들에 의한 "해석"을 필요로 한다는 점을 지적하고 있다. 그의 관점에 의하면, 알 수 없는 미래 과거의 기록은 미래를 예견하기 위한 기초일 뿐 똑같은 과거에 대해서도 서로 다른 해석이 가능하고 또 같은 과거의 해석 아래에서도 서로 다른 미래에 대한 예상이 가능한 것이다. Lachmann(1986) 참조.

는 점에서 이중적으로 간주관적이라고 할 수 있다.

만약 어떤 사람이 주식의 가격을 정확히 예측할 수 있는 모델을 만들었다고 주장한다면 그 사람은 미래를 알 수 있다고 주장하는 것과 다름이 없다. "적정한" 주식의 가격을 결정하는 규칙을 마련할 수 있다는 생각은 일견 이런 주장보다는 거리가 있어 보이지만 실은 미래를 알 수 있다고 주장하는 것과 크게 다르지 않다. 실은 이런 주장은 미래의 정확한 가격뿐 아니라 그 가격을 결정하는 공식을 알고 있다는 셈이므로 미래 가격을 정확하게 예상할 수 있다는 주장보다 오히려 미래에 대해 미리 더 많은 것을 알 수 있다는 주장인 셈이다. 개인들이나 개별 회사들은 가까운 미래에 대해 최대한 정확하게 예상해 보기 위해 다양한 통계적 기법을 활용하는 것은 무방하지만 그런 규칙을 모든 경우에 적용되는 공식으로 만들어 특정 가격이 적법한지를 판단하는 법적 판단의 잣대로 삼는 것은 타당하지 않다.

물론 이렇게 주식의 가격을 결정하는 규칙을 미리 마련할 수 없지만 특정분야의 변화를 민감하게 감지하려는 인센티브는 사람마다 엄연히 다르며 또 변화의 방향을 남들보다 더 잘 감지하여 더 기민하게 변화에 대응할 수 있는 정도도 사람마다 다르다. 정보적 부담은 사람마다 처한 입장에 따라 위치에 따라 다를 수밖에 없다. 바로 이런 이유로 인해 앞에서 주장했듯이 이왕이면 기업내부의 감사나 이사들이 판단하도록 허용하고 어쩔 수 없이 제3자가 비상장주식의 가치를 평가해야 한다면, 증권거래위원회나 금융감독위원회 등 상대적으로 정보부담이 더 낮거나 인센티브가 더 높아서 그런 정보에 민감할 이유가 있는 사람들이 먼저 판단하도록 그 순서를 정해둘 필요가 있다.

어떤 주체들이 평가하느냐, 혹은 어떤 성향의 사람들이 주식시장에 참여하는가와 무관한 "객관적인" 주식의 가격은 존재하지 않더라도 특별한 문제없이 시장과정이 지속적으로 진행되는 것은 자발적인 성격의 주식거래에 대해 거래된 가격이 적정했는지 의문을 제기할 필요가 없기 때문이다. 왜냐하면, 비록 자신의 예상이 좋은 쪽으로든 나쁜 쪽으로든 사후적으로 틀린 것으로 드러나더라도 그것은 예상을 한 사람의 몫이기 때문이며 자유시장경제는 개인들에게 그런 판단을 할 수 있는 자유를 부여하고 그 판단에 대한 책임을 각자에게 부과한다.

비상장주식은 통상 상장된 주식에 비해 거래가 빈번하지 않을뿐더러 거래의 정확한 가격이 공개적으로 알려지지 않는 것이 보통이며 전혀 거래되지 않은 경우도 비일비재하다. 비상장주식의 특이성은 바로 주식의 가격이 이중적으로 간주관적이라 하더라도 그런 주식의 가격조차도 통상 형성되지 않는다는 데 있다. 물론 비상장주식의 가격도 그 비상장 회사의 가치를 "개인적으로" 평가해보기 위해 그 회사의 유무형의 자산(토지, 건물, 영업권 등 기타 무형자산)을 분류하여 그 시장가치를 나름대로 추정해 합산해 볼 수는 있다. 그러나 상장주식에 비해 주식시장에 상장되어 있어 거래된 시장가격을 손쉽게 알 수 있는 경우에 비해 앞으로 그 주식의 가치에 대한 예상을 더욱 어렵게 한다는 점은 분명하다.

2. 객관적 가치 평가방법의 부재

비상장 주식 평가가 "적법했는지"를 묻는다면, 사실 최 회장에게 배임죄를 적용하기는 어렵다. 왜냐하면 SK 측 주장처럼 세법에 나타나 있는 규정을 따랐고 이 부분에 대해 금융감독원에 적법성 여부를 문의하였고 이에 대해 적법성이 있다는 답을 받았기 때문이다.

그러나 검찰이 주장하듯이 비록 세법상의 규정은 충족하였다 하더라도 "워커힐 호텔 주식을 내부거래가 아니라 시장에 내다 팔았을 때, 4만 원을 받을 수 있었겠는가?"라고 물을 수 있고 또 "워커힐 호텔의 가격을 세법의 기즌에 맞추어 평가했지만 이것이 SK(주)를 4만 원에 매입한 상장사인 SK글로벌의 소액주주들에게 손해를 입힌 것은 아닌지" 의문을 제기할 수 있다.

이렇게 의문을 제기할 때 재산권 침해를 확정하기 위해서는 그 가치에 대한 추정이 불가피하므로 우리는 비상장주식을 평가할 "객관적인" 방법이 있는가를 따져 봐야 하며, 만약 그런 방법이 있다면 배임 여부를 판정하기도 어렵지 않을 것이다. 그러나 불행하게도 앞서 논의했듯이 주식가치의 객관적 평가 방법(모델 혹은 규칙)은 발견할 수 없다.

이는 원천적으로 불가능하다. 그런 판단을 내리는 주체가 모든 시장 참여자들의 가치평가와 그 변화에 대해 미리 알지 못하는 한, 다시 말해 전지하지 않는 한, 이런 객관적 방법을 찾으려는 노력은 무위로 끝날 수밖에 없다. 그렇다면 이런 법원의 인지적 한계를 감안할 때 감독당국이나 법원 등 외부의 판단자가 취할 수 있는 최선의 방법은 이런 분쟁이 일어나지 않도록 제도를 정비하는 것이다.[15]

예컨대 '최적계약이행의 이론'에 의하면, 원래 계약의 판매자가 원래의 구매자에게 그 사람이 계약이 이행되었더라면 얻었을 이득(기회손해배상이라고 함)을 배상해주고도 새로운 구매자와 새로운 계약을 체결하면 이득을 얻을 수 있다고 해보자. 그러면, 법원이 계약을 파기하는 것을 허용해 주는 것이 바람직할 수 있다. 왜냐하면 무엇보다 거래 대상이 된 재화(혹은 해당 재화에 대한 권리의 묶음)를 원래 구매자보다 더 높게 평가하거나 더 유용하게 쓸 수 있는 새로운 구매자에게 이 재화를 이전시킬 수 있기 때문이다.

뿐만 아니라 손해배상을 통한 계약파기를 허용하지 않을 경우 2번의 계약을 통해 그 재화가 원계약자에게 이전된 다음 또다시 이 새로운 구매자에게 이전됨으로써 종국적으로는 그 재화를 가장 유용하게

---

15) 실제로 법원은 가치를 따지기 곤란한 재화의 이전에 관한 계약과 관련하여 분쟁이 발생하면 가능하면 해당 재화에 대해 당사자들이 부여하는 가치를 따지는 일을 하지 않으면서 분쟁을 해결하려고 노력한다.

쓸 수 있는 새로운 구매자에게 그 재화가 배분된다 하더라도 그렇게 되기까지의 2번의 거래가 필요할 것이다. 하지만 손해비상을 하고 계약을 파기할 수 있도록 해주면 필요한 계약의 횟수를 줄여 이러한 계약을 체결하기 위해 필요한 탐색비용, 거래체결비용, 거래이행비용 등 제반 거래비용이 그만큼 절약될 것이다.

그러나 우리는 원 계약의 이행을 통해 최초 구매자가 그 재화에 부여했을 가치는 계약한 액수보다 크다는 것을 알 수 있을 뿐이므로 법원이 이를 확정하는 데 많은 비용이 들거나 불가능하다면 원래 계약이 강제 이행되도록 하는 것이 최선의 선택일 수 있다.16) 예컨대 집 매매 계약을 할 때 구매자는 그 집이 매입가격보다는 가치가 있다는 정도만 판단할 뿐, 그 집이 자신에게 얼마나 정확하게 높은 가치를 주는지 알기 위해 노력하지 않는다. 그 가치의 추정 자체가 비용(measurement cost)이 들기 때문이다. 그래서 제3자는 물론이고 심지어 구매 당사자도 정확하게 자신이 사들인 재화에 정확하게 얼마의 가치를 부여하는지는 이런 분쟁이 생겼을 때 비로소 생각해 볼 뿐 대체로 미리 확정적으로 생각하고 있지 않은 경우가 많다.

집의 매매에서와 같이 계약시점과 최종 잔액 지불의 시점이 다를 경우에는 구매자가 부여하는 가치 자체도 변할 수도 있다. 또 사람들은 일반적으로 자신이 지니고 있던 재화를 다시 내놓아야할 때 동일한 재화를 살 때보다 더 큰 애착을 보이는 경우가 많다고 한다. 말하자면 놓친 물고기가 더 커 보이는 심리가 작동하여 기대손실을 배상하도록 하게 하면 포기하게 될 재화를 과대평가하는 경향이 발생한다.17) 집의

---

16) 쿠터/알렌, 『법경제학』 7장 참조.
17) 최근 법원은 소위 심리적 손실에 대한 보상을 할 필요성을 인정하고 있으며 사람들이 주관적으로 평가하고 어떤 것을 매입하고자 하는 것은 그 가치를 지불가격보다 높게 평가하고 있다는 점에서 가치의 주관성과도 일치하는 것으로 볼 수 있다. 그러나 이런 심리적 보상의 크기가 점차 천정부지로 높아지는 폐단이 나타나기 쉬운데 이런 사실은 여기에서 논의하고 있는 "놓친 물고기가 더 커 보

매매처럼 단지 몇 사람이 개재된 시장거래에 있어서도 제3자가 미리 거래당사자들의 가치평가를 알 수 있는 것처럼 간주하여 정책을 만드는 것은 바람직하지 않다. 전지한 법관(omniscient judge)을 가정하면 주어진 조건을 모두 알고 있는 전지한 정부를 가정할 때 마찬가지의 오류를 범할 수 있기 때문이다.[18]

3. 객관적 가치 평가가 불가피한 경우

앞서 자신의 인지적 한계를 벗어난 문제에 대해서는 법원이 문제를 다루는 것을 회피하는 것이 최선의 방법임을 주장하였다. 그러나 그런 회피 자체가 불가능한 경우도 있다. 예컨대 계약에 의해 인도하기로 한 물건이 소실되어 어쩔 수 없이 법원이 그 가치를 추정해야할 경우도 발생하기 때문이다. 이 경우에도 물론 계약당사자들이 그런 사고를 예상하여 사전 계약이나 보험계약 등의 방법으로 처리방식에 합의하였으면 그 계약을 존중해주면 된다. 그러나 미리 합의된 계약이 없는 경우에는, 법원은 어쩔 수 없이 사고당사자가 얻었을 미래소득을 예상하고 이를 현재가치로 할인하여 평가할 수밖에 없다.

이렇게 법원이 객관적 가치의 평가를 불가피하게 하여야 하는 경우에도 그 가치를 추정하는 방법에 대해 미리 정해진 규칙이 있으면 분쟁을 해결하는 데 따르는 어려움은 상대적으로 완화된다.

그런 의미에서 세법상 비상장주식이 상속되거나 증여되었을 때 그 가치를 어떻게 평가할 것인지를 미리 확정해두는 것도 이런 미리 정해진 규칙에 해당한다. 즉, 세법상의 규정은 이런 유형의 비상장주식을 증여받는 혹은 앞으로 증여받을 사람들과 정부가 사전에 해둔 계약의

인다."는 사실과 무관하지 않은 것으로 판단된다.
18) 법원이나 법경제학자들이 전지한 것처럼 착각할 때 발생할 수 있는 오류에 대해서는 민경국, 『시장경제의 법과 질서』 참고.

성격을 띠고 있으며, 이런 법률이 있음으로 인해 거래되지 않은 자산의 가격을 확정하는데 따르는 분쟁은 그렇지 않을 경우에 비해 크게 줄어들 것이다.

실제로 이런 규정은 관행적으로 경제주체들이 법원의 적법성의 판단을 얻는 근거로 사용되어 왔다. SK그룹 최 회장 측에서도 이런 근거를 이용하던 관행에 따라 주식맞교환을 하였고 이런 관행으로 인해 주식맞교환이 이루어지던 당시에 별다른 반대가 없었다고 할 수 있다. 현재 비상장주식의 가치평가를 두고 논란을 벌이는 것은 이런 세법상의 규정이 종전의 관행에서는 비상장주식의 증여 이외에도 주식의 맞교환에도 적용될 수 있느냐의 여부이지만 적어도 이번 법정공방이 있기 전까지는 감독당국과 법원이 시장에 참여하는 개인들에게 그런 평가가 "적법하다"는 신호를 주었던 셈이다.

이런 세법상의 방법 이외에도 현재의 수익을 기초로 미래수익에 대한 예상을 하고 이를 할인하여 수익을 구하거나 혹은 여러 가지 방법들을 가중평균을 하는 방법(미국의 델라웨어 주에서 시행하는 방법19) 등 다양한 방식의 비상장주식의 평가방법이 있을 수 있다.

이런 방법을 정해 두는 것 이외에도 문제가 되고 있는 재화나 유·무형 자산의 최근에 거래된 가격, 혹은 가까운 대체재의 거래 가격 등을 참고하도록 하는 것도 일종의 하나의 규칙을 정해두는 셈이다. 이런 참고가격이 얼마나 서로 의견이 다른 사람들을 합의에 이르게 할 소위 "객관적 지표"로서 그 역할을 할 수 있느냐는 그 재화가 표준화된 정도, 시장거래의 빈도, 거래 시점 등 다양한 요소에 따라 달라질 것이다. 그러나 그 어떤 것을 선택하더라도 본질적으로 "객관적 지표"가 될 수 있는 것은 아니며 그래서 분쟁의 소지를 여전히 안고 있다.

---

19) 미국의 델라웨어 주에서 사용하는 방법에 대해서는 이스터브룩 외, 『회사법의 경제학적 구조』, 255-260쪽 및 김정호(2003.4) 참조.

다시 말해 아예 이런 분쟁에 이르지 않게 할 수 있으면 그렇게 하는 것이 최선의 방법이라는 점에는 변함이 없다.

세법상의 규정을 비롯한 여러 가지 규정은 이런 규정이 없다면 발생할 수 있는 과세당국이나 관료에 의한 특정자산에 대한 자의적 가치 결정과 과세를 제한하는 일정한 역할을 한다. 이런 점에서 이런 규정을 미리 확정해 두는 것은 중요하다. 그러나 명심해야 할 점은 이 규정 자체가 결코 비상장 주식의 가치를 평가하는 객관적 잣대인 것은 아니라는 사실이다.

더구나 소액주주들의 입장에서 보더라도 세법의 규정, 혹은 그 어떤 다른 "객관적" 방법을 적법한 것이라고 그 기준을 미리 정해둔다고 하더라도 대주주가 이 규정을 근거로 소액주주들의 이익을 "적법하게" 침해할 가능성이 여전히 존재한다.

미리 적법한 평가방법은 이런 것이라고 확정해 놓으면, (실제로는 "적법한" 가격과 같은 것이 없고 개인이 평가하는 가치는 지극히 주관적인 것이므로) 대주주가 판단하기에 현행 규정에 따라 평가할 경우 자신에게 유리하다고 판단되면 언제든지 법에 적법하다고 명시된 방법으로 비상장주식의 가치를 평가한 다음 이에 따라 다양한 종류의 거래를 할 수 있고 법원은 이런 거래를 규정에 따라 적법하다고 판결할 수밖에 없을 것이기 때문이다.

물론 소액주주들이 대주주가 이런 맞교환을 할 가능성을 이미 충분히 인지하고 있으면(혹은 인지하고 있지 않았더라도 그 책임이 자신들에게 있을 때) 재산권 침해의 가능성은 크게 줄어든다. 이런 가능성으로 인해 그 회사의 주식 가격이 낮아지고 소액주주들도 낮아진 가격으로 그 주식을 매입할 수 있었을 것이다. 그렇다면 소액주주들의 주식 매입은 이미 이런 점이 감안된 선택이기 때문이다. 이 사실이 시사하는 바는 바로 비상장주식의 가치를 법원에서 어쩔 수 없이 판정해야 할 때 그 적용방식을 일관되게 판결에 적용해나가면 다른 쪽, 즉 주식시장 쪽에서 이런 문제에 대한 대응방식이 나타나게 된다는 점이다. 일관된 적용방식은 그렇지 않을 경우에 비해 주식을 사고 팔 때 거래 당사자들이 이런 점을 감안하여 선택을 하는 것을 보다 용이하게 할 것이다.[20]

주식시장이 잘 발달해 있다면, 만약 소액주주들이 이런 점을 감안하지 못하고 어떤 회사의 주식을 매입했다고 하더라도 대주주가 실제로 소액주주들의 재산권을 침해하는 행동을 했을 때, 대주주의 이런 행동은 그 회사 내에서 소액주주들의 비판(voice)에 직면하고 이런 비판의 목소리를 경영자들이 외면하게 되면 결국 주식시장에서 소액주주들은 보유하던 주식을 팔(exit) 것이다. 이렇게 되면 그 주식의 가격은 떨어지고 그 대주주의 평판이 악화되어 그 회사는 차후 주식시장에서 자본을 동원하는 것이 어려워질 것이다. 이런 주가의 하락에 가장 큰 피해를 보는 사람은 바로 대주주 자신이 된다.[21]

우리가 여기에서 얻을 수 있는 시사점은 결국 법원이 어쩔 수 없이 비상장주식의 가치를 산정할 수밖에 없는 경우라 하더라도, 어떤 기준을 일관되게 적용하는 것이 대우 중요하다는 점이다. 이 부분에 일관성이 없게 되면 주식시장을 통한 대주주-경영자의 통제는 잘 작동할 수 없게 된다. 따라서 이러한 판정 방식의 일관된 적용이 필요한 만큼

---

20) 조동근(2003.10)은 SK의 주식맞교환이 있던 2002. 3. 20 전후의 주가를 비교하면서 SK(주)의 주식 가격이 주식맞교환 이후 대체로 상승하였고, 이는 "SK그룹의 울타리 보강"에 따른 간접지배에서 직접지배로 바꾼 부분에 대해 투자자들이 대체로 긍정적인 평가를 한 것으로 판단되며 SK글로벌의 주식가격도 최태원 회장이 고가로 워커힐 주식을 매입했다면 소액주주가 큰 피해를 입고 SK글로벌의 주가도 내려가야 하지만 주가가 내려가고 있다는 증거를 발견하기 어렵다고 분석하고 있다.

21) 이런 메커니즘을 고려하면 적합한 평가방법을 미리 확정해두는 것에 따른 문제를 지나치게 과장할 필요는 없을 것이다. 그러나 이런 규정 자체가 자발적인 거래를 통한 자원의 이건을 저해할 수 있다는 점을 고려할 필요는 있다.

법원이 어쩔 수 없이 그 가치를 평가해야 하는 경우를 대비하여 그 평가방법을 미리 확정해둘 필요가 있다.

그러나 명심해야 할 것은 이보다 더 중요하고 바람직한 방법은 비록 대주주에 의한 거래라 하더라도 "자발적인" 교환에 상당하도록 만들어 주는 것이라는 점이다. 다음 장에서 자세히 언급되겠지만 주주총회의 승인, 이사회의 의결(특히 소액주주를 대표하는 사외이사가 있는 경우 이들을 포함하여 구성된 이사회의 승인) 등이 바로 대주주의 주식맞교환이라고 하더라도 이를 여타주주들도 동의한 "자발적"인 거래에 상당하는 것으로 간주하게 하는 요건의 한 예이다.

이 자발적 거래로 볼 수 있는 것이 어떤 것인지에 대해서는 일부는 증권 감독과 관련된 규정을 통해 예시할 수도 있을 것이고, 법률로 정해두는 방법도 있고, 아니면 회사 내에서 자체적으로 정관으로 확정해둘 수도 있다. 다만 사적 계약을 존중한다는 의미에서 가능하면 정책적으로 이에 관한 강제적 규칙은 필요한 최소한에 그치고 사적인 계약을 존중하는 방향을 취하는 것이 바람직하다.

이렇게 되면 주식맞교환과 같은 문제도 법원이 나설 필요없이 이 문제에 이해관계가 있기 때문에 외부인보다도 이 문제에 더 신경을 쓸 유인이 있을뿐더러 더 자세한 정보가 있는 사람들이 이 문제를 가장 먼저 떠맡게 될 것이며 그들 사이에서 내부적으로 정한 규칙(계약)에 따라 이런 문제가 처리될 것이다. 이렇게 되면 외부인은 특별한 경우가 아니면 이 문제에 개입할 필요가 없고 그럴 필요가 발생하더라도 미리 감독기관 등이 정한 규정에 따르거나 아니면 최종적으로 법원이 회사가 내부적으로 정한 규칙을 민법과 상법상의 계약법에 준해 판단하고 만약 이것조차 여의치 않을 경우에만 미리 확정해둔 방법에 따라 그 가치를 추정하면 될 것이다.

IV. 바람직한 정책방향

　우리는 앞선 논의를 통해 객관적 가격 혹은 객관적 평가 방법이 없는 상태에서 그리고 특정한 방식을 적법한 것으로 확정하는 데 따라 많은 부작용이 발생할 수 있다는 것을 살펴보았다. 이 장에서는 비상장주식의 평가와 관련하여 바람직한 법정책의 원칙들을 정리한 다음 이런 원칙을 적용하기 위해 비상장주식 평가 문제과 관련하여 구체적으로 제시된 방안들을 중심으로 논의하고자 한다.

1. 비상장주식 평가 문제에 적용할 정책적 원칙들

　만약 객관적인 가치의 평가방법이 존재하지 않는다면, 어떤 평가방법이 객관적인지 결정을 내리기 위해서는 인지능력의 한계 혹은 정보 부담이 과중해질 것이다. 거래비용 경제학의 용어를 빌려 표현하자면 감당할 수 없을 만큼 큰 거래비용이 소요될 것이다.

　앞에서 '최적계약이행'의 사례에서 보았듯이, 법원이 계약당사자들이 어떻게 구매하거나 판매하려는 재화의 가치를 평가하고 있는지 정확하게 판단하는 데 전혀 어려움이 없다고 가정할 경우, 즉 전지한 판사를 가정하면, 언제나 (기대)손해를 배상하도록 하는 것이 계약의 강제이행보다 우월하다. 그러나 전지한 판사를 가정하지 않으면, 계약당사자들이 매매계약을 한 집에 대해 부여하는 가치를 자의적이지 않고서도 알 수 있는 방법이 없기 때문에 오히려 계약의 강제이행이 우월할 수도 있었다.

　집의 매매의 경우와 마찬가지로 비상장 주식의 거래에서도 법관이나 감독기관 등 외부인이 전지하지 않으므로 자의적인 결정을 내리지 않으면서 적정 가격을 산출해 내는 것이 불가능하다면, 이 가치 평가의 문제를 회피하면서 동시에 대주주에 의한 소액주주의 재산권 침해의 가능성을 막기 위해서는 동일인 거래라 할지라도 "자발적 거래"의 성격을 띠도록 만들어주어야 한다. 이런 정보부담과 자발성을 기준으로 바람직한 정책이 충족해야 할 원칙들은 다음과 같이 정리된다.

첫째, 무엇보다도 대주주에 의한 동일인 거래라 하더라도 어떤 경우에 자발적 거래에 준하는 것으로 볼 수 있는지에 대한 예측가능성을 높여야 한다. 자발적 거래에 준하는 것으로 보기 위해 주주총회의 승인, 이사회의 의결 등을 그 요건으로 고려할 수 있을 것이다.

둘째, 정보부담이 가장 적고 이 문제를 회사가치를 극대화하는 방향으로 다룰 유인이 가장 큰 회사내부에서 이 문제를 가장 먼저 다룰 수 있어야한다.

셋째, 어쩔 수 없이 제3자가 개입해야할 경우에도 '정보부담 최소자 우선 원칙'을 적용하여야 한다.

넷째, 분쟁이 법정으로까지 비화되더라도 법원은 이에 관한 내부 계약을 최대한 존중하여야 하며, 어쩔 수 없이 비상장주식의 가치를 평가해야 하는 경우 세법에 의한 방식이든 또 다른 방식이든 미리 정해진 방식을 일관되게 적용하여야한다.[22]

2. "자발적 거래" 상당요건의 제시를 통한 기업내부통제의 활성화

비상장주식과 상장주식의 맞교환이 이루어진 SK사태를 살펴보면, 출자총액제한이 다시 도입됨에 따라 SK(주)에 대한 SK그룹의 경영지배권이 약화되었다.[23] 이로 인해 최 회장은 의결권을 행사할 수 있는 방

---

22) 앞에서 설명했듯이 법원이 이에 대해 일관성을 유지할 때 비로소 SK사례에서 나타난 비상장주식과 상장주식의 맞교환과 같은 거래에 대해서도 관련 회사의 주가 변동 등을 통해 주식시장에서 대주주에 의한 소액주주의 재산권 침해가능성이 통제될 수 있는 가능성이 높아질 것이기 때문이다.
23) 출자총액제한제도는 출자제한총액을 넘는 지분에 대해서는 의결권을 부여하고

식으로 SK(주)를 소유할 필요성이 새로이 발생하게 되었다. 이러한 사
로운 필요성으로 인해 SK(주)를 보유하고 있는 SK C&C의 주주(대주
주인 최 회장 및 소액주주들)와 최 회장 사이에 서로에게 유익한 거라
를 할 수 있는 기회가 창출되었다.

따라서 만약 경영권과 관련되어 특정인의 거래 자체를 막겠다는 것
이 아니라면, 이런 종류의 거래 자체를 위축시키지 않으면서 소액주주
들의 재산권이 침해되지 않도록 하는 것이 바람직하다. 그렇게 하려면
이 거래가 "자발적 거래"라고 간주될 수 있도록 하는 요건은 무엇인지
이를 경제주체들에게 분명하게 제시하여야 한다.

이런 요건에 대해 법원이 직접 판단하기가 어려우면 회사에서 정관
으로 정하게 하거나 혹은 증권거래위원회나 금융감독원으로 하여금 그
런 절차들을 검토하게 하는 방식이 있을 수 있다. 법원이 직접적인 가
입을 자제할수록 법원의 부담이 줄고 현재 정보부담의 측면에서 우위
에 있는 개별 기업은 스스로 자신이 처한 환경에 적합한 내부 규정을
마련해갈 것이다. 주식의 거래가 활발하도록 하는 것이 임무인 감독기
관에서도 법원보다는 정보부담이 적은 만큼 상대적으로 경제적 타당성
이 더 높은 규정을 만들어갈 가능성이 크다.

1) 정기주주총회의 승인과 주식매수청구권의 원용

비록 대주주의 동일인 거래이지만 "자발적 거래"의 성격을 띠도록

있지 않으므로 최 회장이 비록 SK C&C의 대주주이지만 SK C&C가 보유한 SK
(주)의 지분을 자신의 소유로 바꾸어둘 필요가 발생하였다. 의결권이 있던 주식
을 의결권을 박탈하여 무의결권주로 만드는 것은 재산권을 침해하는 것이고 정
부가 비록 공적인 필요에 의해 토지를 수용할 때에도 최소한 그 시장가격을 보
상해주어야 하는 것처럼, 특별한 "공공적 목적" 때문에 의결권을 박탈했다고 하
더라도 당연히 의결권의 박탈에 따른 보상을 해주어야 한다. 출자총액을 제한하
는 것이 과연 "공공적 목적"이 있는 바람직한 것인지도 중요한 논쟁거리이지만
여기에서는 논외로 한다.

만들어주는 방법으로 먼저 정기주주총회의 승인을 고려할 수 있다. 김
정호(2003.3)는 비상장주식평가의 문제에 대해 주주총회의 승인이라는
방안을 제시하고 있는데 이 방안이 획기적인 것은 적정한 가격산정의
문제에 집착하지 않고 이런 거래가 "자발성"에 상응하는 성격을 가지
도록 하여 가격 추정의 문제로부터 벗어날 수 있는 탈출구를 제시하고
있기 때문이다. 객관적 가격의 산정이 극히 주관적이고, 법을 어겼는지
에 대해서도 애매한 상황에서 제3자인 검찰이나 법원이 당사자들 사이
에 문제를 해결할 기회도 배제한 채 이 문제를 법정에서 다루는 것은
시장경제의 원리에 맞지 않는다는 것이다.

이에 대해 전용덕(2003.5.)은 정기주주총회의 승인은 매우 훌륭한
발상이지만, 한 걸음 더 나아가 정기주주총회의 승인 과정에서 이를
반대하는 주주들에 대한 대책이 필요하다는 점을 지적하고 이들에게
기업의 매수합병(M&A) 때 매수합병을 반대하는 주주들에게 주식매수
청구권을 부여하는 것을 원용하여 대책을 마련할 수 있다는 것이다.
즉, 소액주주의 재산권이 침해되었다면, 주식의 가격이 떨어졌을 것이
므로 주식맞교환이 있기 이전의 주가를 일정한 방식에 의해 보상하도
록 하자는 것이다. 이렇게 되면 법원은 적정 가격 혹은 적정 손해액의
확정 등에 대해 자의적이지 않은 판결을 내린다는 자신의 정보 획득
능력을 넘어선 일으로부터 벗어날 수 있고, 소액주주들도 주식시장에
서 보유주식을 처분함으로써 대주주의 결정에 반대하는 의사를 표시하
는 것 이외에 재산권을 행사할 수 있는 길을 하나 더 가지게 된다.

김정호와 전용덕의 제안은 주식맞교환이 "자발적 거래"의 성격을 띠
게 하기 위해 필요한 조치들을 예시해 주고 있다는 점에서 주목할 필
요가 있다. 소액주주들의 재산권을 침해할 우려나 분쟁도 그만큼 줄어
들 것이고 분쟁해결에 투입되었을 인적·물적 자원이 절약되어 다른
생산을 위해 활용될 것이다.

2) 이사회의 권한과 기능의 제고를 통한 이사회 의결의 활성화

이런 방식 이외에도 앞서 언급했듯이 주주총회가 아닌 주주들의 대의기구라 할 수 있는 이사회의 결정을 통해 간접적으로 "자발성"을 획득하는 것을 제시할 수도 있다. 법적 판결을 통해 이사회의 의결에 대해 보다 명확한 기준을 제시함으로써 자발성의 요건에 대한 하나의 기준을 보여줄 수 있으며 이는 이사회의 의결과정 전반에 관해 해당될 수 있다.

예컨대 SK 사례에서 법원은 비상장주식의 적정한 가격에 매달리지 않고 비상장주식과 상장주식의 맞교환에 대한 이사회의 의결과정에서 이사회의 소집에 흠결이 발견된다면 이를 중시하여 이사회를 다시 소집하게 하여 비상장주식의 평가 문제를 다시 심의하도록 한다면, 이는 바로 자발적 성격의 요건을 초점을 맞추는 태도가 될 것이다.

이렇게 재소집된 이사회어서 비상장주식 맞교환의 건이 무효화될 수도 있을 것이고 혹은 종전과 다른 조건으로 결정될 수도 있을 것이다. 아니면 종전의 결정을 추인하되 다른 협상을 도출해 낼 수도 있을 것이다. 법원은 재심의 과정어서 흠결이 더 이상 발견되지 않는다면 이렇게 재심의된 결과를 존중해주면 될 것이다.

법원이 제대로 심의를 하지 않은 이사회에 거액의 벌금을 부과하는 것도 한 가지 방법이다. 우리는 흔히 이사회의 이사들 혹은 소액주주들을 대표한다는 사외이사는 거수기에 불과하다고 불평한다. 그러나 주주자본주의가 가장 발달한 미국에 있어서조차 이사회의 경영진에 대한 내부적 통제가 실질적으로 작동하기 시작한 것은 법원이 사외이사를 포함한 이사회에 거액의 벌금을 부과하여 책임을 물었을 때에 비로소 가능해졌다는 사실을 환기할 필요가 있다. 즉, 미국의 경우 법원의 판결이 이사회의 책임과 권한의 강화를 가져와 이사회가 실질적으로 원활하게 작동하게 하는 데 결정적 기여를 하였던 것이다.[24]

1980년대 미국에서는 기업경영권 시장이 활발해지면서 재무성과가 나쁜 기업의 경영자와 이사회가 주주에 대해 져야 할 책임이 강조되면서 공개적 망신이나 처벌을 받는 사외이사들이 나타났던 것이다. 예컨대 기업 인수가격 협상에 무성의하게 임했던 트랜스유니언(Trans Union Corporation)의 이사회에 1억 달러라는 충격적 벌금을 부과하여 이사회의 책임을 명확히 하였다.

보통 권한은 책임에 비례하기 때문에 이사회가 거액의 벌금이란 책임을 떠안게 되자 미국의 대표적 주식회사의 이사회는 이에 비례하는 권한과 기능을 맡게 되었다. 이런 과정을 거쳐 1990년대에 들어와 비로소 미국에서도 주식회사의 이사회는 경영자에 대한 수동적 자문에 그치지 않고 적극적인 기업 감시에 나서 이사회가 경영실적이 떨어지는 최고경영자를 해임하는 "이사회의 반란"이 일어나기도 했던 것이다.25)

물론 이사들이 이런 경우를 당할 것에 대비하여 주식회사에서 이사들에게 보험을 들어주기도 하는 현실에서 징벌적 벌금부과가 얼마나

---

24) 미국에서 법원이 사외이사의 법적 책임을 묻게 되었을 때 나타난 변화들과 지배주주의 재출현함으로써 주인-대리인 문제가 해결되었다는 점에 대해서는 김이석, "새로운 기업경영 룰의 動因과 方向", 서평 마리나 휘트먼 저, 조명현 역, 「변화하는 미국경제, 새로운 게임의 룰」 월간 『에머지』 2001. 5월호 참고. 이런 점에서 볼 때 특히 소액주주들을 대표하는 사외이사가 있는 경우, 이들에게 일정한 책임을 물을 필요가 있다고 하겠다.

25) 이런 이사회의 역할 강화에는 물론 법원의 판결 이외에도 캘리포니아 연기금 등 회사에 장기적으로 투자하는 기관에서 이사회의 역할 강화를 통해 투자자금의 수익을 높이고자 하였던 노력도 중요한 역할을 하였다. 이런 기관투자가들은 수익률을 극대화하기 위해 노력하였고 수익을 극대화하기 위해서는 독립적인 사외이사들이 경영자 통제에만 매달려 회사 수익에 반하는 행동을 하지 말아야 하므로 이들 기관투자가들은 독립이사들의 정규적 회합을 권고하고 있으나 이것이 경영자를 위협하는 것으로 인식되지 않도록 배려하고 있다는 사실을 참고할 필요가 있다. 이들 장기투자가들은 최고 경영자에 대한 통제 자체가 목적이 아니라 투자수익의 극대화가 목적이므로 불필요한 마찰로 경영성과가 떨어지는 것을 방지하고자 하였다.

유효하겠느냐고 반문할 수 있다. 그러나 이 문제는 징벌적 성격을 유효하게 발휘하려면 어느 정도의 벌금이 부과되어야 할 것이냐에 관한 문제이며, 또 보험회사가 이런 보험 상품의 판매를 얼마나 위험하게 여길 것인가의 문제가 될 뿐 이런 방향의 정책이 일정한 효과를 거둘 것이라는 사실에는 변함이 없다.

우리의 법원은 감사나 이사회의 이사들에 대한 책임을 여러 가지 이유로 면제하는 경우가 많았다. 회계법인이 회계를 잘못했을 경우 그 회계법인에 대해 그 법인이 작성한 회계를 믿고 투자한 익명의 다수에 대한 책임을 물을 때 회계법인이 보다 책임 있는 회계보고서를 작성한다. 이와 마찬가지로 이사회 이사들에 대해 책임을 물을 때 이사들이 거수기에 불과하다는 문제에서 벗어날 수 있었다는 사실을 환기할 필요가 있다.

예컨대 SK사례에서 나타난 비상장주식과 상장주식의 맞교환과 같은 거래에서는 이사회의 결정이 필요하도록 하고 이사회가 내린 결정에 대해 이사들이 책임을 지도록 할 수 있다. 그렇게 되면 대주주가 아닌 다른 이사들도 책임을 동시에 지게 될 것이므로 소액주주들의 이익을 침해하는 결정에 대해 이사회의 이사들도 반대 의견을 개진할 수 있게 될 것이다.

이런 점에서 볼 때 만약 SK C&C에서 주식맞교환과 관련하여 이사회가 제대로 소집되지 않았다면 법원은 소집이 제대로 되지 않은 데 대해 그 책임을 묻거나 이사회의 구성원에 대해 이 점을 추궁할 필요가 있을 것이다.

비상장주식의 평가와 관련하여 법원은 "비록 세법에 맞게 비상장주식의 가격을 평가하였으나 이를 토대로 추가적 흥정을 하지 않았으므로" 적법하지 않다는 식의 판결을 내렸는데 법원이 "추가적 흥정"이란 과정을 대주주에 의한 비상장주식과 상장주식의 맞교환과 같은 거래가

“자발적 거래”에 상당하기 위해 필요한 하나의 절차로서 제시한 것으로 해석해 볼 수도 있다.

그러나 추가적 흥정을 누구와 어떻게 해야 어디까지 하여야 “자발적” 거래로 볼 수 있는지 혹은 적법한 것인지 알 수 없다. 그러므로 좀더 어떤 경우에 자발적 거래에 상당하는 것으로 볼 수 있는지를 명확할 필요가 있다.

앞서 여러 번 강조하였지만 이런 이사회에 의한 내부적 통제가 이루어진다면 이는 당연히 인지적 측면에서도 법원이나 감독기관 등 외부기관에 의한 간섭에 비해 우월하다. 이사회의 이사들은 외부인에 비해 정보적 측면에서도 우월할 뿐 아니라 경영자 통제라는 작은 목표에 집착하여 당해 기업의 기업 가치를 극대화하는 데 반하는 행동을 할 가능성도 낮아지며 시간으로도 적기에 필요한 통제를 내릴 가능성이 더 크기 때문이다.[26]

3. 증권거래위원회 등 관련 기관의 법원에 앞선 우선적 개입

비상장주식 평가와 관련하여 참여연대 김상조 경제연구소장도 비상장주식과 같은 동일인 거래에 있어 비상장주식을 평가하는 절대적 기준을 정부나 법원이 제시하는 방식보다는 절차적 정당성을 어떤 경우에 획득할 수 있는지를 확정하는 것이 중요하다는 의견을 제시하여 이

---

[26] 기업 외부의 기관에 대해 기업의 행위를 통제할 권한을 줄 때 직면하게 되는 가장 중요한 문제의 하나가 정보적 부담이 기업 내부인에 비해 클 뿐 아니라 그런 통제를 적절한 수준으로 행사하여 기업의 수익을 최대화하기 위해 노력하기보다는 통제 그 자체의 목적에 매달리기 쉽고 적기에 필요한 통제를 할 가능성이나 유인이 별로 없다는 데 있다. 물론 일부 사외이사들이 기업가치의 극대화가 아니라 대주주에 사사건건 반대하고 찬성을 하는 데 대한 대가를 요구하는 등 오히려 사적 이익을 극대화할 가능성이 있다면 이에 대한 나름대로의 대책이 강구되어야할 것이다.

런 점에서는 본 보고서에서 제시된 것과 같은 방향의 정책이 필요하다는 견해였다.[27]

다만 이 보고서에서는 기업 내부인들이 정보부담의 측면에서 외부인들보다는 우월하며 기업의 가치를 극대화하는 것이 자신의 이해와도 합치한다는 인센티브가 가장 강하다는 측면에서 기업 내부인들에 의한 우선적 통제가 중요하다고 보고 또 기업이 내부적으로 통제방식에 대한 규정을 만들도록 할 필요성을 강조하고 있는 반면, 김상조 소장은 외부(평가)기관이 개입할 필요성을 강조하고 법률로 이사회의 의결이나 주주총회의 의결 정족수를 매우 어렵게 제한할 필요성을 강조하고 있다는 점에서 차이를 보이고 있다.

"자발적 거래"에 상응하도록 하면 분쟁의 정도나 빈도가 줄어들겠지만 내부적 통제가 항상 원활하게 작동하라는 법은 없으므로 기업 내부의 분쟁에 대해 외부인이 개입하여 이를 해결해야할 경우가 발생할 것이다. 이 경우에도 정보부담과 인센티브의 측면에서 법원보다 더 우위에 있는 증권거래위원회나 금융감독원 등이 법원의 개입에 앞서 개입할 수 있도록 할 필요가 있다.

증권거래위원회와 같은 기관은 주식의 원활한 거래의 촉진이 그 주요한 임무일 뿐 아니라 법원에 비해서는 비상장주식의 가치를 평가하기 위해 필요한 정보적 부담이 상대적으로 적기 때문이다. 비록 외부에서 개입할 필요성이 있다고 하더라도 그 순서에 있어 '정보부담 최소자 우선의 원칙'이 적용되어야 한다.

이런 정보적 부담과 함께 인센티브의 측면에서도 증권거래위원회가 개입하는 경우 금융감독원이나 법원이 이 문제에 대해 우선적으로 개입하는 것에 비해 증권거래가 활성화될수록 더 큰 이득을 얻을 수 있다는 측면에서 더 나은 규칙이 창출될 가능성이 더 높다고 할 것이다.

---

27) 김상조 참여연대 경제연구소장과의 전화인터뷰 2003. 10.

물론 이 경우에도 증권거래위원회가 법적으로 진입이 제한되어 있다는 의미에서 독점이기 때문에 발생하는 문제가 있지만 마찬가지로 독점인 법원이나 금융감독원의 개입보다는 더 나은 결과를 가져올 가능성이 높다고 할 것이다.[28]

4. 법원의 "확정된 평가 방법"의 일관된 적용

III장 3절에서 우리는 법원이 경우에 따라서는 불가피하게 재화의 가치를 추정하지 않을 수 없는 경우가 발생한다는 점을 말하였다. 마찬가지로 비상장주식의 경우에도 앞에서 언급한 주주총회나 이사회의 결과 같은 기업의 내부통제에 의한 방식에 의해서도 잘 해결되지 못하고 증권거래위원회와 같은 제3자에 의한 방식도 작동하지 않을 수 있기 때문이다.

이런 경우에는 불가피하게 법원이 개입하여야 할 것이다. 그러나 그 개입의 방식은 회사정관과 같은 내부규정을 상법이나 민법에 준해 해석하는 정도일 수도 있으며 아니면 어떤 확정된 평가방법을 적용하여 비상장주식의 가치를 법원이 직접 추정할 수도 있을 것이다.

법원으로서는 개입하더라도 내부규정의 법률적 해석의 방법으로 하고 이에 따라 판결을 내리는 것이 정보적 부담이 적을 것이다. 앞에서 언급했듯이 만약 이사회의 소집 과정에 흠결이 있다면 이를 재소집하도록 명령하는 것과 같은 것이 바로 내부규정에 준해 그 흠결이 있다면 이를 보완하도록 하는 판결인 것이다.

그러나 이런 방식으로 기업의 내부 규정을 민법과 상법에 따라 적용함으로써 분쟁을 해결할 수 없는 경우에는 불가피하게 법원은 미리 확

---

28) 증권시장에서 사적 규칙제정과 공적 규칙 제정의 차이를 연구한 것으로는 Mahoney, Paul G., "Public and Priviate Rule Making in Securities Markets," Policy Analysis, No. 498. Cato Institute, 2003. 11. 13.를 참고

정된 방법에 따라 이 방법을 일관되게 적용하면서 비상장주식의 가치를 평가해 보는 수밖에 없다.

미리 확정된 방법에 따라야 하는 것은 이렇게 할 경우 경제주체들도 이런 방식으로 평가할 것이라는 점을 미리 예측할 수 있어 예측가능성을 높여주기 때문에 법원은 법원이 "자의적으로" 그 가치를 추정했다는 비판에서 벗어날 수 있고 분쟁을 해결하기가 그만큼 용이해지고 주식시장의 주식가격의 변동을 통한 대주주에 대한 간접적 통로가 보다 더 잘 작동하기 때문이다.

현재 상속과 증여에 관한 세법 이외에는 비상장주식을 평가하는 방법을 미리 확정해 두지 않았기 때문에 세법 이외에 어떤 더 나은 방법을 SK사례에는 당장 사용할 수는 없다. 그러나 이런 방향으로 판결을 만들어가야 하고 법적 미비점을 보완해야 할 것이다.

5. 법원의 법적 판단 거부

SK사례와 같은 대주주 동일인에 의한 비상장주식과 상장주식의 맞교환 문제에 대해 법원이 취할 수 있는 태도 가운데 하나는 놀랍게 들릴지 모르지만 이 문제에 대해 법적 판단을 거부하는 것이다. 물론 이것은 이번 사건과 관련하여 검찰이나 법원이 취한 태도가 아니지만 고거 법원은 이런 문제에 대한 판단 자체를 거부해 왔다.(전삼현, 2003 4) 이것은 법원이 현재처럼 대주주가 주식맞교환을 통해 세법에 따라 비상장주식의 가격을 평가하고 이를 상장주식과 교환함에 따라 소액주주들의 재산권이 침해될 소지를 열어둔 채 그런 가능성이 주가에 영향을 미치도록 하는 셈이 된다. 즉, 주주들이 대주주의 그런 행동을 취할 가능성을 염두에 두고 주식을 사도록 하는 셈이다.

이렇게 될 때 앞서 이미 지적한 것처럼 주주총회, 이사회 등에서 주주들은 다양한 목소리를 낼 것이고(voice), 이것을 들어주지 않으면 어런 문제가 없는 다른 주식으로 옮겨갈 것이다(exit). 보도에 의하면 SK(주)의 대주주인 "소버린자산운영"측에서 사외이사를 SK(주) 이사회에 임명하는 것을 최 회장측과 협상하고 있다고 하는데 이것이 성사된다면 비판의 목소리(voice)가 일정한 결실을 보는 것으로 이해할 수 있을 것이다.

만약 이런 비판적 요구들이 묵살되어 많은 주주들이 이 주식을 팔게 되면 그 회사의 주식 가격이 떨어져, 대주주가 가장 큰 피해를 입게 될 것이다.[29] 말하자면 주식의 가격 인하가 재산권 침해가능성을 우려하는 소액주주들을 배려하지 않는 대주주를 간접적으로 벌하는 것이다. 시장의 벌칙은 보기보다 엄격하다. 그래서 대주주는 자신이 보유한 주식의 가치가 하락하지 않도록 협상에 임할 유인을 가지고 있다.[30]

법원이 재판을 다시 하급심으로 회부시켜 판결 자체를 거부하는 방식의 해결법은 나름의 장점을 가지고 있다. 과거 SK와 유사한 방식을 결행했던 많은 다른 비상장주식의 거래 관행에 대해 법원이 묵인하거나 판단을 거부했던 사례들과 "법 앞의 평등"을 맞출 수 있다.[31] 아울러 세법에 규정된 대로 행한 것에 대해 그 가격산정의 문제를 다루지 않음으로써 자의적 판단을 내릴 가능성을 사전에 차단하여 법적 안정

---

29) 물론 대주주의 경영권 확보의 이득이 주식가격의 일반적 하락에 따른 손실을 상회할 가능성이 있다. 일단 최대의 주식을 가진 대주주가 주식시장에 내다팔 때 입을 커다란 손실이 이런 경우가 드물도록 할 것이고 이런 문제로 인해 "소버린자산운영"과 같은 투자회사들로부터 커다란 저항을 받을 수 있고 이런 소문으로 인해 차후 투자자들의 외면에 직면하게 될 수 있다. 그러나 이런 가능성은 존재하므로 이에 대한 연구가 필요하다.
30) 소액주주들이 대주주가 그런 행위를 할 가능성을 충분히 인지하고 있음에도 불구하고 그런 가능성 때문에 그만큼 가격이 낮아진 주식을 보유할 수도 있다. 이런 보호의 수준과 주가는 일정한 비례관계를 가질 것이기 때문이다. 만약 이런 경우라면, 대주주에 의한 주식맞교환으로 인해 소액주주의 재산권이 침해되었다고 주장하기는 상대적으로 어려워진다.
31) 물론 이와 관련 이사회를 제대로 개최하지 않은 부분에 대한 책임을 물을 수 있을 것이다.

성을 유지할 수도 있다. 판결의 거부는 바람직하지 않은 것으로 비칠 수 있고 가장 인기를 얻을 수 없는 정책방향이지만 "자발적 거래"에 상당하는 요건이나 절차가 무엇인지 스스로 합의를 도출하라는 신호를 보내는 것이기도 하고 만약 이런 합의를 도출하기 위해 지나치게 많은 거래비용이 소요된다면 자원의 절약이라는 측면에서 이런 방식이 더 선호될 수도 있다.

V. 결론

이 글의 논의를 통해 비상장주식의 평가 문제와 관련하여 우리는 "객관적인" 가격이 존재하지 않으며 주식가격은 이중적으로 간주관적 (inter-subjective)이고 비상장주식은 그나마 그런 간주관적인 가격조차 형성되지 않은 경우가 많기 때문에 법원은 "정당한 비상장주식의 가격"을 결정할 수 있는 능력이 없으며, 이런 식으로 문제를 해결하려그 할 경우 원래 의도와는 달리 분쟁의 소지를 키울 수 있다.

자발적인 거래의 경우에는 어떤 경우건 제3자가 거래대상의 가치를 거래당사자들이 어떻게 평가하든 간섭할 필요가 없고 그래서 "객관적 평가방법"이라는 신기루를 쫓지 않아도 된다는 점을 고려할 때 비상장주식의 평가 문제도 결국 대주주에 의한 거래를 어떻게 "자발적 거래"에 상당하는 것으로 볼 수 있게 하는가에 초점을 맞추어야 한다.

재경부나 증권거래위원회, 금융감독원 등에서는 하루 빨리 이와 유사한 분쟁사태가 재연되지 않도록 하기 위해 어떤 요건들을 "자발적 거래"에 상응하는 것으로 볼 수 있는 것인지에 대한 정책을 강구하여야 한다. 이런 정책을 강구함에 있어 앞서 우리가 검토한 원칙들과 방안들을 보다 진지하게 검토해야할 것이다. 이런 분쟁을 최소화하기 의

해 나름대로 방안을 강구함에 있어서도 다음과 같은 구절을 음미해볼
필요가 있다.

"재산권의 경계를 잘 만들면 이웃을 평화롭게 한다."
(A good fence makes good neighbors)

< 참고문헌 >

김이석, 「새로운 기업경영 룰의 動因과 方向」 서평.
마리나 휘트먼 저, 조명현 역, 「변화하는 미국경제, 새로운 게임의 룰」, 『에
　　　머지』, 2001. 5월호.
김정호, 「비상장주식 평가는 주총에 물어라」, 『에머지』, 2003년 4월호.
민경국, 『시장경제의 법과 질서』, 자유기업원, 1997. 7.
신광식, 「비상장주식 평가의 경제학에 대한 논평」, 2003. 10. 24.
조동근, 「비상장주식 평가의 경제학에 대한 논평」, 2003. 10. 24.
이스트브룩·피셀 저, 이문지 역, 『회사법의 경제학적 구조』, 자유기업센터
　　　　　1999. 10.
전삼현, 「시장행위에 대한 사법적 심사」, 『에머지』, 2003년 4월호.
전용덕, 「SK사태와 주식평가 이론」, 『에머지』, 2003년 5월호.
쿠터·알렌 저, 이종인 역, 『법경제학』, 비봉출판사, 2000. 4.
Ferguson, Roger W. "Lessons from Past Productivity Boom", remarks at
　　　the Meetings of the American Economic Association, San
　　　Diego, California, January 4, 2004.
Kim, Yisok, "The Obviation of the Coordination Problem in a Changing
　　　World," New York University Ph.D. Dissertation. 1998.
Lee, S., "Is Unfair Inside Trading Anti-Competitive?", 2003. 9. 제도연구
　　　회 월례발표 논문.
Lachmann L., *The Market as an Economic Process*, Basil Blackwell, 1986.
Mises L., *Human Action*, Henry Regnery, 1966.
O'Driscol and Rizzo, *Economics of Time and Ignorance*, Basil Blackwell,

1985.

Mahoney, Paul G., "Public and Priviate Rule Making in Securities Markets," Policy Analysis, No. 498. Cato Institute, 2003. 11. 13.

기타 인터넷상의 언론 보도 및 시민단체 보도자료 및 논평.

「비상장 주식 평가의 경제학」에 대한 논평

조동근 (명지대 교수, 경제학과)

1. 사실관계

2002. 3. 26, SK그룹 최 회장은 SK C&C로부터 SK주식 6백46만 주(5.08%)를 사들여, 자신의 SK지분을 5.2%로 높였다. SK C&C는 현금 대신 최 회장이 보유한 워커힐 호텔 주식 3백25만 주(40.7%)를 받았다. 이른바 주식맞교환이 이루어진 것이다. 이때 SK주식은 주당 2만400원(시가의 20% 할증)으로, 워커힐 호텔 주식은 주당 주당순자산가치를 적용해 4만495원(세법상 30% 할증)으로 평가되어, 워커힐 호텔 1주당 SK주식 2주의 비율로 맞교환되었다. 2002. 3. 29, SK글로벌은 공시를 통해 최 회장이 보유한 워커힐 호텔 주식 60만 주(7.5%)를 2백42억9천만 원에 인수했다고 밝혔다.

2. 검찰의 고발내용 및 SK의 입장

검찰은 최 회장이 워커힐 호텔의 주식을 전문기관의 평가 없이 실제 가치보다 2배나 고평가해 동(同) 주식을 계열사와 맞교환(SK C&C)하거나 계열사에 현금 매각(SK글로벌)함으로써 700억 이상의 부당이익을 획득했기 때문에 배임죄에 해당한다는 것이다. 반면 SK는 세법(상속세 및 증여세법)에 의거 비상장주식을 평가했으며, 감독기관(금감위)에 주식맞교환의 적법성 여부를 문의해 문제가 없다는 답변을 얻었다는 입장이다. 그리고 세법에 의한 비상장주식의 평가는 당시의 관행이라는 것이다.

3. 사실관계에 대한 증권시장의 반응

주식맞교환의 적법성 여부에 대한 법리 공방을 차치하고, 실제 이같은 맞교환을 증권시장이 어떻게 받아들였는지를 살펴보자. <그림-1>은 주식 맞교환 전후의 SK 주가추이를 나타낸 것으로, '31'은 실제 주식 맞교환이 있었던 2002. 3. 26을 의미하고 있다. 따라서 <그림-1>에서 21은 주식맞교환 10일 전을 51은 20일 후의 시점을 의미한다.

<그림-1>에서 보듯이 SK주식의 가격은 주식맞교환 직후 대체르 상승하였다. 그 이유는 무엇인가? 검찰(법원)의 주장대로 최태원 회장이 부당이득을 얻었다고 '가정'해 보자. 그러나 최태원 회장의 돈벼락(windfall profit)은 SK의 기업가치와는 무관하다. 즉 SK의 입장에서는 대주주의 지분률이 변한 것에 지나지 않기 때문이다. 따라서 지배구즈의 변화로서 설명할 수밖에 없다. 즉 최태원 회장이 SK C&C라는 비상장회사를 통해 우회(간접) 지배하던 SK를 직할(直轄)하려는 것으르 시장에 비춰졌고, "SK그룹의 울타리 보강"이라는 시장(투자자)의 인식이 주가를 끌어 올린 것으로 볼 수 있다. 간접지배에서 직접지배로의 시도는, 지배주주가 전면에 나타났다는 점에서 긍정적인 측면(책임경영)이 있다. <그림-1>에서처럼 주식맞교환을 계기로 SK의 주가가 상승했다면, 역설적으로 최 회장을 비롯해 모든 주주(소수주주)가 이득을 얻은 것이다.

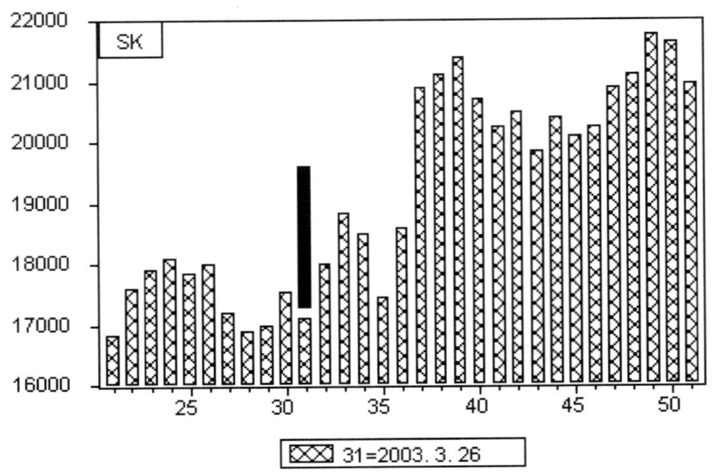

<그림-1> 주식 맞교환 전후의 SK 주가추이

　　<그림-2>는 워커힐 호텔 주식 매입 전후의 SK글로벌의 주가를 나타낸 것으로, '31'은 SK글로벌이 최태원 회장으로부터 워커힐 주식을 현금매입 한 날을 의미한다. <그림-2>에서 보듯이, SK글로벌의 주가가 하락하고 있다는 증거를 발견하기 어렵다. 만약 SK글로벌이 240억여의 현금을 동원해, 유동성이 낮은 워커힐 주식을 그것도 고가로 매입했다면 분명 주가는 내려가야 맞다. 또한 그 과정에서 소수주주는 큰 피해를 봤어야 한다. 그러나 실제는 그렇지 않았다.

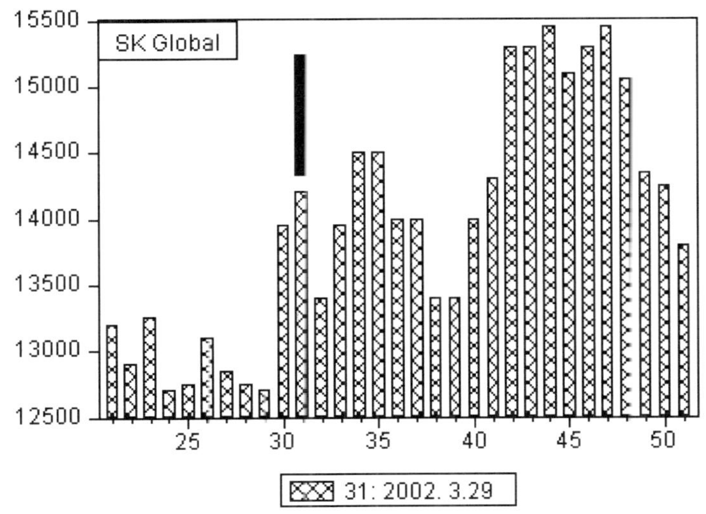

<그림-2> 워커힐 주식매입 전후의 SK글로벌 주가추이

　　그러면 그 이유는 무엇인가? 2002년 3월 당시, SK의 SK텔레콤 지분은 26.8%, SK글로벌 지분은 38.3%로서 SK는 실질적으로 지주회사의 역할을 수행했다. 이 같은 상황에서 주식맞교환과 워커힐 호텔 주식 현금 매각이 최태원 회장에서 SK로 그리고 SK글로벌로 이어지는 소유구조(또는 지배구조)의 연결고리를 보강한 것으로 '시장'에서 여겨졌기 때문이 아닌가 싶다. 증권시장의 작동이 완벽할 수는 없지만 체계적인 오류를 범하지는 않는다. 수많은 이해관계자의 이해가 반영되는 시장의 판단이 검찰과 법원의 판단보다 열등하다그 볼 수 있는 근거는 없다.

4. 몇가지 쟁점 및 법원(검찰)에 대한 반론

이하에서는 이번 재판과 관련된 몇 가지 쟁점을 추출하고 법원(검찰)의 판단에 대해 반론을 펴고자 한다. 아마도 가장 중요한 쟁점은, 다른 호텔의 주식가격을 '참고'로 할 때 최태원 회장이 워커힐 주식을 계열사간 내부거래라는 형식을 빌지 않았다면 4만여 원을 받고 시장에 팔 수 있었겠느냐는 것이다. 분명 불가능했을 것이다. 따라서 이같은 논리에 따른다면 최 회장은 부당이득을 취한 것으로 볼 수 있다. 하지만 현실은 그렇게 간단하지 않다.

예를 들어 보자. 여름철에 게릴라성 호우가(대부분 시민들이 비가 올 것을 예상치 못한 경우) 내릴 때, 지하철 출구에서 시중에서 5,000원에 팔리는 우산을 7,000원에 파는 사람을 볼 수 있다. 이것이 가능한 이유는 "같은 물리적인 우산"이라도 "상황에 따라 다른 가치"를 갖기 때문이다. 즉 우산은 '조건부재화'(contingent commodity)인 것이다. 여기서 우산가격을 정하는 판매상인에게 5,000원이라는 참고가격은 사실상 의미가 없다. 즉 판매가격과 참고가격의 차이를 이유로 부당성에 대해 판단할 수 없다는 것이다.

마찬가지 논리로, 같은 워커힐 호텔 주식이라도 이것이 누구의 수중에 있느냐에 따라 상황은 달라진다. 즉 소유하는 사람이 달라짐에 따라 달리 취급되는 '조건부재화'인 것이다. 왜냐하면 동(同)주식은 최 회장이 SK그룹의 지배구조를 공고히 하는 데 쓰일 수 있기 때문이다. 따라서 비슷한 조건을 가진 다른 호텔의 주식가격을 고평가의 잣대로 삼는 것은 문제가 있다. 그러나 이 같은 '참고 가격'이 갖는 유용성을 부정한다손 치더라도 여전히 워커힐 호텔 주식가격의 고평가라는 시비거리는 남는다.

두 번째 쟁점은 검찰이 주장한 바와 같이, 최 회장이 SK주식을 평가함에 있어 아전인수(我田引水)식의 2중 잣대를 적용했느냐 하는 점이다. 검찰은 그 근거로, SK가 회사채 발행을 위해 작성한 사업보고서에서 SK의 주당 순자산가치가 워커힐 주식의 그것보다 38%나 높게 계상되었던 점을 제시하고 있다. 이 같은 관점에서 보면, 이중 잣대를 적용한 것을 부정할 수는 없다. 그러나 주어진 법체계하에서 자신에게 유리한 방법을 찾는 것은 자연스러운 일이다. 예컨대 자동차 제조회사도 자동차를 판매할 때의 사후보장 프로그램, 즉 주행거리와 출고년도에서 "whichever comes first"라는 단서를 붙이지 않는가? 이는 국세청도 마찬가지이다.

과세당국은 상속 혹은 증여가 된 비상장주식의 과세를 극대화하기 위해 비상장주식의 가치를 높게 평가하는 장치를 마련해 놓고 있다. 과세당국의 "whichever comes first"는 순수익가치와 순자산가치 중 큰 것을 택하라는 것이다. 또한 지분률이 50%를 넘는 경우 경영권 상속이 수반되므로 경영권 상속(증여)에 대한 프리미엄으로 30%를 할증하라는 것이다. 따라서 비상장주식의 평가를 세법상에 나타난 평가 방법대로 해 세금을 내면 합법이고, 이를 그 이외의 다른 용도로 사용하면 불법이라는 것은, 정부가 민간부문에 이중잣대를 적용한 것이다.

셋째 최 회장의 배임죄가 성립하려면, 부의 편법이전 즉 소위 tunneling이 존재해야 한다. tunneling은 지배주주의 지분이 적은 쪽의 계열사를 동원해 지분이 많은 계열사를 지원함으로써 부의 편법이전(사익추구)을 도모하는 것이다. 그러나 김이석 박사가 지적했듯이, 최 회장의 워커힐 지분과 SK C&C의 지분이 거의 같기 때문에 tunneling은 아니다. 또한 최 회장의 SK글로벌에 대한 직접적인 지분도 거의 없기 때문에 역시 tunneling은 아니다.

넷째, 최 회장의 단죄를 통해 얻고자 하는 '규제익'과 '법익'이 무엇인가 하는 의문도 논쟁의 대상이 된다. 최 회장의 전횡적 경영으로, SK C&C와 SK글로벌의 소수주주들의 재산권이 침해되었다면 법은 이들의 재산권을 보호해야 한다. 그러나 최 회장이 지주회사격인 SK의 지배를 강화해 "SK그룹의 울타리"를 튼튼하게 하는 것이 시장의 긍정적인 평가를 받는 길이라면 양상은 달라진다. 그렇다고 무조건적 자본결합의 강화를 두둔하는 것은 아니다. 하지만 자본적 연결을 해체하고 독립경영의 길로 가는 것만이 주주의 이익에 부합되는 것은 아니다. 한가지 분명한 사실은 SK는 '기업집단'이라는 점이다. 따라서 지주회사 격인 SK에 대해 지배력을 강화하려는 지배주주의 의도 그 자체는 자연스러운 것이 아닐 수 없다.

검찰과 법원이 워커힐 주식가격이 4만 원대일 수 없다고 주장하였다면, 법원이 얼마가 적정가(適正價)인지를 밝히는 '입증책임'의 부담을 져야 한다. 그러나 김이석 박사가 지적했듯이, 법원의 인지적 한계(또는 제한된 합리성)로 인해 그리고 이중적 의미에서 '간(間)주간성'에 따를 수밖에 없는 비상장주식의 가격결정 속성을 감안할 때, 법원이 비상장주식의 가격에 대해 객관적인 가격을 정하는 것은 불가능한 일이 아닐 수 없다. 사정이 그러하다면 배임액의 평가도 불가능해진다. 만약 법원이 이를 가능한 일로 여긴다면, 이는 하이에크의 표현대로 치명적인 '지적 오만'이 아닐 수 없다. 어찌 보면 이번 일은 처음부터 형사적으로 접근할 사안이 아니었다.

5. SK사태 해결의 단서 및 법원의 역할

SK 주식맞교환 문제의 본질은, 비상장주식의 평가 및 맞교환에 대한 이해당사자의 '자발성의 결여'에서 비롯된 것이다. 환언하면, 검찰이 주장하듯 전문기관의 평가를 거치지 않은 것이 문제가 아니라 경영진의 의사결정과정에서 주주의 의견이 '이사회'를 통해 적절하게 반영되지 못한 것이 문제인 것이다. 즉 '절차상의 문제'인 것이다. 현실적인 이런 저런 이유로 주식맞교환이 원상회복되었기 때문에 사후약방문

(死後藥方文)이 되었지만, 문제의 해법은 '자발성'을 보완해주는 것이었어야 맞다. 예컨대 주주총회를 통한 추인 내지는 소수주주들의 주식매수청구권 인정 같은 보다 친시장적인 해법이 고려될 수 있었다.

이번 사건을 계기로 그 동안 민사상으로만 사법적 심사의 대상이 되었던 사안들이 형사상으로도 사법적 심사의 대상이 되는 선례를 남겼다. 그러나 이는 결코 바람직하지 않다. 법원의 최종 판단이 내려지기 이전이므로, 이(형사문제화)에 대한 신중한 접근이 요구된다. 따라서 향후 법원의 역할은 비상장주식 거래의 '자발성'의 조건을 명확히 해 주는 쪽으로 조율되어야 한다. 구체적으로 자발적 거래로 간주될 수 있는 요건을 정관에 명시토록 하고 감독기관으로 하여금 정관을 심사케 하면 된다. 그런 연후에 경영자의 결정에 대한 이사회의 실질적 통제가 이루어질 수 있도록 이사회의 책임을 물으면 된다. 검찰이 물리적 강제력을 행사하는 것만이 능사가 아니다. 하이에크는 '만들어진 법'(legislation) 이전에 행동준칙에 부합되는 최소한의 법치(rule of law)를 주장하였다. 실정법의 해석에 있어 경영행위의 본질에 대한 성찰이 필요하다고 판단된다.

「비상장 주식 평가의 경제학」에 관한 논평

신광식 (KIM & CHANG)

이 글의 논지는 무릇 재화의 "객관적인" 가격이란 존재하지 않으며 비상장주식은 "이중적으로 간주관적"인 가격조차 없기 때문에 법원 등 제3자가 객관적 평가방법이나 "정당한 가격"을 찾는 것은 "신기루"를 쫓는 것인바, 비상장주식 거래에 대한 법적 판단은 거래가격의 적정성이 아니라 "자발적 거래"의 요건 확립에 초점을 맞추어야 한다는 것이다. 비상장주식의 가치 평가의 문제는 SK사건뿐 아니라 공정거래법 상의 부당 지원행위 규제에서도 주요 쟁점이 되고 있다. 외환위기 이후 기업지배구조에 대한 인식이 높아지고 소수주주권이 강화됨으로써 향후 비상장주식의 거래를 둘러싼 분쟁은 다양한 형태로 더 빈발할 것이다. 따라서 이 문제에 대한 올바른 인식과 정책적 대응은 매우 중요한 과제이다.

비상장주식의 '객관적 가격' 평가의 어려움을 감안할 때, 법원이 거래가격의 적정성에 대한 판단을 피하고 거래의 자발성 요건을 확립·적용해야 한다는 주장은 상당한 설득력이 있다. 그렇지만 이에 대하여 몇 가지 비판과 반론이 제기될 수 있다.

첫째, SK 주식거래가 문제시되는 이유와 그 핵심 쟁점을 명확히 할 필요가 있다. SK 주식거래는 "동일인의 거래"이기 때문에 대주주 경영자의 사익추구 행위라는 의구심을 초래할 수 있으며, 그래서 거래가격의 적정성이 논란거리가 되고 있다. 이런 경우에 위법성 판단의 기준이 되는 "객관적" 가격이란 동일 거래가 독립된 자 간에 이루어졌을 경우에 형성되었을 가격(marketable price)을 뜻하는 것이다. 따라서 유의한 질문은 "워커힐 호텔 주식을…시장에 내다 팔았을 때, 4만 원을 받을 수 있었겠는가?"이다. 주식거래 관련 분쟁에서 우리가 알고자 하는 것은 거래 당사자들이나 시장참여자들의 "주관적 가치평가"가 아니라 당해 주식의 시장기회, 즉 arm's-length transaction의 가격이다.

둘째, 저자는 소수주주의 재산권 침해 여부를 판단하려면 비상장주식의 "가치에 대한 추정이 불가피"한데, 시장가격은 간주관적 성격을 띠므로 "법원이 모든 시장참여자들의 가치평가와 그 변화에 대해 미리 알지 못하는 한, 다시 말해 전지하지 않은 한" 평가의 "객관적 방법을 찾으려는 노력은 무위로 끝날 수밖에 없는 바", "법원이 취할 수 있는 최선의 방법은 이런 문제의 회피"라고 주장한다. 그러나 시장에서의 arm's-length transaction price는 개별 주체가 "머리 속으로 평가하는" 가치가 아니며, 따라서 이를 평가·추정하기 위하여 법원이 "개별 주체들이 머리 속으로 평가하는" 가치를 알 필요는 전혀 없다. 시장가격, 즉 시장에서의 거래·교환의 조건은 "시장 참여자들의 주관적 평가"가 반영된 것이지만 개별 거래자의 주관적 평가를 나타내는 것은 아니다. 개별 주체에게 시장가격은 거래·교환할 수 있는 비율로서 개별 주체의 주관적 평가가 무엇이든 거래하고자 할 경우에 따르는 조건이며, 수요와 공급의 여건에 의해(독점자에게 조차) 주어져 있다는 점에서 '객관적'이다. 저자는 시장 참여자들이 달라지거나 또는 시장참여자들이 동일해도 이들의 미래에 대한 예상이 달라지면 다른 가격이 형성될 수 있다는 의미에서 주식시장에서 형성되는 가격은 "이중적으로 간주관적"이며 따라서 "시장에서 형성되는 그 어떤 가격이든 그것을 객관적 가격이라고 부를 수 없다"고 하고 있는데, 이 주장은 수요와 공급의 변화에 따라 시장가격이 달라진다는 'simple truism'을 기술한 것일 뿐이다.

셋째, 개별 주체에게 시장가격은 원하는 경우에 거래·교환할 수 있는 비율이다. 비상장주식은 상장되어 있지 않기 때문에 시장가치를 평가하기가 어렵지만, 그렇다고 해서 가격의 간주관성 때문에 "원천적으로 불가능하다"고 할 수는 없다. 나아가 저자는 "평가가 불가피한 경우"를 인정하고 있는데, 현실적으로 "평가가 불가피한 경우"의 분쟁은 저자의 생각보다 훨씬 더 많다고 판단된다. 예컨대, 대주주 경영자의 주식거래와 관련하여 민사소송이 제기되면 법원은 위법성, 손해발생 여부, 손해액 등을 결정해야 하므로 주식의 가치평가 문제를 피할 수 없다.거래가격의 적정성이 문제가 되는 상황에서 법원에 대하여 비상장주식의 arm's-length transaction price를 정확히 결정하라고 요구할 수는 없다. 어떤 분쟁에서든 법원이 완벽한 정보를 갖고 판단하는 것은 아니다. 법원뿐 아니라 우리 모두가 불완전한 정보와 인지적 한계를 갖고 있는 것이다.

경제환경의 변화에 따라 새로 경제주체들의 권리와 책임이 설정되어야 할 영역과 활동이 많아진다. 이러한 수요에 부응하여 경제활동과 관계가 효율적으로 규율되도록 하는 것이 법원의 책임이자 역할이다. 법원은 주주들 간의 이해상충 등 기업지배구조 문제에 대하여 경제적 합리성을 갖는 법리를 확립해나가야 한다. 이러한 노력에서 특히 다음 사항을 유념할 필요가 있다.

1) 기업의 지배구조와 경영은 본질적으로 사적 자치의 영역에 속하는 문제로서, 이해관계자들 간의 권리행사와 책임부과에 의해 규율되도록 해야 한다. 정부의 재량적 규제나 개입이 이루어지면 경영자들은

주주보다는 관료나 정치인들의 승인을 받고자 하며 주주들이 적극적인 권리행사의 인센티브를 상실하는 등 심각한 왜곡이 발생하게 된다. SK 주식거래 사건에서 제기되는 근본적인 문제는 비상장주식의 가치평가의 불가능성이 아니라 주주들 간의 잠재적 이해상충의 문제에 공권력이 개입하는 것이다. 법의 공적 집행은 외부효과 등으로 사적 권리행사의 인센티브가 충분치 못한 경우로 국한되어야 하며, 특히 경제활동에 대한 형사적 법집행은 'clear and purposeful violation'의 요건이 충족되는 경우에만 이루어져야 한다. 비상장주식 거래의 경우처럼, 법이 불분명하고(The state of law is unclear) 확인하기 어려운 사실적 이슈들(예컨대, arm's-length transaction price)이 있는 경우에, 형사적 법집행은 부적절하다. 더구나 세법상의 기준을 따르는 것이 합법적이라고 인식되어왔고 달리 위법성 기준이나 법리가 확립되어 있지도 않은 상황에서 형사적 법집행을 시도하는 것은 법적 불확실성만을 초래하여 기업활동을 크게 위축시킬 위험이 크다.

2) 경영권의 정도 및 시장성의 정도와 주식가치 간의 관계에 대한 이론과 실증적 증거들이 존재한다. 그래서 어느 누구도 비상장주식의 시장가치를 정확히 예측할 수는 없지만 주식가치에 대한 경제·경영학적 지식과 가용 증거를 토대로 법률적 문제(비상장주식 거래가격의 위법성)에 대한 합리적인 판단을 할 수는 있다.

회사 주식의 일정 지분의 가치는 (회사 전체의 가치×지분비율)이 아니다. 미국 연방대법원은 오래 전에 주식의 가치와 회사의 자산가치 간에 괴리가 있다는 것은 분명하게 인정하였다.[1] 주식의 일정 지분의

---

1) "회사의 자본스톡 순자산, 그리고 주식지분은 전혀 다른 것이다… 어느 하나의 가치와 다른 것의 가치간에는 아무 고정된 또는 필요한 관계가 없다." (The capital stock of a corporation, its net assets, and its shares of stock are entirely

가치가 (회사 자산가치×지분율)과 같지 않은 것은 여러 요소들에 의거한 가치의 할증(premium) 또는 할인(discount)이 이루어지기 때문이다. 무엇보다 중요한 것은 주식지분이 갖는 경영권의 정도(degree of control) 및 시장성의 정도(degree of marketability)에 따른 가치의 할증 또는 할인이다. 주식지분이 갖고 있는 경영권의 가치를 반영한 할증을 '경영권 프리미엄'(control premium), 반대로 경영권 결여에 따른 불이익을 반영한 할인을 '소수지분 할인'(minority discount)이라고 한다. 비공개기업의 소수지분은 지배지분(controlling interest)보다 유동화(liquidation)가 훨씬 어렵기 때문에 소수지분에 대해서는 시장성의 결여에 대한 가치의 할인도 이루어진다.

주식가치를 평가할 때 가치의 할증이나 할인을 하려면 먼저 어떤 가치의 기준 내지 정의가 선정되어 있어야 한다. 그러한 가치의 기준으로 공정 시장가치(fair market value), 투자 가치(investment value), 공정 가치(fair value) 등이 있는데, 가치의 기준은 평가의 목적에 따라 선택된다. 투자 가치란 특정 투자자의 자본비용, 위험인식 등 제반 특성을 고려할 때 주식이 특정 투자자에 대하여 갖는 가치를 말한다. 주식의 소유가 어떤 투자자에게 특별한 의미를 가질 수 있기 때문에 소수지분의 투자 가치는 공정 시장가치와 같을 수도 있고 다를 수도 있다. 공정 가치는 보통 법률에서 규정한 가치의 기준을 지칭하는데, 경우에 따라 달라진다는 문제가 있다. 공정 시장가치(fair market value)는 공개시장에서 정상적 동기를 가진 투자자들 간에 일어날 것으로 기대되는 거래(arm's-length transaction)의 가격이다. 재무이론에서 공정 시장가치는 '소수주주에게 기대되는 미래 현금흐름의 현재가치'(present value of expected future cash flows to minority equity holders)를

---

different things...The value of one bears no fixed or necessary relation to the value of the other. Ray Consol, Copper Co. v. United States, 45 S.Ct. 526, 1925.

뜻하는데, 이것이 공개시장에서 정상적 동기를 가진 투자자들 간에 일어날 것으로 기대되는 소수지분의 거래가격이다.

공정 시장가치의 기준 하에서 소수지분 가치할인 또는 경영권 프리미엄의 크기를 평가하는데 도움이 되는 상당 양의 실거래 자료들이 있다. 이를 보면 대략 비공개회사의 경우에 소수지분의 가치는 지배지분에 비하여 40% 낮으며 다시 유동성 결여에 대하여 추가적으로 40% 할인되어 지배지분의 가치로부터 총 64% 할인이 되는 것으로 나타난다. 소수지분의 가치할인 40%는 지배지분의 경영권 프리미엄이 소수지분 가치의 2/3에 달한다는 것을 뜻한다. 이에 비추어 보면, 워커힐 호텔 주식의 가치할증이 과도하다고 할 수 없다.

경영권을 갖는 주주는 경영권이 없는 주주가 누릴 수 없는 여러 권리들을 행사할 수 있다. 그래서 경영권은 별도의 가치를 갖게 되는데 이를 '경영권 프리미엄'이라 한다. 경영권 프리미엄은 경영권을 획득하려는 자가 소수주식의 시장 거래가격에 더하여 기꺼이 지불하려는 금액으로 평가될 수 있다.[2] 경영권 프리미엄의 크기가 얼마이든 경영권을 갖는 지배주식의 가치=(경영권이 없는 소수주식의 시장가치+경영권 프리미엄)이라는 등식은 항상 성립한다. 일반적으로 경영권 프리미엄에 관한 연구들은 인수·합병 발표 전의 소수지분의 시장 거래가격과 인수·합병시의 거래가격(즉 경영권 지분의 거래가격)에 관한 자료를 수집하여 양 가격을 비교함으로써 경영권 프리미엄 또는 소수지분 할인을 측정한다. 미국의 Mergerstat Review Research Department가 수집한 자료의 분석결과를 보면 1994년의 경우 경영권 프리미엄의 평

---

2) Houlihan, Lokey, Howard & Zukin(1995, p.1)은 경영권 프리미엄을 다음과 같이 정의하고 있다: "회사를 경영할 수 있는 지분을 확보하기 위하여 소수주식의 가격(즉 신문지상에 나타나는 가격) 위에 추가로 지불하려는 금액" (the additional consideration that an investor would pay over a marketable minority equity value (i.e., the Wall Street Journal price) in order to own a controlling interest in the common stock of a company).

균치는 41.9%, 중위치는 35%이었다. 중위 프리미엄 35%를 (경영권 주식 매수가격으로부터의) 소수지분 할인으로 전환하면 26%가 된다. Houlihan, Lokey, Howard & Zukin(HLHZ)의 자료에 의하면 경영권 프리미엄의 평균치는 41.8%, 중위치는 31.9%이다.

　비공개기업의 소수지분을 처분하는 어려움은 지배지분의 경우보다 훨씬 크다. 모든 다른 조건들이 동일하다면 주식은 쉽게 매매되는 경우에 더 가치가 있으며, 그렇지 못하면 가치가 적다. 그래서 비공개기업의 주식가치를 평가하려면 주식의 시장성 정도가 주식가치에 미치는 영향을 측정해야 한다. 주식의 시장성은 유동성, 즉 얼마나 빨리 그리고 확실하게 소유자가 원할 경우 현금으로 전환할 수 있는가의 문제이다. 비공개회사의 소수지분에 대한 유동성 결여에 따른 할인은 비공개회사 주식의 상장전 판매가격과 최초 상장가격의 비교에 의거해 측정될 수 있다. Robert W. Baird & Company라는 미국의 투자은행회사(investment banking firm)가 비공개회사 주식의 상장전 거래가격(공정시장가격)과 최초 상장가격을 비교한 결과, 비교대상이 된 173건의 거래에서 평균 할인율은 47%, 중위 할인율은 46%로 나타났다.

　일반적으로 비상장주식은 상장주식보다 경영권 프리미엄의 할증이 크고 소수지분의 시장성 결여에 따른 할인도 이루어지기 때문에 소수지분과 지배지분 간의 가치의 차이가 더 크다.이것이 워커힐 호텔 주식과 SK(주) 주식의 할증율이 달라야 하는 경제적 이유일 것이다.

기업, 회계, 회계제도 개선방안[*]

박양균
(자유기업원 선임연구원)

[*] 이 글은 2003년 10월 24일 하이에크 소사이어티에서 발표한 원고를 수정 보완한 것이다. 유익한 논평을 허주신 강위석 선생님, 안재욱 교수, 황인학 박사께 감사드린다.

Ⅰ. 서론

　회사에 있어 회계란 간단히 말하면 기업의 살림살이를 기록해 놓은 장부를 말한다. 그러나 이것은 단순히 기업의 수입 지출을 나타내는 부기를 의미하는 것이 아니라 기업의 자금의 흐름, 재무상태, 경영성과, 그리고 각 계약자들과의 거래 등 각종 정보를 기록해 놓은 것을 말한다. 통상 주식회사는 자체적으로 회계장부를 작성하지만 외부 감사기관인 회계법인의 감사를 받아 금융감독위원회와 증권거래소에 감사보고서를 제출한다. 회계사는 기업과 계약관계를 통해 이러한 서비스를 제공한다. 이렇게 작성된 보고서는 투자자들이 해당 기업에 투자할지 여부를 결정하는데 필요한 자료로 사용된다. 또 주주는 이러한 보고서를 통해 그 기업이 잘 운영되고 있는지를 판단하는 근거자료로 사용하며, 각 계약 주체들, 즉 주주, 종업원, 채권자, 제품공급업자 등은 그 회사에 계약을 체결함에 있어 참고 자료로 사용한다. 즉, 시장 참여자들은 이 정보에 기초하여 자본을 어디에 투자할지, 또 계속 투자할 것인지, 어떤 상품을 생산할 것인지 등의 의사결정을 한다. 따라서 회계보고서는 신뢰성 여부는 자원이 효율적으로 배분될 수 있도록 하는 매개체가 된다는 점에서 매우 중요하다.

　외환위기 이후 기업의 연쇄도산으로 인해 기업들의 회계 관행이 우리 사회의 화두로 등장했으며, 정부는 기업투명성 제고를 위해 지속적으로 제도 개선을 추진해 왔다. 지배구조를 개선한다는 명목으로 사외이사제도, 감사위원회제도, 주주대표소송 요건완화, 공정공시제도, 증권집단소송 제도 등을 도입했다. 많은 분야에서 규제완화가 추진되었으나, 기업관련 규제는 투명성 제고라는 명목하에 더욱 강화되었다. 그 결과 한국의 기업지배구조와 회계기준은 글로벌 스탠다드에 매우 근접해졌다.

그럼에도 불구하고 많은 사람들은 아직도 우리나라 기업투명성은 국제수준이하라라며 더욱 더 규제를 강화해야 한다고 주장하고 있다. 특히 최근 SK그룹의 분식회계와 정치비자금 사건을 계기로 그러한 주장은 설득력을 얻어 가고 있다. 그러나 기업들의 회계 불투명성 문제는 우리나라 기업들만의 문제가 아니다. 기업이 존재하는 나라면 모두 발생하는 문제이다. 미국과 유럽의 회계부정 사례는 그러한 사실을 입증한다.

미국은 2001년 이후 발생한 Enron사와 Worldcom사 등의 분식회계 사건으로 인해 2002년 7월 회계개혁법(Sarbanes-Oxley Act)을 제정했다. 한국 정부도 미국의 회계개혁법안을 참고하여 회계 관련법을 개정하였다. 정부가 개정한 회계 관련법은 CEO/CFO 인증제도와 감사의 독립성 강화, 그리고 회계법인은 비회계감사 서비스 제한 등을 담고 있다. 그러나 회계제도를 강화한다고 해서 분식회계 문제가 해결될 것 같지는 않다. 이글에서는 회계를 이해하기 위해서는 먼저 기업이 무엇인지 살펴보아야 하며, 다음으로 회계가 무엇이며, 그 기능과 역할은 무엇인지 알아본다. 그리고 정부가 개정한 회계제도 관련법의 내용은 무엇이며, 그 안에 대한 평가를 내리고 결론을 맺는다.

II. 기업과 회계

1. 기업이란 무엇인가?

먼저 회계가 무엇인지 알기 위해서는 기업이 무엇인지 살펴보아야 한다. 많은 사람들은 기업을 소수의 지배주주가 다수의 소액주주들을 착취하는 체제로 이해하고 있다.[1] 따라서 지배주주의 소액주주에 대한 착취를 방지하기 위해 규제를 더더욱 강화해야 한다고 생각하고 있다.

그러나 이러한 주장은 두 가지 의문에 대해 명쾌한 답을 하지 못한다. 첫째, 왜 기업이 자발적으로 발생하느냐는 것이다. 둘째, 왜 기업들이 주식회사 형태를 취하느냐는 것이다. 만약 소수의 지배주주가 다수의 소액주주들을 착취한다면, 사람들은 어느 누구도 소액주주가 되려하지 않을 것이며, 주식회사에 투자를 하지 않을 것이다. 그러나 실제로 많은 사람들은 주식시장에 투자를 하며 기꺼이 소액주주가 되고 있다. 그리고 대부분의 회사가 주식회사 형태를 띠고 있다.[2] 1980년 회사 수는 26,600개였으며, 이 중 주식회사가 차지하는 비중은 20,338개로 76.61%를 차지하고 있다. 2001년에 회사 수는 272,382개로 증가했으며, 그 중 주식회사가 차지하는 비중은 258,668개로 대다수인 94.97%를 차지하고 있다. 이러한 사실은 주식회사가 다른 어떤 조직보다 더 효율적이었으며, 높은 수익을 가져다주었고, 투자자들에게도 이익이었음을 의미한다. 만약 주식회사가 그렇지 못했더라면 주식회사는 사라졌을 것이기 때문이다.

코즈(Coase)는 이러한 질문에 답을 제시하고 있다.[3] 코즈는 자유시장경제에서 왜 기업이 생성되는지에 대해 의문을 제기했다. 경제활동을 조직하는 방법은 크게 두 가지 방법이 존재한다. 하나는 시장거래를 통한 방법이고 다른 하나는 기업이라는 조직을 통한 방법이다. 먼저 시장거래를 통한 방법은 기업가가 제품을 생산하기 위해 필요한 모든 사람과 계약을 통해 물건을 생산하는 방식이다. 예를 들어 기업가가 연필을 생산한다고 해보자. 기업가는 먼저 연필 생산하기 위해 필요한 원자재를 벌목공과 계약을 통해 목재를, 광산 채굴업자와 계약을

---

1) 이러한 사고의 기원은 Berle and Means이다. 이들은 The Modern Corporation and Private Property에서 소유와 경영의 분리로 인해 주주들의 무력함을 주장했다. 이러한 사고는 현재 한국 회사법의 주류를 이루고 있는 실정이다.
2) 김정호, 『사재출연, 강박, 유한책임』, 자유기업원, 신회사법 시리즈 15, 2002. 통계청, 사업체 기초통계조사보고서. 국세청, 국세통계년보 참조.
3) Ronald Coase, "The Nature of the Firm", 4 Economica 1937.

통해 흑연을 공급받고, 또 그 목재와 흑연 등을 공급 받는다. 또 이 원자재를 기차나 트럭으로 운반하기 위해 운송사업자와 계약을 맺으며, 공급받은 원자재를 가공하기 위해 가공업자와 계약을 맺으며, 연필 생산에 필요한 기술, 장비 제공업자들과 계약을 맺는다. 또 생산된 연필을 판매하기 위해 판매업자와 계약을 맺는다. 이러한 시장거래를 통한 방법은 제품을 생산하는 모든 과정이 계약에 의해 해결된다. 그러나 이 방식은 계약 당시 계약당사자들에게 세부 조건을 자세히 명시해야 한다. 또한 예기치 않은 사건 발생으로 인해 계약 변경이 필요할 경우 재협상을 해야 하며, 계약당사자들이 많아 감시하기 매우 어려우며, 이들이 기업가의 말을 잘 듣지 않을 가능성이 존재한다.

또한 시장 거래는 생산을 조직하는데 가격의 탐색비용이 발생한다. 원자재의 가격이 어느 곳이 싸고 품질이 어디가 좋은지 그리고 연필 수요는 어느 정도나 되는지, 경쟁업체의 제품은 어떤 것이 있는지 등 등 이러한 정보를 수집하는 데 거래비용이 발생한다.

다음으로 시장거래를 대체할 수 있는 기업이라는 조직을 통한 방법이다. 기업가는 일일이 계약을 통해 제품 생산에 필요한 것을 조달하지 않고 기업이라는 조직을 만들어 직접 제품 생산에 필요한 사람들을 고용하는 것이다. 고용자와 피고용자와의 관계는 쌍방간에 계약관계라는 점에서 시장거래와 다를 바 없다. 그러나 종전 시장거래에서는 기업가와 계약자 사이에 명령 복종관계가 성립하지 않았지만 조직 내에서는 명령 복종관계가 성립하게 되며 고용계약기간 동안 지속적인 관계가 성립하게 된다. 따라서 각 개별경제주체들과 시장거래를 할 때마다 계약하는 번거로움이 사라져 거래비용을 줄일 수 있으며, 이 거래비용이 내부 조직에 의한 비용보다 크다면 시장보다는 내부조직을 이용할 것이다.

2. 계약의 복합체로서 회사

만약 갑이 자동차 회사를 운영한다고 하자. 먼저 갑은 회사를 운영하기 위해서 종업원들을 고용해야 한다. 종업원들은 회사에 노동력을 제공하는 대신 그에 대한 반대급부로 임금을 지급 받는다. 종업원만 있다고 해서 자동차 회사가 운영되는 것은 아니다. 자동차 생산을 위해 많은 부품들이 필요하다. 이 회사는 부품공급업체들로부터 자동차 생산에 필요한 부품을 조달하고 그에 대한 대가를 지불한다. 또 갑은 자신이 직접 회사를 경영할 수도 있지만 경영진을 고용한다. 그들은 이 회사에 경영기법을 제공하고 그에 대한 보상으로 급료, 보너스 등의 보상을 지급받는다.

그러나 갑이 자동차 회사를 운영하기 위해서는 많은 비용이 들어간다. 종업원들에게 임금을 지불해야 하고, 또 부품공급업자들에게 대금을 지불해야 하며, 신규투자를 위한 연구개발 등을 해야 하기 때문이다. 따라서 갑은 회사는 가지고 있는 자본금만으로 회사를 운영하기는 어렵다. 이때 기업이 자금을 조달할 수 있는 방법은 주식시장에서 신주를 발행하는 방법, 금융시장으로부터 차입하는 방법 등이 있다. 갑은 자본을 투자한 주주들에게는 배당금이나 잔여이익청구권을 지급한다. 또 돈을 빌려준 채권자에게 이자, 원금을 지급한다. 이 회사는 또 주식시장에 상장되어 거래 될 경우 매년 사업보고서를 제출해야 한다. 그러기 위해서는 회계사를 고용하여 감사보고서에 대한 의견을 받아야 한다. 그리고 매년 법인세를 국가에 납부해야 한다. 이러한 사실을 고려해 볼 때 회사는 일종의 계약의 집합체(The Nexus of Contracts)이다<표-1 참조>.

계약주체	기 여	권 리
주주	자본(주식)	배당금, 잔여이익청구권
경영자	경영기법	급여, 보너스, 특별 상여
종업원	기술, 노동	급여, 임금, 특별 상여
부품공급자	제품, 부품, 서비스	현금
고객	현금	제품, 서비스
채권자	자본(채권)	이자, 원금
정부	공공재	세금
감사	감사서비스	감사 수수료

<표-1> 계약 주체별 기여와 권리

3. 기업과 회계

회계란 쉽게 말하면 개인이나 기업의 살림살이를 기록해 놓은 장부를 말한다. 회계는 조직이나 기업 규모의 크기에 따라 그 유형이 달라진다. 개인 기업의 경우 회계장부에 표시해야 할 정보가 많지 않지만, 대규모 기업의 경우 회계장부에 표시해야 할 정보들이 많기 때문이다.

예를 들어보자.[4] 갑이 식당을 운영하려 한다고 하자. 그는 우선 식당 운영에 필요한 자금조달을 위해 자신이 모아 놓은 돈이나 아는 지인 혹은 금융기관으로부터 자금을 빌릴 것이다. 이 돈으로 그는 식당을 운영할 장소를 물색하고 상가를 임대할 것이다. 그리고 음식을 만들기 위한 재료를 매주 시장이나 도매상으로부터 현금이나 외상으로 구매할 것이다. 또 그는 음식을 만들기 위해 주방장을 고용하고 손님들에게 서비스를 제공하기 위해 종업원들을 고용할 것이다. 이때 갑의 회계 정보를 필요로 하는 곳은 기껏해야 조세를 부과해야 하는 정부나

---

4) Shyam Sunder, *Theory of Accounting and Control*, South Western, 1997, 2장의 내용을 참고하여 보완 정리한 것이다.

돈을 빌려준 금융기관에 한정될 것이다. 그 외 다른 경제주체들은 이 기업과 교환거래를 하는데 있어 회계 장부에 의존하지 않을 것이다. 따라서 갑은 손익을 계산하기 위해 수입과 지출을 표시하는 거래를 기록하는 장부를 만들 것이다. 아마도 주인의 기억력이 우수하다면 장부조차 만들지 않아도 될 것이다. 갑은 매달 세금을 납부하고, 차입한 이자를 금융기관에 지급하고, 종업원들에게 급료를 지불하며, 임대료를 납부할 수 있으면 되기 때문이다. 특별한 경영진이 존재하지 않고, 소유지분이 개인에 국한되어 있는 이러한 형태의 조직은 가장 오래된 형태이며 오늘날에도 수없이 많다. 이러한 형태의 회계는 부기에 해당하며 고전적인 회계 모형이다. 따라서 이러한 부기에는 어떤 거래를 누구와, 왜, 어떤 방식으로 했는가에 대한 논리적인 탐구과정이 없다. 단순히 장부에 기록하고 요약하는 기계적 과정만 반복만 있을 뿐이다.

만약 이 식당이 번성하여 규모가 커져 체인점을 만든다면, 주인 혼자서 모든 업무를 수행할 수 없게 된다. 이러한 기업은 소유지분이 몇몇 소수에 집중되지만, 조직은 분권화되고 각각 체인점을 운영할 경영진을 갖게 된다. 이러한 형태의 기업에서 여전히 수입 지출을 표기한 고전적 회계인 부기가 필요하지만, 그것만으로 부족하다. 이러한 조직에는 체인점을 운영하는 경영진이 포함되어 있기 때문에 경영진이 회사의 성과에 얼마나 기여했는지를 측정해야 한다. 또한 이 기업을 통제(control)하기 위해 보다 더 복잡한 회계 시스템이 요구된다. 이러한 조직의 회계 보고 대상은 내부정보이용자들인 소유주들이다. 이들은 수시로 사업성과를 조사하여 평가하려 할 것이다. 그러기 위해서는 회계정보는 경영진이 주어진 자원을 최대한 활용하여 경영책임을 완수했는지 등의 정보를 제공해야 한다.

이 기업이 주식시장에 공개된 회사로 발전한다면 앞에서 말한 부기나 관리회계로는 부족하다. 이 기업은 외부에 투자자들에게 회계정보

를 공시해 줘야 한다. 이 정보는 회사 자체에서 제공하는 것 보다는
외부 감사인으로부터 정보의 질에 대해 평가를 받아 각종 정보를 제공
한다. 투자자들에게 제공하는 정보가 믿을만하다는 것을 알려주기 위
함일 것이다. 회사가 작성한 정보의 질에 대해 검증할 제3자가 있다는
것이 바로 재무보고의 특징이다.

	부 기	관리회계	재무회계
조직 규모	개인	중소규모 비공개회사	공개된 주식회사
보고대상	–	내부정보이용자(경영자)	– 의부정보이용자
			– 투자자, 채권자
보고시기	–	수시 및 내부보고	정기보고
보고서 형식	–	정해진 기준 없음	기업회계기준
보고서 내용	–	정해진 기준 없음	기업회계기준
특징	절차적, 기계적	판단적, 재량적	판단적, 재량적
법적 강제	없음	없음	있음

<표-2> 조직 규모에 따른 회계의 비교

Ⅲ. 회계의 기능과 역할

앞에서 살펴보았듯이 회계는 조직의 규모에 관계없이 존재하지만,
그 규모에 따라 회계가 제공하는 정보의 형태가 다양하다. 그러면 과
연 회계의 기능과 역할은 무엇인가? 우선 회계의 기능에 대해 살펴보
자.

회계는 기능은 몇 가지로 나눌 수 있다.[5] 첫째, 회계는 기업 자원

---

5) Shyam Sunder, 'Security Markets and Accounting Standards: Lessons from

풀에 대해 각 주체들이 기여한 자원을 측정하고 기록한다. 이는 개별 경제주체들이 계약상 의무를 성실히 이행했느냐의 여부를 판단할 수 있다. 물론 개별 경제주체들의 기여도를 측정하는 데에 비용이 들어가며, 그 정확성은 측정 대상에 따라 다르다. 부품조립과 같은 단순 노동과 원자재, 제품, 설치 장비 등과 같은 생산요소들은 쉽게 측정이 가능하다. 그러나 경영진이나 일부 전문직 종업원들의 성과는 측정하기 어렵다. 이들에 대해서는 단순 고용계약 보다는 투입요소의 측정이 없더라도 계약을 강제할 수 있는 성과계약이나 스톡옵션을 지급하는 등 자기강제적(Self-Enforcing) 계약을 체결함으로써 이들의 성과를 향상시킬 수 있다.

둘째, 각 주체들이 받게 될 계약상의 청구권들을 결정하고 지불한다. 기업 참여자들은 계약에 의해 기업으로부터 청구권을 부여 받는다. 즉, 기업은 노동력을 공급한 근로자들에게 그들의 근로시간과 생산성을 측정해 임금이나 상여금을 지급하며, 부품공급업자에게는 부품매입대금을, 그리고 채권자에게는 빌려준 자금에 대한 이자를 지급하며, 주주에게는 투자한 지분에 따른 배당금을 지불하는 등 개별 경제주체들에게 지불한다.

셋째, 각 계약주체들에게 다른 주체들과의 계약상의 의무의 이행 정도와 청구권의 수령 정도에 관한 적절한 정보를 제공한다. 채권자나 부품공급업자들은 확정된 청구권(이자나 물품 대금)을 지급받으면 되기 때문에 회계정보를 모르더라도 자신이 회사에 어느 정도 기여했고 또 청구권이 얼마인지 알고 있다. 이들은 자신이 기여한 자금을 지급받지 못할 상황에 대해 관심을 가질 뿐 회사의 성과에는 크게 관심이 없다. 근로자들은 회계정보에 많은 관심을 갖는다. 매년 임금협상에 의해 그들의 급여가 결정되지만, 다음해 임금협상에서 당해 성과는 매우 중요

Research", Carnegie Mellon Univ. Working Papers, Dec. 30. 1996.

한 역할을 하고 그들의 계속적인 고용여부에 대한 전망을 알 수 있기 때문이다. 주주들은 잔여이익청구권자이기 때문에 채권자, 근로자, 그리고 다른 계약당사자들 보다 기업회계에 대해 훨씬 더 많은 관심을 갖는다. 회계는 주주들어게 계약의 정도 잘 집행되었는지를 알려준다.

넷째, 회계는 조직에 참여한 계약당사자들이나 잠재적 참여자들에게 참여의 이익을 알려주는 역할을 한다. 회계정보는 주식가격에 반영되어 그들이 소유한 주식의 가치를 평가하는 척도가 되며, 주주들이 이익에 밀접한 관계가 있기 때문이다. 또한 이들은 경영진이 회사를 잘 운영하고 있는지, 그리고 비당금을 어느 정도 받았는지, 기술개발에 어느 정도 투자하고 있는지, 회사의 전망은 어떠한지 등 앞으로 주식을 계속 보유할 것인지 여부를 결정하는 근거가 되기 때문이다.

다섯째, 각 주체들의 여러 계약은 정기적으로 재협상을 해야 하는바, 회계는 협상과 계약의 성립을 용이하게 하기 위해 모든 참여자들에게 검증된 정보에 대한 공통 지식의 풀을 제공한다.

이러한 다섯 가지 기능을 고려해 볼 때, 회계의 역할은 다음과 같다. 첫째, 수탁책임(Stewardship)이다. 공개회사는 소유와 경영이 분리되어 있어 주인대리인(agency problem) 문제가 발생한다. 즉, 경영진은 회사의 주인인 주주들을 위해 열심히 일을 해야 하지만, 종종 경영진이 사익을 추구할 가능성이 존재한다. 이러한 대리인 문제를 감소시킬 수 있는 방법이 재무제표 등과 같은 회계 정보를 통한 방법이다.[6] 주주들은 회계정보를 통해 회사의 경영 성과를 측정하고 재무 상태를 점검함으로써 경영진이 회사의 주인인 주주들의 재산을 보호하고, 이익을 위해 열심히 일하고 있는지를 감독한다.

둘째, 의사결정(decision-making)에 정보를 제공하기 위함이다. 의사

---

6) John J. Wild, Leopold A. Bernstein and K.R. Subramanyam, *Financial Statement Analysis*, McGraw-Hill, 7th. ed. 2001 p.92.

결정을 내리는 사람은 경영자, 채권자, 투자자 등 모든 이해관계자들을 말한다. 이들은 각각 회사에서 자신의 계약 관계를 성사나 이행을 위해 회계정보를 필요로 한다. 채권자는 회사에 자금 대여 여부를, 투자자는 그 회사 주식에 투자할 것인지 여부를, 경영자는 회사에 투입된 자원이 잘 사용되고 있는지 그 성과는 어떠한지 등을 알아보기 위해 회계정보를 필요로 한다. 이들은 회계정보를 바탕으로 투자여부, 자금 대여 여부, 자원배분 여부 등의 의사결정을 한다.

IV. 회계 관련법 개정 내용

외환위기 이후 기업의 회계투명성 제고를 위해 관련제도 개선을 지속적으로 추진해 왔다. 경영투명성 확보를 위해 기업지배구조를 개혁하고 시장의 신뢰성 회복을 위해 기업공시제도를 강화했다. 정부는 이러한 노력으로 인해 국내 기업경영투명성 수준이 크게 개선되었으나 여전히 미흡한 수준이라고 인식하고 있다. 따라서 기업투명성 제고를 위해 현재의 회계·공시제도를 강화해야 한다는 것이다. 이러한 인식 하에 재정경제부와 금융감독위원회는 2002년 11월 7일 기업 투명성 제고를 위한 회계제도 개혁방안을 발표했으며, 2003년 11월과 12월 공인회계사법, 주식회사외부감사에 관한 법률, 증권거래법 등에 회계 개선안이 반영되어 2004년 4월 1일부터 시행될 예정이다.[7] 회계관련 개정법의 주요 내용은 이사회·최고경영진·감사위원회 등의 역할 및 책임 강화, 외부감사의 공정성 및 책임 강화, 회계감독 기능 강화 등으로 요약할 수 있다.

---

7) 회계제도 선진화 방안은 미국이 2002년에 시행한 기업회계개혁법(Sarbanes-Oxley Act)을 토대로 해서 만들어진 것이다. 미국의 기업회계개혁법은 부록1 참조.

1. 이사회·최고경영진·감사위원회 등의 역할 및 책임 강화

　정부는 이사회·최고경영진·감사위원회 등의 역할 및 책임을 강화하기 위해 몇 가지 제도를 도입했다. 첫째, CEO/CFO 인증제도의 도입이다. 공개기업의 경우 사업보고서·유가증권신고서 등에 대표이사가 날인하게 되어 있지만, 대부분의 대표이사는 날인절차를 요식절차로 인식하고 관행적 기계적으로 서명하고 있다. 회계공시자료의 중요사항에 허위표시가 있을 경우 대표이사에 대한 형사처벌이 가능하나, 내용을 알지 못했다거나 임직원 전결사항이라고 주장할 때에 처벌이 곤란하다는 것이다. 그리고 기타 임원의 경우 서명 의무자체가 없는 문제점을 가지고 있다는 것이다.[8] 개정된 증권거래법은 회사가 증권거래소나 금융감독위원회에 제출하는 사업보고서 등에 대해 대표이사 등의 확인·서명을 의무화하고 있다.[9] 둘째, 공시서류 허위기재시 사실상 업무지시자에게도 민사책임을 부과한다. 상법은 자신의 영향력을 이용하여 이사에게 업무집행을 지시한 자에 대해 이사와 연대하여 손해배상 책임을 지도록 규정하고 있다. 이에 반해 현행 증권거래법상 민사책임 부과 대상자의 범위는 사실상의 업무지시자가 포함되어 있지 않다. 공개기업에만 민사책임의 부과대상을 좁히고 있는 것은 입법상 불균형으로 바람직하지 않다는 것이다.[10] 개정된 증권거래법은 사실상

---

8) 황인태, "바람직한 회계제도 개혁의 방향과 내용", 바른사회를 위한 시민회의 제16차 정책심포지엄, 2002. 12. 11.

9) 증권거래법 제8조 4항.
　제1항의 규정에 의하여 신고서를 제출하는 경우 신고 당시 당해 발행인의 대표이사 및 신고업무를 담당하는 이사(담당하는 이사가 없는 경우 당해 이사의 업무를 집행하는 자를 말한다)는 당해 신고서의 기재사항 중 투자판단 또는 유가증권의 가치에 영향을 미칠 수 있는 것 등 대통령령이 정하는 중요한 사항의 기재 또는 표시의 누락이나 허위의 기재 또는 표시가 있지 아니하다는 사실 등 대통령령이 정하는 사항을 확인·검토하고 이에 각각 서명하여야 한다.

10) 황인태(2002)

업무지사자에 대해서도 공시서류의 허위기재 및 누락으로 인한 손해배상책임을 지도록 명시하고 있다.

셋째, 주요주주·임원에 대한 금전 대여를 금지하고 있다. 과거 은행법 등 금융감독 관련법을 제외하고는 주요주주 등 특수관계인에 대한 금전 대여 등을 제한하고 있지 않다. 다만 증권거래법과 외감법은 회사가 이들에게 자금 대여시 공시하도록 의무만 부과하고 있었다. 그로 인해 주요주주·이사·임원 등이 대여금·지급보증 등을 통해 회사재산의 충실을 해하는 사례가 다수 발생하고 있다. 이는 주요주주 등 특수관계인의 자금 차입시 이해관계자의 항변을 우려하여 비정상적 회계처리를 할 가능성을 증가시킨다. 따라서 이러한 폐해를 방지하기 위해 주요주주·임원 등에 금전 대여를 금지했다.

넷째, 감사위원회의 전문성 제고를 위해 회계 또는 재무전문가 1인 이상을 감사위원회의 위원으로 포함하도록 했다. 증권거래법은 자산총액 2조원 이상인 공개기업의 경우 상설기관인 감사위원회제도를 두도록 규정되어 있다. 그러나 동제도의 정착을 위한 세부규정 즉 감사위원이나 감사의 전문성 요건 등은 미흡하다는 것이다.[11] 미국의 경우 개혁법으로 감사위원회 자격 요건 중 전문성 기준을 강화하고 있으며, 전문성 요건에 대해서는 NYSE와 NASDQ의 상장규정으로 시행중이다. 우리도 감사위원회 위원의 전문성을 제고하기 위해 재무나 회계전문가가 감사위원회 위원으로 참여하도록 증권거래법을 개정했다.

이 외에 외부감사 대상인 회사는 회계정보의 작성과 공시를 위해 회계정보의 검증방법, 회계관련 임직원의 업무분장을 정한 내부회계관리제도를 갖추어야 하고, 감사인은 당해 회사에 대한 감사업무를 수행할 경우 내부회계관리제도의 운영실태 등을 검토하도록 했다. 또 회계부정에 대해 내부고발자의 신분상 비밀 보호와 불이익을 방지하도록 내

---

11) 황인태(2002)

부고발자 보호제도를 개선했다.

2. 외부감사의 공정성 및 책임 강화

외부감사의 공정성 및 책임을 강화하기 위해 다음과 같이 법규를 개정했다. 첫째, 회계감사법인의 컨설팅 업무 제한이다. 과거 법규하에서는 회계법인의 피감사기업에 대한 컨설팅업무에 대해 제한은 없었다. 다만 회계법인이 피감사기업에 대해 컨설팅 업무를 수행하는 경우 보수 내용 등을 공시하도록 간접적으로 규제했다. 회계법인이 피감사기업에 대해 컨설팅 등 고수익 부가업무 병행시 이해상충에 따른 감사의 공정성 훼손할 수 있는 문제점을 가지고 있다는 것이다.[12] 이를 개선하기 위해 공인회계사법은 피감사회사에 대한 비감사업무를 포괄적으로 제한했다. 그 제한 내용은 회계기록과 재무제표의 작성, 내부감사업무의 대행, 재무정보체제의 구축 또는 운영, 그 밖에 재무제표의 감사 또는 증명업무와 이해상충의 소지가 있는 것으로 대통령이 정하는 업무 등이다.[13]

둘째, 감사 순환(rotation) 제도의 도입이다. 개정된 주식회사의외부감사에관한법률은 주권상장법인 및 협회등록법인이 동일 감사인으로부터 6개 사업년도를 초과하여 감사를 받지 못하도록 금지했다. 다만 예외적으로 외국인 투자기업으로서 모기업과의 관계상 연속감사가 불가피한 경우와 외국 증권거래소 상장기업으로서 회계투명성이 상당한 수준이 보장되는 기업의 경우는 예외로 하고 있다.[14] 그 외에도 감사인이 감사를 실시한 후 감사조서를 작성하고 이를 8년 동안 보존하도록 했다.[15]

---

12) 재정경제위원회, "공인회계사법개정법률안 심사보고서", 2003. 11.
13) 공인회계사법 제21조 2항.
14) 주식회사외부감사에관한법률 제4조의 2 제4항.

---

3. 회계감독 기능 강화

각 기업의 회계감독은 금융감독위원회와 증권선물위원회의 지시를 받아 금융감독원이 수행하고 있다. 미국은 SEC 외에 회계법인에 대한 감독을 별도의 기구를 두어 하고 있는 반면 한국은 증권선물위원회에서 시장 및 회계감독을 모두 담당하고 있어 회계감독 기능의 강화가 필요하다는 것이다. 금융감독원은 회계공시에 대한 증권거래법상의 심사·조사 기능을 감리업무에 의존하고 있으나 감리업무도 매년 상장기업의 5% 수준만을 대상으로 실시하고 있어 감독기능을 강화하기 어려운 실정이다. 따라서 회계감독의 전문성과 기능을 강화하기 위해 금융감독원의 회계감독 관련 조직 및 인력을 대폭 확충하여 재무제표 등 회계정보에 대한 심사기능을 강화해야 한다는 것이다.[16]

V. 회계 관련법 평가

외환위기 이후 한보, 기아 등 수많은 기업들의 연쇄 도산으로 많은 사람들이 기업 회계부정에 관심을 갖게 되었다. 그러나 기업들의 분식회계문제는 외환위기 이전부터 있어 왔던 사실이다. 또 이 문제는 기업이 존재하는 한 현재에도 그리고 미래에도 사라지지 않을 것이며, 우리나라만의 문제가 아닌 기업이 존재하는 어느 나라에서나 존재하는 현상이다. 기업투명성이 높고 기업지배구조가 우수하다는 미국 기업들조차 가지고 있는 문제이다. 그 동안 회계투명성을 강화하기 위해 규제를 강화해 왔으나 여전히 분식회계는 근절되고 있지 않다. 이러한 사실은 우리에게 '새로운 규제가 과연 미래에 발생할 분식회계를 방지

---

15) 주식회사외부감사에관한법률 제14조의 2.
16) 황인태(2002)

할 수 있을까?'라는 의문을 제기하게 만든다. 과거에 규제가 현재의 분식회계를 방지하지 못했듯이 오늘의 규제 또한 미래의 규제를 막지 못할 것이기 때문이다.

1. 회계감사에 대한 오해

정부는 분식회계의 원인을 회계법인의 잘못된 감사 때문이며, 회계 감사를 강화한다면 분식회계를 방지할 수 있다고 믿고 있다. 그러나 회계감사를 강화한다고 해서 분식회계를 방지할 수는 없다. 사실 회계 보고서는 미래에 발생하거나 발생하지 않은 수많은 사건에 대한 경영 자의 의견을 나타낸 결과물이다.[17] 경영진은 그 누구보다도 그 기업의 상황이나 시장동향, 산업동향 등을 파악하려고 노력한다. 또 이들은 그 러한 정보에 근거해 경영판단을 내리며, 매년 수익목표를 설정하고, 재 무보고에 추정이익을 발표하고 공시한다. 경영자가 수집한 이러한 정 보는 미래에 어떻게 변할지 모르는 불확실성을 가지고 있다. 따라서 회계보고서는 불확실성하에서 경영자에게 주어진 정보를 근거로 해 경 영자가 판단한 의견을 반영한 것이라고 볼 수 있다.

감사인은 이렇게 작성된 보고서에 대해 자신들의 의견을 제시한다. 감사인은 경영자가 가지고 있는 수많은 지식들과 경영판단에 대해서는 알지 못하기 때문에 경영자의 판단에 대해 평가할 수 없다. 단지, 그 들이 할 수 있는 것은 보고된 이익에 대한 각 계정들어 대해 의문을 제기하는 것일 뿐이다. 우리나라 대부분 기업들의 결산기는 12월이다. 회사가 결산을 마치고 감사를 수행한 후 감사보고서를 제출해야 하는 데 그 마감시간은 3월말까지이다. 따라서 실제 회계사가 감사를 수행 할 수 있는 시간은 1개월에서 3월 정도이다. 주어진 기간 안에 회계사

---

17) Peter J. Wallison, "Poor Diagnosis, Poor Prescription", AEI On the Issues, March 1. 2003.

는 기업들이 제출한 회계관련 모든 서류들을 검토해야 한다. 그러나 기업들이 제출한 서류는 매우 많다. 회계사들은 시간제약 때문에 일부 서류들을 선별해서 감사를 실시한다. 회계사들은 회사가 작성한 보고서에 대해 그 보고서가 기업회계기준에 따라 적절하게 작성되었는지 여부에 대해 그들의 의견을 제시할 뿐이다. 즉, 회사가 작성한 보고서가 적정한지 그렇지 못한지에 따라 적정, 한정, 의견거절을 한다. 따라서 회계사가 제시한 것은 회사가 제공한 정보에 대해 그들의 의견을 표시한 것일 뿐 그 정보가 모두 사실이라는 것을 보증하지는 않는다. 그러므로 보다 더 포괄적이고 값비싼 감사는 사기의 가능성을 파악하는데 도움이 될 수 있으나 완벽한 보고서를 만들어 낼 수 없을 것이다.

2. 회계개혁안 평가

1) 경영진의 책임강화

① CEO 인증제도는 중복규제

과거 증권거래법은 이사가 유가증권신고서·사업보고서 등에 허위기재 또는 표시가 있거나 중요한 사항[18]이 기재 또는 표시하도록 되어 있다. 그렇지 아니한 경우 당해법인의 이사 또는 당해 법인에게 5년 이하의 징역 또는 3천만 원 이하의 벌금, 최고 20억 원의 과징금 또는는 임원해임 권고 등 행정제재, 당해 허위기재 등으로 인하여 손해를 입은 유가증권 취득자에게 손해배상 책임 등 제재가 부과된다. 따라서 대표이사의 사업보고서 등에 대한 날인은 상기 형사벌 등과 밀접하게 관련되어 있다. 그러나 실무상 관행은 대부분 기업들이 공시서류 특히,

---

18) 여기서 중요한 사항이라 함은 보통의 신중한 투자자가 증권을 매수하기 전에 당연히 알아야 할 사항 또는 모든 정황을 고려하여 합리적인 투자자가 투자판단을 함에 있어서 중요하다고 생각할 실질적인 가능성이 있는 경우 등을 의미한다.

사업보고서·유가증권신고서 제출시 내부적으로 대표이사 이외의 임원으로 하여금 전결처리 하도록 하거나, 대표이사가 최종적인 결재자인 경우에도 대부분의 대표이사는 요식절차로서 관행적·기계적으로 결재하고, 최종결재권자의 결재 후 공시실무자는 미리 금융감독원장으로브터 인증 받은 전자서명을 활용하여 대표이사의 날인 없이 공시서류를 금융감독원의 전자공시시스템에 전송함으로써 공시를 완료하며, 당해 신고서 외에 별도의 서약서 등은 제출하지 않고 있다. 다라서 종전 제도는 중요사항의 허위표시가 있을 경우 대표이사 처벌이 가능하지만, CEO가 잘 알지 못하고 서명하였다고 하거나, 하부 임직원의 전결사항이라고 항변할 경우 CEO의 고의나 과실의 입증이 어려워 제재가 곤란하며, 공시서류 작성의 실질적인 업무처리는 주로 재무담당이사와 공시담당 임원이 담당함에도 불구하고 현재 대표이사와 이외의 임원의 경우 서명 의무도 없어 책임추궁에 문제가 있다는 것이다. 따라서 경영진 책임을 강화하기 위해 CEO/CFO 인증제도를 도입해야 한다는 것이다.

일부 학자들은 이 제도는 종전 규정에 대한 집행의 실효성을 높일 수 있으며, 나아가 이사와 재무담당이사가 공시서류를 작성할 때 더 책임감을 갖도록 하는 유인을 제공할 뿐만 아니라 재무제표 작성에 신중을 기하도록 하는 등 긍정적이 효과가 더 크다고 주장하고 있다.19)

---

19) 김순석, 『미국 기업개혁법의 주요내용과 우리나라에 대한 시사점』, 상장협 제47호 2003. 3, 권수영, 『회계개혁법과 주주보호』, 상장협 제48호 2003. 9 참조.

구분	형사책임	민사책임(손해배상책임)
상법	· 재무제표 등의 미작성 또는 부실기재－500만 원 이하의 과태료(635조 제1항 9호)	· 이사 및 감사의 임무해태로 인한 회사에 대한 손해배상책임(399조 및 제414조 제1항) · 이사 및 감사의 임무해태로 인한 제3자에 대한 손해배상책임(401조, 414조 제2항 및 3항)
증권 거래법	· 사업보고서 등의 허위 기재, 중요사항 누락 또는 제출의무 위반－20억 원 이하의 과징금(206조의 11 제4항) · 사업보고서 등의 허위 기재 및 중요사항 누락－5년 이하의 징역 또는 3천만 원 이하의 벌금(207조의 3 제2호)	· 유가증권신고서 제출시 첨부하는 재무정보의 허위기재 등으로 인한 유가증권의 취득자에 대한 손해배상책임(14조 및 15조)
외감법	· 사업보고서(연결재무제표, 결합재무제표 포함)의 작성 의무 위반 및 허위기재－3년 이하의 징역 또는 3천만 원 이하의 벌금(20조 제1항 제7호 및 제8호) · 사업보고서(연결재무제표, 결합재무제표 포함)의 제출의무 위반－2년 이하의 징역 또는 2천만 원 이하의 벌금(20조 제2항 5호)	· 감사인이 회사와 제3자에 대한 손해배상책임 발생시 당해 회사의 이사 및 감사도 책임이 있는 경우에는 감사인, 이사, 감사에게 연대손해배상책임이 발생함(17조 제4항)
민법		· 불법행위로 인한 피해자에 대한 손해배상책임(750조 및 760조)

<표-3> 재무제표 관련 이사 등의 책임

* 출처: 한국상장사협의회, "회계제도 개혁방안에 관한 의견", 상장 2003. 1.

그러나 CEO 인증제도 도입은 중복규제이다. 현행법은 이사의 책임에 대해 형사상, 민사상 제재를 가하고 있다(<표-3> 참조).[20)

재무제표 작성 등과 관련하여 이사의 형사상 책임으로 상법, 주식회사외부감사에관한법률(이하 외감법), 증권거래법, 기업구조조정촉진법 등에과태료, 과징금, 벌금, 징역형 등 사안의 경중에 따라 형벌 및 행정 벌을 부과하고 있다. 또 민사상 책임으로 회사, 제3자, 유가증권취득자 등에게 손해배상책임을 지도록, 상법, 증권거래법, 주식회사외부감사에관한법률, 민법 등에 규정하고 있다. 또한 법인세 신고시 세무사와 함께 대표자도 서명하도록 하고 있으며, 회계감사준칙에서는 외부감사인에게 경영자 책임을 인정하는 '경영자확인서'를 징구하도록 하고 있다. 이러한 사실을 고려해 볼 때, CEO/CFO 인증 의무를 법제화하여 책임을 명확히 하려는 것은 기존 입법내용에 대해 불필요한 절차만을 추가하는 중복적 규제 불과하다.

② 투자 위축

CEO/CFO 인증제도의 도입 목적은 기업이 금융감독원과 투자자들에게 공개하는 회계보고서의 정확성과 진실성(reliability)를 개선시키기 위함이다. 그러나 기업이 제공하는 정보는 사실과 예측 정보로 구성되어 있다.[21) 회계보고서 또한 마찬가지이다. 지불된 현금, 팔린 재고 등은 사실에 해당한다. 그러나 재고가 팔렸을 때 사실로 인정되지만, 재고가 외상으로 팔려 대금을 받지 못했을 때 이것은 사실이 아닌 예측이다. 이것은 앞으로 다가올 미래의 사실이다. 또 재고가 현금을 받고

---

20) 한국상장사협의회, 『회계제도 개혁방안에 관한 의견』, 상장 2003. 1.
21) Jonathan C. Glover, Yuji Iiri, Carolyn B. Levine, and Pierre Jinghong Liang, "CEO/CFO Certification and Emerging Needs to Separate Facts and Forecast: Exploring 'Intertemporal Financial Statements' with Two Time-Phases", Nov. 2002 Working Papers www.ssrn.com.

팔았다 하더라도 3년간 보증(warranty)을 해주었을 때, 팔린 재고와 판매대금은 사실이지만, 보증 이행 비용은 예측이다. 이러한 예측은 미래에 어떻게 변화될지 모른다. CEO나 CFO가 전지전능한 사람이 아니기 때문에 그들도 자신의 예측이 맞을지 틀릴지 정확히 알 수 없다.

따라서 보고서에 대한 CEO/CFO의 책임 강화는 경영판단에 해당하는 기업의 위험한 투자에 대한 사업실패를 범죄화하는 경향이 있다. 개정된 법률에 의하면 대표이사가 내용을 알지 못했거나 임직원의 전결사항에 대해서도 CEO가 책임을 져야 한다. 즉, 회계공시자료가 고의가 아닌 경우에 대해서도 책임을 져야한다. 심지어 경영자가 경영판단을 하고 사업을 운영하는데 합리적인 주의를 했다 할지라도 책임을 져야 한다. 경영판단에 대해서는 종래에 주주가 책임을 부담했다. 그러나 개선안에서는 경영자가 무조건 위험을 부담해야 한다. 또한 경영자는 민사상 책임뿐만 아니라 형사상 책임까지 부담해야 한다.

경영자는 책임증가에 대해 다양한 방식으로 반응할 것이다. 경영자 스스로 그러한 위험을 부담한다 할지라도, 그러한 위험부담에 대한 보상을 요구하거나 회사에 보험 가입을 요구할 것이다. 회사가 이러한 비용을 부담한다 할지라도 여전히 문제는 발생한다. 그러한 처벌로 인해 자신의 평판이 나빠지기 때문이다. 이는 경영자가 더욱 조심스럽게 행동하게 할 것이며, 위험한 사업에 투자하려는 인센티브 또한 감소시킬 것이다. 이것은 결과적으로 사기에 대한 비용을 줄이는 것일 수 있지만, 기타 다른 감시비용의 증가와 여러 가지 비용 증가로 인해 투자자들의 이익을 감소시킬 것이다.

③ 형사처벌 바람직한가?

불법행위를 처벌하는 목적은 크게 두 가지이다.[22] 그 하나는 그러한

---

22) 정기화 역, 『법경제학』, 자유기업원, 2003 Chap.6, 7 참조. 원저는 Richard A.

불법행위로 인해 발생한 손해를 보상해 주기 위한 보상(compensation) 기능이고 다른 하나는 그러한 불법행위를 일어나지 않도록 방지하기 위한 방지(deterrence) 기능이다. 만약 가해자가 의도하지 않은 행위로 인해 타인에게 손해를 입혔다면 그는 피해자에게 손해배상을 해 주면 이 문제는 쉽게 해결될 수 있다. 의도적으로 저지르지 않은 위법행위의 경우 피해자가 소송 제기를 통해 피해를 보상받을 수 있다면 충분한 위법행위 방지효과를 기대할 수 있기 때문이다.

그러나 고의가 아닌 행위에 대해 형사처벌을 할 경우 사회적 손실을 유발한다. 가해자가 징역형을 받을 경우 감옥살이 기간 동안 경제생활을 할 수 없으며, 그를 구금하는데 국가가 비용을 지출해야 하는 문제가 발생한다.[23] 따라서 이 경우에는 신체를 구속하는 징역형보다 벌금이나 손해배상을 하게 하는 것이 더 바람직하다. 이런 점에서 볼 때, 경영진에게 고의 여부에 관계없이 형사처벌을 하는 것은 문제가 있다

그러나 가해자가 고의적으로 타인에게 피해를 주었다면 이는 단순한 손해배상으로 해결되지는 않는다. 가해자가 타인에게 피해를 줄 그러한 행동을 계속할 수 있기 때문이다. 따라서 이 경우에는 그러한 행동을 방지할 수 있는 처벌이 이루어져야 한다. 이때 고려 할 수 있는 처벌 방법은 징벌적 손해배상(punitive damage)이나 형사처벌을 부과하는 것이다.[24]

Posner, *Economics Analysis of Law*, ASPEN Pub. 1997.

23) Gary Becker, *Economic Approach to Human Behavior*, University of Chicago Press, 1978.

24) 그러나 고의적인 경우에도 문제가 발생한다. 만약 피고가 구속되지 않았다면, 문제 해결을 할 수도 있으며, 그리고 구속으로 인해 문제가 더욱 악화될 수도 있기 때문이다.

2) 감사위원회 전문성 제고 및 기능 강화

현행 감사위원회 규정은 상법상 이사회 내 위원회의 일종으로 주요 기능은 집행기관인 이사회에 대한 업무 및 회계감사이다. 이 제도는 1999년 상법 개정시 도입된 것으로 최근 사업년도 말 자산총액이 2조 원 이상인 주권상장법인 또는 협회 등록법인은 감사위원회를 설치해야 한다.[25] 2002년 9월 자산규모 2조원 이상인 약 100여 개 회사에서만 감사위원회를 설치 운영하고 있다.[26] 정부는 감사위원회가 경영진에 대한 제3자 견제를 통해 일반투자자를 보호하기 위해 필요적인 제도임 에도 불구하고 일부 공개기업만이 이를 운영하고 있다고 판단하고 있 다. 감사위원회의 독립성과 전문성을 강화하기 위해 법규를 마련해야 한다는 것이다.

그러나 이러한 주장은 잘못된 신화에 근거하고 있다.[27] 감사위원회 는 기업의 회계감사를 담당할 사람을 임명하고 해임할 수 있다. 감사 위원회가 독립성을 가질 경우 회사가 원하지 않은 회계사가 그 회사의 회계감사를 담당할 수 있다. 따라서 이 회사의 회계감사는 이해관계가 없는 회계사가 담당하여 더 객관적인 자료를 제공할 수도 있다. 그러 나 감사위원회가 독립성을 갖지 못한다고 해서 회계감사가 객관적이지 못하다고 주장할 수 없다. 왜냐하면 회계사는 회계감사 시장에서 지속 적으로 거래를 해야 하는 당사자이기 때문에 그들이 제공하는 서비스 에 대해 평판을 매우 중요시 여기기 때문이다.[28] 오히려 이들은 독립

---

25) 증권거래법 제191조의 17.

26) 이석준, 『기업회계투명성 제고를 위한 증권관련 법제도의 개선 방향』, 2003.
 1. 25.

27) 이에 대한 자세한 내용은 이창우·곽수근·정운오·전규안·이창우·곽수
 근·정운오·전규안, "비감사서비스와 감사인의 독립성", 『컨설팅 업무가 감사인
 의 독립성에 미치는 영향』 심포지엄 발표자료, 2002. 최영곤, "회계정보의 신뢰
 성과 회계감사인의 사회적 책임", 경영경제 제26집 2호, 1993. 6. 30 참조.

28) Nicholas Wolfson, *The Modern Corporation*, Free Press, 1984, Chap. 10 참조.

적인 감사위원회보다 훨씬 회사에 더 객관적이고 제3자 입장을 표명할 것이다.

실제로 Enorn의 감사위원회는 모두 사외이사로 구성되어 있었으며, 전 스탠포드 경영대학 회계학 교수도 그 구성원 중 한 명이었다.[29] 그리고 담당회계법인은 세계의 가장 유명한 회계감사기관중의 하나인 Arthur Anderson이었다. 감사위원회 위원 중 어느 누구도 Enron의 회계부정으로 기소되지 않았다. 이 사실은 감사위원회가 독립되고 전문성을 가졌더라도 회계부정을 막지 못할 수 있다는 것을 의미한다.

3) 회계감사법인의 컨설팅 업무 제한

개정법에서 회계감사법인의 컨설팅 업무를 제한한 이유는 크게 두 가지이다.[30] 하나는 외부감사업무와 컨설팅 업무간 이해상충 문제가 발생한다는 것이다. 이 경우 감사인이 컨설팅 용역제공자의 입장에서 업무를 수행할 가능성이 높다는 것이다. 또 하나는 기업이 컨설팅 계약을 미끼로 자신에게 유리한 평가를 내릴 것으로 보이는 회계법인과 계약을 하는 소위 오피니언 쇼핑(Opinion Shopping)이 발생할 가능성이 높다는 것이다. 회계법인간의 생존경쟁이 치열한 상황에서 회계법인 등이 피감사기업이 제공하는 컨설팅 용역 수익을 조건으로 회계분식행위를 묵인하고 적정의견을 제시할 수 있다는 것이다.

이러한 근거로 우리나라 회계법인의 수익구조를 예를 들어 설명하고 있다. 우리나라 회계법인의 수익구조가 감사보수에 비해 컨설팅 업무의 비중이 상대적으로 높다는 것이다. 금융감독원이 발표한 자료에 의하면 1999년에 179개사가 2000년에 227개사가, 2001년에 266개사

---

29) Peter J. Wallison, "Acting in Haste on Corporate Governance", AEI On the Issues, November 1. 2002,

30) 김문희, 『공인회계사법중 개정법률안』, 재정경제위원회 검토 보고 자료, 2003. 7.

가 외부감사인에게 컨설팅 용역을 직접 제공받았다. 또 회계법인의 수
익구조는 회계감사보다 세무조정과 기업진단 등의 컨설팅 업무의 비중
이 큰 것으로 나타났다. 2001년의 경우 컨설팅 비중은 57.1%를 차지
하여 회계감사 비중보다 더 높았다.

	회사수	감사 보수	용역보수
1999	179	11,072	10,805
2000	227	17,997	16,281
2001	266	22,664	16,940

<표-4> 감사보수와 용역보수 비교 (단위: 백만 원)
* 자료: 금융감독원 2002. 5. 24 보도자료

	회계감사	세무조정	기업진단 등
1999	192,342(42.2%)	36,274(8.0%)	227,203(49.8%)
2000	224,546(41.8%)	55,106(10.3%)	257,253(47.9%)
2001	283,180(43.1%)	54,419(8.3%)	318,978(48.6%)

<표-5> 용역 내용별 보수 (단위: 백만 원)
* 자료: 이석준(2003)

그러나 미국의 경우 30대 Dow Jones Industrials는 회계감사 보다
비회계감사 서비스에 대해 3배 이상을 지불했다고 한다.[31] 흥미로운
사실은 Enron사는 Anderson에 회계감사와 비회계감사 서비스에 대해

---

31) James K. Glassman, "How to protect investors against another Enron",
Testimony before a hearing on H.R. 3763, The Corporate and Auditing
Accountability, Responsibility and Transparency Act of 2002, March 13, 2002.

각각 2500만 달러, 2700만 달러를 지불했다고 한다. 이러한 사실은 미국의 비회계감사 서비스에 대한 보수보다 한국의 비회계감사 서비스 보수가 훨씬 낮다는 것을 의미한다.

감사의 독립을 주장하는 사람들은 비회계감사 서비스에 대한 높은 보수 지불은 회계법인이 회사에 대해 우호적인 회계보고서를 만들도록 뇌물을 제공하기 위한 수단이라고 주장한다. 실제로 회계법인이 회계감사와 컨설팅을 동시에 제공할 경우 감사인의 독립성이 침해되는지 여부에 대한 연구들은 감사의 독립성을 일관성 있는 결론을 보여주지 못하고 있는 것으로 나타났다.[32] 그럼에도 불구하고 감사인의 독립성과 공정성을 확보하는 차원에서 일정한 비감사서비스를 제한해야 한다고 주장하고 있다.[33]

Glassman(2002)은 비회계 서비스를 동시에 제공하는 회계법인은 보다 더 낮은 비용으로 컨설팅 업무를 할 수 있으며, 회계법인이 그러한 일을 하지 못하도록 하는 것은 경제적으로 비효율적이라고 주장한다.[34] 회계감사서비스와 비회계감사 서비스를 제공하는 것은 회사를 더 정확하게 감사할 수 있도록 해주는 측면이 있기 때문이다.[35] 회계법인은 재무제표에 공개되지 않은 회사의 정보들까지 알 수 있어 기업에 대해 보다 더 많은 정보를 가지게 되며, 회계감사 비용을 절감할

---

32) 이만용 · 장진호, "비감사서비스가 감사인의 독립성에 미치는 영향", Working Paper 2002, 이창우 · 곽수근 · 정운오 · 전규안(2002) Zoe-Vonna Palmoreose and Ralph S. Saul, "The Push for Auditor Independence", Regulation, Winter 200?. Deberg, Kaplan, and Pan, 'An Examination of Some Relationships Between Non-Audit Services and Auditor Charge", Accounting Horizons, 1991. March.

33) 이창우 · 곽수근 · 정운오 · 전규안(2002).

34) James K. Glassmann(2002) p.8에서 재인용.

35) 권수영 · 손성규, "감사업무와 컨설팅 업무의 병행이 감사인의 독립성에 미치는 영향 및 독립성 제고", 금융감독원 · 한국공인회계사회 · 한국회계학회 공동주체 「컨설팅 업무가 감사인의 독립성에 미치는 영향」 심포지엄 발표 자료, 2002. 1. 7 권수영, "회계개혁법과 주주보호", 상장협 제48호 2003. 9.

수 있다. 따라서 회계감사 서비스와 비회계감사 서비스를 분리하는 것
은 보다 가치 있는 정보에 접근할 수 있는 기회를 감소시켜 정보탐색
비용을 증가[36])시켜 경제적으로 비효율적일 수 있으므로, 오히려 비회
계감사 서비스 제공이 기업회계감사에 도움이 된다는 것이다. 또 기업
은 회사에 대해 여러 회계법인이 관여하는 것을 원하지 않는다. 회사
의 중요 정보가 외부로 유출될 가능성이 존재하기 때문이다. 결과적으
로 비회계 서비스의 제공 금지는 기업들에게 비용을 부담시킬 것이며,
나아가 이익을 감소시켜 불가피하게 주식가격을 감소시켜, 투자자들에
게 오히려 해가 될 수 있다.

또 하나는 회계법인이 기업들이 원하는 대로 감사의견을 제시할 것
이냐는 것이다. 외환위기를 전후하여 우리사회는 분식회계 문제로 인
한 소송들이 있어 왔다. 이러한 소송으로 인해 청운회계법인의 경우는
청산상태에 이르렀다. 회계법인들은 자신들이 감사보고서를 잘못 작성
할 경우 심각한 경우에 파산상태에 이를 것이라는 것을 너무도 잘 알
고 있다. 이러한 소송위험은 회계법인이 경영자가 원하는 대로 감사의
견을 제시하려는 인센티브를 약화시키며 비윤리적인 행동을 하지 못하
게 하는 억제 기능을 한다.[37])

이러한 사실 외에도 회계법인은 자신들의 평판을 매우 중요시 여긴
다. 회계법인은 시장에서 지속적으로 거래를 해야 한다. 이들은 물론
기업의 용역을 받아 회계감사를 하지만 그들의 서비스의 최종 소비자
는 투자자들이다. 만약 회계법인이 기업이 원하는 대로 회계보고서를
작성한다고 하자. 이 회계법인은 그 기업의 용역을 계속 받을 수 있다.

36) Larry E. Ribstein, "Market vs. Regulatory Response to Corporate Fraud: A
   Critique of the Sarbanes-Oxley Act of 2002", 28 Iowa J. Corp. L. 1, Fall 2002.
37) 이에 대해 지적하고 있는 논문은 권수영·손성규(2002) 원 출처는 Farmer, T.
   A., L. E. Littenberg, and G. M. Trompeter, "An Investigation of the Impact of
   Economic and Organizational Factors on Auditor Independence", Auditing: A
   Journal of Practice & Theory 7, 1987. Fall.

그렇지만, 시장에서 회계법인의 보고서를 믿을 수 없다는 사실이 알려질 때, 투자자들은 그 법인의 감사보고서를 믿지 않을 것이다. 그 기업의 주식가격은 저평가 되거나 투자자들로부터 외면될 것이다. 결국 기업은 그러한 외부감사를 평판이 좋은 회계법인으로 교체할 수 없을 것이다. 회계법인은 이러한 사실을 잘 알고 있다. 따라서 회계법인은 컨설팅 업무를 병행하더라도 보다 더 정확한 감사 보고서를 작성하기 위해 노력할 것이다.

3. 기업회계기준의 문제점

현재 우리나라 기업들은 기업회계기준에 적용을 받는다. 상장된 모든 기업이 하나의 기준에 적용을 받는 것이다. 과거에 재정경제부나 금융감독위원회 등 관 주도로 회계기준이 제정되었으나 최근 회계연구원내 회계기준위원회를 설립하여 운영하고 있다. 회계기준의 제정 주체가 관 중심에서 민간중심으로 변경되었을 뿐 여전히 독점이다.[38]

또한 회계기준 운영상 문제가 있다. 현재 한국 회계기준은 법조문형식으로 되어 있어 다양한 회계처리 방법을 획일적으로 규정하고 있다. 각각의 사안에 대해 처리기준을 만들어 놓고 있어 회계사가 회계감사를 실시할 경우 회계기준에 위반하였는지 여부만을 판단하고 있는 실정이다. 회계사들에 사업 활동에 대해 경제적 판단을 할 수 있는 여지가 없으며, 단지 세금을 내기 위한 수단과 외감법에서 정하는 요식요건을 갖추기 위한 수단에 불과한 실정이다.

---

38) 물론 표준화는 규모의 경제, 적용의 편리성 등 여러 가지 장점이 존재한다. 그러나 아주 심각한 문제는 회계기준이 자생적으로 만들어진 것이 아닌 인위적으로 만들어진 독점이라는 데에 있다. 자세한 내용은 Shyam Sunder, "Security Markets and Accounting Standards: Lessons from Research", Carnegie Mellon Univ. Working Papers, Dec. 30. 1996.

그러나 이것은 회계 고유의 목적이 아니다. 회계는 규칙이 존재하든 존재하지 않든지 간에 주주와의 계약에 의해 제공하는 고유의 서비스이다. 과거 영국과 미국에서는 규제가 존재하지 않았을 때, 회계사들은 전문적인 서비스를 제공했다. 그러나 규제가 강화되면서 회계사들의 전문적인 판단이 줄어들게 되었다. 회계사가 그러한 역할을 하기 위해서는 규제를 철폐해야 한다.

현재 한국의 기업회계기준은 독점이며, 기업은 이 기준을 위반할 경우 처벌받고 있다. 경쟁이란 소비자들에게 매우 좋은 것이라는 것은 누구나 알고 있다. 경쟁을 통해 소비자는 싸고 좋은 물건을 구매할 수 있기 때문이다. 회계제도 또한 마찬가지이다. 회계기준에도 경쟁을 도입해야 한다. 우리나라 기업이 한국의 기업회계기준을 따르거나 혹은 미국의 일반회계원칙(Generally Accepted Accounting Principle)을 따르거나 국제회계기준(International Financial Reporting Standards)을 따를 수 있도록 하는 것이다. 이러한 시스템에서는 회계기준간에 경쟁을 할 것이며, 반면 기업은 이러한 기준들 중 자본비용을 줄일 수 있는 것을 선택하면 된다. 투자자들 또한 보다 더 많은 정보를 얻을 수 있을 것이다.

VI. 결론

외환위기 이후 분식회계가 우리 사회의 화두로 등장했다. 그 이후 정부는 회계투명성 강화라는 명목으로 회계제도와 관련된 규제를 강화해 왔으며, 최근 SK사태를 계기로 회계제도 개선안을 마련 중이다. 정부는 분식회계의 모든 책임이 경영진과 회계법인에 있는 것으로 여기고 있는 듯하다. 정부의 회계 개선안은 경영진의 책임과 회계법인의 독립성 강화에 맞추어져 있다. 그러나 분식회계의 원인은 이 외에도 정부의 규제와 비자금 문제 등 다양한 요인들 때문이었다. 이러한 문제들을 도외시한 회계 개혁안은 분식회계에 대한 근본적인 처방이 되지 못한다.

회계제도 개선안은 여전히 분식회계 문제를 해결하지 못할 것이다. 과거의 규제가 현재의 분식회계를 막지 못했듯이 현재의 규제 또한 불확실한 미래 상황을 예측할 수 없기 때문에 미래의 분식회계를 막지 못할 것이다. 이것은 지속적인 규제의 악순환을 유발할 것이다. 따라서 근본적으로 회계보고서에 대한 인식이 바뀌어야 한다. 회계보고서는 근본적으로 과거 재무결과를 측정하고 회사의 미래 전망에 대해 보다 더 많은 정보를 제공할 수 있는 시스템으로 바뀌어야 한다.

또한 분식회계에 대한 처벌이 시장에서 이루어질 수 있도록 해야 한다. 그러나 정부는 매번 시장에 개입함으로써 정치적으로 문제를 해결했다. 대우, 기아, 한보 등이 그러한 사례이다. 만약 정부가 시장에 개입하지 않는다면 이러한 기업들은 주식시장에서 주가가 폭락하고 그에 따라 기업이 퇴출하게 될 것이다. 따라서 이러한 사실을 아는 기업들은 보다 정직한 회계감사 보고를 하려고 노력할 것이다. 회계법인의 경우도 이와 마찬가지이다. 이들은 잘못된 보고서를 작성할 경우 소송의 위험을 부담해야 하며, 손해배상책임을 부담해야 한다는 사실을 알고 있다. 또 잘못된 회계감사를 계속한다면 그러한 회계법인의 평판은 시장에서 나빠진다. 그러므로 투자자들은 그 회계법인이 작성한 보고서를 믿지 않을 것이며, 이 법인의 회계서비스를 받은 기업의 가치를 낮게 평가할 것이다. 결과적으로 그러한 회계법인의 수입은 감소할 것이며, 시장에서 퇴출 될 것이다. 이러한 평판효과 때문에 회계법인은 부실감사를 하지 않으려 할 것이다.

회계보고서의 질적 향상을 위해 회계기준 간 경쟁 도입은 고려해 볼

만하다. 현재 한국의 기업회계기준은 독점이므로, 회계기준에도 경쟁을
도입해야 한다. 경쟁을 통해 자신들에게 맞는 회계기준을 택할 수 있
고 투자자들도 보다 많은 정보를 얻을 수 있을 것이다.

「기업, 회계, 회계제도 개선 방안」에 관한 논평

안재욱 (경희대 교수, 경제학과)

본 논문은 최근 SK의 분식회계 사건을 계기로 정부가 제시한 회계제도 개선 방안에 대해 비판적인 견해를 제시하고 있다. 정부가 제시한 회계제도 개선안은 여전히 분식회계 문제를 해결하지 못할 것이라고 주장한다. 그리하여 회계감사가 근본적으로 과거 재무결과를 측정하고 회사의 미래 전망에 대해 보다 더 많은 정보를 제공할 수 있는 시스템으로 바꾸어야 한다고 하며, 기업회계제도 역시 경쟁에 의해 시장에서 자생적으로 결정되어야 한다고 주장하고 있다.

대체로 본 논문의 내용에 동의하면서 몇 가지 개선안에 대하여 의견을 제시하고자 한다. 먼저 CEO/CFO 인증제도에 관한 것이다. 저자는 CEO/CFO 인증제도에서 사실과 예측은 구분되어야 한다고 주장하고 있다. 여기에서 CEO/CFO 인증제도를 실시해야 한다는 것인지 분명하지 않다. 아니면 사실부분만을 인증하는 부분인증제로 해야 하는지 분명하지 않다. 필자는 CEO/CFO 인증제도를 실시하면 기업 활동이 저하될 것으로 본다.

인증제도가 실시되면 기업과의 이해관계자들 간에 발생하는 수많은 갈등과 소송, 그리고 규제당국의 빈번한 간섭이다. 수많은 갈등과 소송 그리고 정부의 간섭이 늘어나는 상황에서 기업가들이 모험을 해가면서 기업을 운영하려고 하지 않을 것이다. 기업가가 회계를 인증한다는 것은 그 회계가 논란의 여지가 없는 명백한 것임을 보증하는 것이다. 그러나 논란의 여지가 없이 명백한 회계란 있을 수 없다. 그러한 회계는 불가능하며, 회계상의 실수나 누락되는 것도 있을 수 있는 법이다. 사실 기업가의 인증 의무화는 불가능한 것을 보증하라는 말이다.

둘째, 스톡옵션 관련비용이 재무제표에 적절히 반영되도록 공정가치법에 의한 평가를 의무화한 것이다. 스톡옵션의 공정가치는 실제 비용이 아닌 부정확한 추정에 불과하다. 보통 옵션의 공정가치를 평가하는데 블랙-숄즈 모형과 같은 옵션가격모형을 사용한다. 그런데 모든 옵션모형은 많은 비현실적 가정을 바탕으로 한다. 권리행사가능성, 예상주가변동가능성, 무위험 이자율 산정에 추정자의 자의성이 많이 들어간다. 이러한 모형에 의해 추정된 것을 기업의 실제 재무제표에 반영시키는 것은 문제가 있다.

셋째, 정부는 회계법인의 피감사기업에 대한 감사업무 수행 시 이해상충 요인을 제거하기 위해 컨설팅업무와 감사업무 간 방화벽 설치를 의무화하고, 이해상충 소지가 큰 컨설팅업무의 수행을 금지하는 방안이다. 물론 정부가 우려하는 대로 한 기업에 대해 컨설팅하는 회계법인이 동시에 그 기업을 감사를 하면 이해상충이 존재한다. 만일 감사자가 회계상의 문제를 보고한다면 그의 컨설팅 수입이 감소할 수 있기 때문에 회계감사법인은 이를 정확히 보고를 하지 않을 유인을 갖게 된다. 실제로 이 문제는 '엔론'사 사건에서 나타나기도 하였다. '엔론'사의 회계감사와 컨설팅을 동시에 맡고 있던 '아서 앤더슨'이라는 회계법인이 '엔론'사의 재무제표를 정확히 보고하지 않은 것이다.

그러나 컨설팅 업무와 회계감사의 업무를 동시에 할 경우 이해상충의 문제가 존재한다고 해서 컨설팅업무와 감사업무 간에 방화벽을 설치하고 컨설팅업무를 제한하는 것은 바람직하지 않다. 이것은 얼마든지 시장의 힘에 의해서도 해결 가능하기 때문이다. 재무제표 등 기업의 정보를 공개할 때 그 기업이 이해관계가 있는 회계법인으로부터 회계감사를 받고 있는지를 명시하게 하는 것이다. 그렇게 되면 투자자들과 주주들은 그 기업에 대한 감사가 공정하지 않을 수도 있고, 발표된 재무제표 등이 정확하지 않을 수도 있다는 정보를 갖게 될 것이다. 그것은 주가에 반영되어 그 기업의 주가는 낮게 형성될 것이다. 한편 회계법인 역시 공정하지 않은 회계감사를 계속하게 되면 시장에서 그의 평판이 나빠져 그의 수입이 줄게 되기 때문에 부정직한 회계감사를 하지 않을 것이다.

넷째, 분식회계 문제다. 기업은 분식회계를 할 유인을 갖는다. 저자가 주장하는 대로 아무리 좋은 회계제도를 도입해도 이 문제는 근본적으로 해결되지 않는다. 우리가 초점을 맞추어야 할 것은 분식회계를 한 기업을 처벌하는 방법이다. 법에 의해 처벌이 가능하지만, 분식회계를 한 기업을 시장에서 처벌하도록 하는 것이 가장 효과적이다. 경쟁적 시장에서는 기업이 분식회계를 한 것이 드러나면 주가가 폭락하고 그에 따라 기업이 퇴출되게 된다. 따라서 이러한 사실을 아는 기업은 정직한 회계보고를 하려고 노력할 것이다. 그러나 정부가 개입하는 시장은 그것이 정치적으로 해결될 가능성이 높다. 따라서 분식회계를 한 기업이 경쟁적 시장에서보다도 쉽게 퇴출되지 않는다. 분식회계를 한 기업이 쉽게 퇴출되지 않음으로 경쟁적인 시장에서보다도 정부가 개입하는 시장에서 분식회계가 더 잘 발생한다. 그러므로 분식회계를 최소화하는 방법은 정부가 시장에 개입하지 않고 시장을 경쟁적으로 만드는 것이다.

끝으로, 저자는 기업으로 하여금, 한국의 기업회계기준, 미국의 일반회계기준, 국제기준회계제도 중 하나를 자유롭게 선택하게 하여 가장 좋은 회계기준이 자생적으로 결정되도록 할 것을 제안하고 있다. 이러한 아이디어는 매우 바람직스러우나 그 실효성이 매우 의심스럽다. 왜냐하면 회계기준을 바꾸는 데 많은 비용이 들기 때문이다. 먼저 기업 자체가 현재 사용하고 있는 회계기준을 바꾸는 데 비용이 든다. 그리고 기업이 각기 다른 회계기준을 사용할 때 일반 투자자들은 혼동이 있을 수 있다. 이것은 결국 투자자들에게 불편과 또 다른 비용을 야기한다. 투자자들의 혼동을 해결하기 위해서는 각기 다른 회계기준을 비교 설명하는 전문가가 나서서 이를 대신해 주어야 하는데, 여기에 많은 비용이 수반될 것이다.

「기업, 회계, 회계제도 개선방안」에 관한 논평

황인학 (한국경제연구원 선임연구위원)

1. 문제제기

우리나라는 영미의 규칙기반경제(rule-based economy) 시스템과 구분되는 관계기반경제(relation-based economy)의 속성을 갖고 있다. 우리나라 외에 독일이나 일본도 관계기반경제 시스템으로 분류할 수 있다. 이러한 시스템은 나름대로 장점도 있지만 기업경영관행은 제3자적 관점에서 볼 때 상대적으로 불투명하다는 한계가 있다. 특히 우리나라에서는 외환위기를 계기로 기업회계의 정확성과 신뢰성이 의문시되고, 투자자의 정당한 권리를 담보하지 못하는 기업지배구조의 문제가 크게 부각되었으며, 이에 따라 김대중 정부에서는 관련 제도를 비약적으로 개혁해왔다. 그리고 이러한 개혁은 발제논문에서 정리하고 있는 바와 같이 노무현 정부에 들어서도 계속 진행 중에 있다.

회계기준과 기업지배구조를 선진화하기 위해 관련 제도를 개선하는 것은 정부의 당연한 직무임을 인정하지 않는 사람은 없을 것이다. 그러나 지난 정부의 개혁과정에서 지금의 정부에 이르기까지 정부 주도의 제도개혁방향과 정책의 수위와 그 내용에 대해 논란이 그치지 않고 있다. 그 까닭은 무엇인가? 이와 관련, 일부에서는 정부의 정책에 비판적 대안을 제시하는 측을 당위적인 개혁에 대한 기득권층의 저항쯤으로 폄하하는 경우가 있는데, 이는 논쟁의 본질을 호도하는 것이다. 논

쟁은 개혁을 하자, 말자의 다툼이 아니다. 논쟁의 핵심은 필요한 제도
개혁을 하되 생산적인 개혁, 경제효율을 증진하는 개혁이 되려면 정부
가 무엇을 어떻게 하는 것이 바람직한가, 정부 개입의 적정선은 어디
까지인가에 관한 것이다.

제도개혁은 시장경제효율의 증진, 우리 경제의 경쟁력 제고에 그 목
표를 두어야 한다. 제도개혁은 득과 실이 있기 마련이며, 개혁을 위한
개혁은 자칫 시장경제의 활력을 저해하는 원인을 제공한다. 이런 관점
에서 보면, 투명성과 기업지배제도와 관련, 정부의 정책 중에는 재검토
를 요하는 부분이 적지 않다. 특히 정부는, 기업과 시장을 철저히 불
신하는 반기업·반시장적 정서의 토대 위에 정부가 시장의 기능을 대
신하고 기업의 전략적 경영판단사안에 대해서까지 법률로 정하여 정상
적인 기업활동을 구속하고 있지는 않는지 되짚어볼 필요가 있다. 그리
고 정부 부처별로 저마다 상이한 정책수단을 동원·통제하고 있는데,
이러한 상황에서 부처마다 별도로 동원가능한 정책수단을 가지고 (재
벌)기업의 모든 문제점을 해결하겠다는 지나친 열성 탓에 과격한 정책
대안이 양산되는 한편, 부처별 정책간 충돌현상이 생기고 그럼으로써
기업환경의 불확실성을 가중시키고 있지는 않는지 되짚어볼 필요도 있
다. 이러한 문제를 포함하여 최근의 회계제도와 기업지배구조 관련 정
책에 대한 필자의 생각을 몇 가지 적어본다.

2. 몇 가지 쟁점

1) 회계 관련 법규정 정비

기업의 회계처리와 관련된 법에는 상법, 증권거래법, 주식회사의 외
부감사에 관한 법률(외감법), 기업구조조정촉진법 등이 있으며, 이들 법
률의 내용이 서로 상이하고 일관되지 않아 기업, 회계전문가, 정보이용
자들에게 혼란을 초래한다는 지적이 일찍부터 제기되어 왔다. 따라서

정부는 분식회계를 근절하기 위해 감사인 및 기업회계담당자의 책임을 강화하는 것도 필요하겠지만, 그에 앞서 회계처리에 혼란을 야기하고 있는 관련법 규정을 일관되게 정비하는 것이 일의 순서일 것이다.

그리고 현재 회계처리기준은 외감법에 의해 근거하여 제정되고 있는 바, 이에 따라 자산규모 70억 원 이상의 법인은 비상장·비등록임에도 불구하고 과도한 회계처리기준을 강제받고 있다. 상장·등록법인과 비상장·비등록법인의 회계처리기준을 차별화하고 전자의 기업군에 대해서는 국제수준의 엄정한 회계기준을 적용하고 이해관계자 범위가 좁은 후자의 기업군에 대해서는 과다한 회계정보 생산에 따른 부담을 줄이는 방향으로 관련 법제를 손질할 필요가 있을 것이다.

2) 제도간 상호보완성

경제는 시스템이다. 회계 투명성을 포함한 우리나라 기업지배의 문제 또한 다차원의 시장압력(시장규율기능)을 제고하는 등 시스템적 접근이 필요한 문제이다. 시스템적 접근이 필요한 문제에 대해 국지적 처방으로는 소기의 성과를 거두기 어려울 뿐만 아니라 국지적 접근방식은 단기의 가시적 성과를 지향한 나머지 극단으로 치닫는 경향이 있고, 정책 간·제도 간 상호모순과 혼란마저 야기할 우려가 있다. 이 사회 기능이 문제라며 사외이사 비중을 1/2이상(자산규모 2조원 이상의 상장기업)이 되도록 강제하고, 주주권 강화조처에도 불구하고 주주행동주의가 기대에 못 미친다고 증권집단소송제도 도입을 서두르는 것은 과격으로 치닫는 국지적 대증요법의 사례들로 보인다. 그리고 증권집단소송제도의 도입은 100% 순도의 주주자본주의를 지향하겠다는 의미임에도 노사관계가 문제 되자 그 해결방안으로 종업원의 경영참여제도가 거론되기도 했는데, 이는 제도의 상충성을 간과한 국지적 접근방식의 한계라 할 것이다.

회계의 투명성 문제 역시 모든 것을 회계제도 개혁으로 해결해야 한다는 관점에서 접근하고 있지는 않는지 다시 생각해볼 필요가 있다. 예컨대 분식회계에 대해 집단소송이 허용된다고 본다면 이번 회계제도 개혁방안 중 외부감사인의 주기적 교체 의무화와 회계감사법인의 컨설팅업무 제한은 과잉규제라 할 것이다. 증권집단소송제도 하에서 분식회계에 대한 회계감사법인의 책임이 이미 충분히 담보된 상태이기 때문에 저자가 논문에서 지적하고 있는 바와 같이 그 자체만을 놓고 볼 때 득실이 불분명한 규제를 추가하는 것이 과연 바람직한지 재고할 필요가 있다.

3) 과거의 분식과 미래의 분식

공개기업의 회계정보의 공정성, 신뢰성을 높이는 일은 언제나 중요하다. 많은 논란에도 불구하고 고강도의 정책처방, 예컨대 증권집단소송제도, 공시서류의 적정성에 대한 CEO/CFO 인증제도 도입을 추진하는 것은 이 때문일 것이다. 그러나 우리나라 기업의 성장과정과 비생산적인 정치구조 하에서 분식이 불가피하게 발생했던 측면을 감안한다면, 따라서 과거의 분식 부분에 대해 어떤 형식으로든 정리하는 과정이 없다면 이러한 제도들은 경제전체에 혼란을 야기할 우려가 있다. 정부시책에 호응, 종합상사들은 밀어내기식 수출과 계열사 지원을 통해 그룹의 성장과 한국경제의 발전에 기여했으나 IMF 위기 이후 정부의 그룹경영 부인과 독립경영 강조정책으로 인해 공들여 키운 자식(계열사)들로부터 과거의 지원을 돌려받을 수 없어 부실의 늪에 빠지고, 고비용 정치구조와 힘있는 정당에 어느 기업도 NO를 말할 수 없는 한국적 현실에서 법이 정한 한도를 초과한 정치자금 제공의 관행 등으로 회계분식이 이미 존재하고 있다면, 지금부터 깨끗한 경영을 한다고 해도 과거의 분식은 '질량불변의 원칙'처럼 미래의 재무자료에도 계속

잔류할 수밖에 없다.

앞으로의 분식근절을 위해 미래의 투명경영을 위해 고강도의 정찰처 방이 성공하려면 그에 앞서 과거의 요인에 의한 불투명성과 분식을 정리하는 절차가 반드시 필요하다 할 것이다. 정치권에서는 과거의 준치자금에 대한 고해성사를 이야기 할 정도에 이르렀으나 기업에 대해서는 회계의 계속성을 간과한 채 미래의 분식근절만을 거론하고 있는데, 이는 제도설계자들이 문제의 원인과 본질을 제대로 이해하지 못한 결과이다. 증권집단소송제도의 분식회계 부분, 그리고 CEO/CFO 인증제도는 일정기간 유예하고, 그 기간동안 묵시적으로 그룹경영을 인정하는 바탕 위에 내부거래 등을 통해 그룹 차원에서 과거의 분식을 스스로 정리할 수 있도록 하는 방안을 검토했으면 한다.

4) 기업집단과 지배주주에 대한 오해

논문의 저자는 기업에 대한 오해가 잘못된 정책을 양산한다며, 기업의 본질에 대해 설명하고 있다. 이에 공감하는 한편, 평자가 다른 여러 글에서 이미 밝힌 바 있듯이 우리 사회의 좀더 큰 문제는 기업집단의 본질에 대한 오해에서 비롯된 것으로 본다. 최근에 일부 언론에서 공개한 공정위의 시장개혁로드맵을 보아도 재벌은 청산의 대상이며, 이상적인 기업조직형태는 따로 있다는 시각의 일단을 엿볼 수 있다. 과연 그러한가?

지배주주에 대한 오해도 만연되어 있다. 현 정부 들어와 공정위는 기업집단의 경영투명성과 소유지배구조 개선이 공정위의 제1 역할인양 목표를 바꾸어 소유와 지배의 괴리(의결권 승수)가 낮은 기업은 출자총액제한규제에서 빼준다 하고, 지배주주의 친인척 지분보유현황 및 기업투명성 지표를 매년 공개하겠다 한다. 의결권 승수가 무슨 의미가 있기에 정책지표로 활용되는가? 이는 기업집단의 소유지배구조를 Mino

-rity Controlling Structure라며, 의결권 승수가 높으면 대리문제가 커지는 Bebchuck-Kraakman-Triantis(1999) 등의 주장을 전적으로 수용한 결과일 뿐이다. 그러나 우리의 경우, 다음의 몇 가지 이유 등으로 BKT 이론을 무비판적으로 수용하는 것은 무리일 것으로 생각된다.

첫째 지배주주는 단지 대주주가 아니라 법적으로도 경영자로 보고 있다는 점(상법: 사실상의 업무지시자로 이사의 충실의무와 책임부과, 증권거래법(안): 공시서류 허위 기재시 사실상의 업무지시자 민사책임 부과),

둘째, 지배주주는 유한책임(limited liability)의 범위를 넘어 금융권 부채에 대해 사실상 무한책임을 지고 있다는 점.

셋째, 기업에 대한 시장규율기능에 공백이 엄연히 존재하는 현실에서 지배주주를 중심으로 한 그룹의 본부조직은 그 공백을 대신, 계열사의 경영상태 개선을 위해 활동하고 있다는 점 끝으로 우리나라에서는 아직 의결권 승수와 경영성과는 반비례적인 관계에 있다는 BKT 가설이 입증되지 않는다는 점 등.

<한국 하이에크 소사이어티>

편집위원장 | 민경국(강원대)
편집위원 | 김이석(국제문제조사연구원), 권혁철(자유기업원), 안재욱(경희대),
            정기화(전남대), 조동근(명지대), 황인학(한국경제연구원) (가나다 순)

자유주의 시리즈 3

기업과 정부

초판 발행일/ 2004년 1월 30일

지은이/ 한국 하이에크 소사이어티
펴낸이/ 이정옥
펴낸곳/ 평민사

주소/ 서울시 서대문구 남가좌2동 370-40
전화/ 02)375-3571(영업) · 02)375-8572(편집)
Fax/ 02)375-8573
e-mail/ pms1976@korea.com
home-page/ www.pyungminsa.co.kr
등록번호/ 제10-328호

값/ 13,000원

ISBN 89-7115-408-X 03320

※ 잘못 만들어진 책은 바꾸어 드립니다.